Pietro Consagra

La materia poteva non esserci

A cura di / Edited by Alberto Salvadori

Collezione Giancarlo e Danna Olgiati
Mousse Publishing

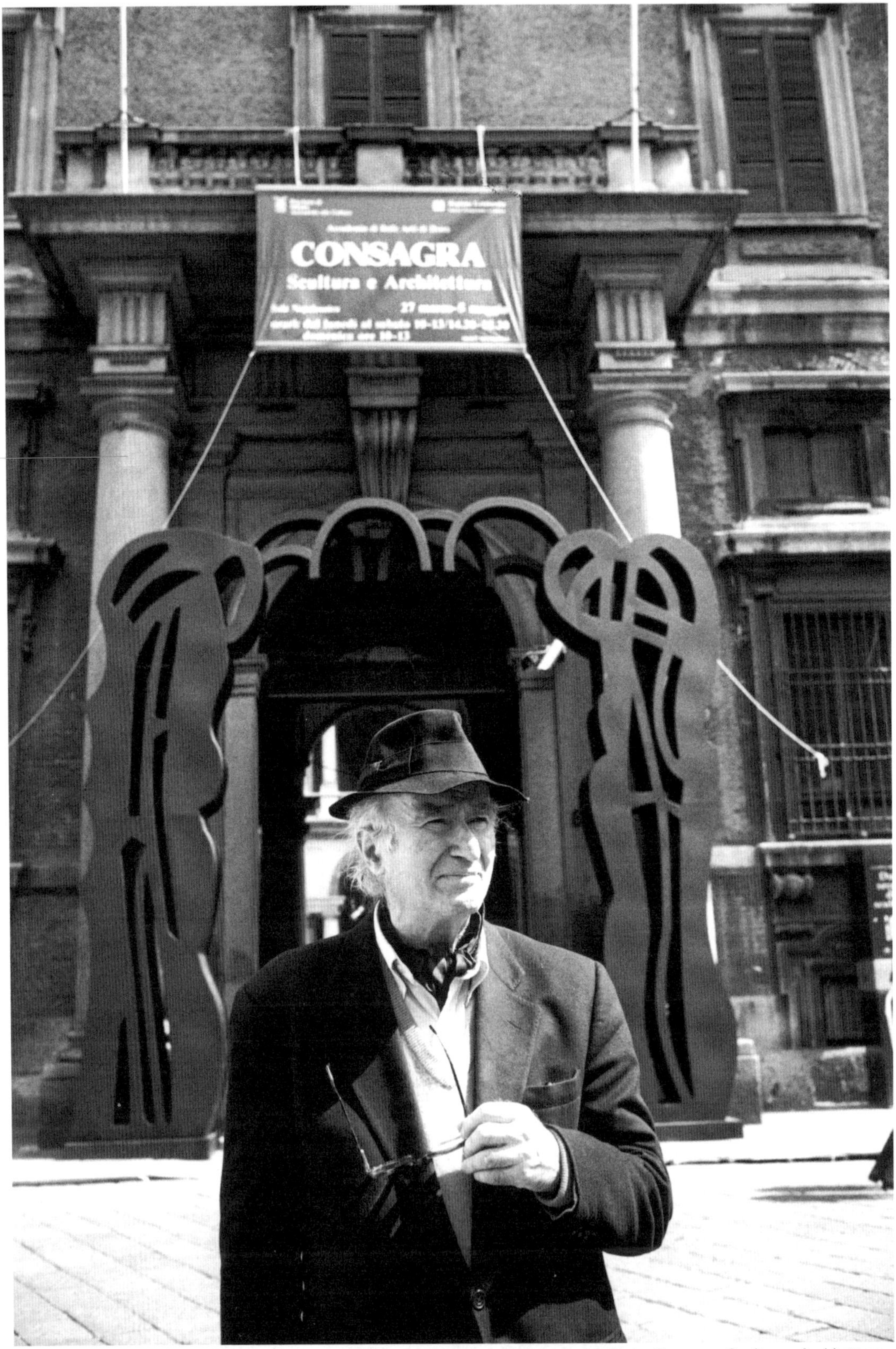

Consagra davanti alla *Porta di Giano* all'ingresso del Palazzo di Brera, durante la mostra *Pietro Consagra: Scultura e Architettura*, Milano, 1996 / Consagra in front of *Porta di Giano* at the entrance of the Palazzo di Brera, during the exhibition *Pietro Consagra: Scultura e Architettura*, Milan, 1996

Indice
Table of Contents

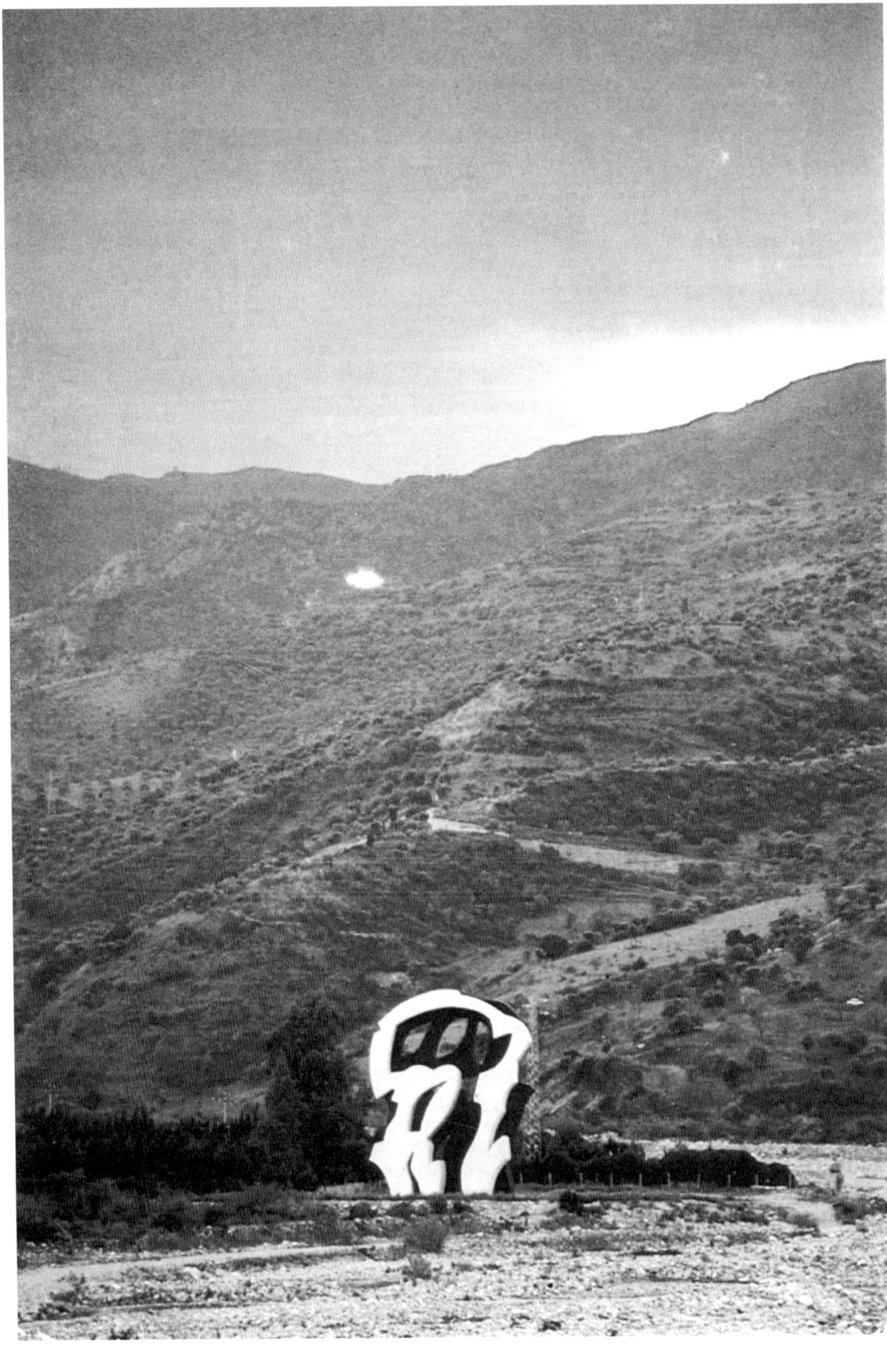

La materia poteva non esserci, Fiumara d'Arte, Tusa, 1986

Pietro Consagra
La materia poteva non esserci

Alberto Salvadori

Pietro Consagra è uno dei rari casi nel Novecento che ha toccato tutti gli aspetti della creazione artistica: ha dipinto, scolpito, disegnato, creato gioielli, arredi e architetture urbane, sperimentato tecniche differenti su numerosi materiali, ha scritto molto, con raffinata vis polemica. La sintesi concettuale di tale percorso è ravvisabile nel titolo di una sua opera in cemento armato, realizzata in Sicilia alla foce di una secca fiumara – *La materia poteva non esserci* (1986) – a ribadire quanto importante fosse il percorso che dall'idea passa per il concetto e finisce nel rapporto dialogico con la comunità.

Tutte le materie sono state buone per lui; non ha distinto nel suo essere artista e fare arte per una di esse, non ha prediletto il rapporto con la materia per fini legati alla ricerca della forma.

La mostra dalla quale nasce questa pubblicazione attraversa l'opera dell'artista dagli anni Cinquanta fino ai primi Settanta, ponendo in evidenza come il contributo di Consagra non sia stato di fatto meramente formale ma invece direzionato verso una partecipazione, anche critica, alla società nella quale ha vissuto e lavorato.

Le sessantaquattro opere presentate in questa occasione – tra queste tre lenzuoli dipinti, testimoni di una produzione intima, domestica – documentano il lavoro dell'artista che, in modo germinale prima e consolidato poi, non ha mai smesso di approcciare il fare arte seguendo molteplici punti di vista, tenendo sempre al centro dell'attenzione il valore dell'uomo e il valore che l'arte può avere per costruire una società migliore. Il percorso artistico di Consagra è stato accompagnato da lunghe amicizie e forti sodalizi, come nel caso dei due collezionisti, Danna e Giancarlo Olgiati, che hanno inteso con questo progetto celebrare il forte legame che li ha uniti a lui.

Scrivendo di Consagra affiorano temi e problematiche estremamente attuali, a ribadire come la sua opera possa essere letta con gli occhi di un contemporaneo ed eludere così il tema della storicizzazione come condizione di appartenenza e aprire nuove genealogie, come ha fatto Lara Conte nel suo saggio in catalogo. Ineludibile il grande tema della frontalità, persistente nella sua opera per tutto il corso della lunga carriera (architrave oggi della *visual culture*), al fine di modificare il contesto definendo come non possa esistere un punto di vista unico, attivando nuove dinamiche sia dello sguardo sia delle azioni.[1] Non secondari però anche temi quali il rapporto dialettico con l'altro, presente fin dall'inizio del suo lavoro – dalla serie dei *Colloqui*

– o il tema della città come contesto di pensiero e relazione con il vissuto.

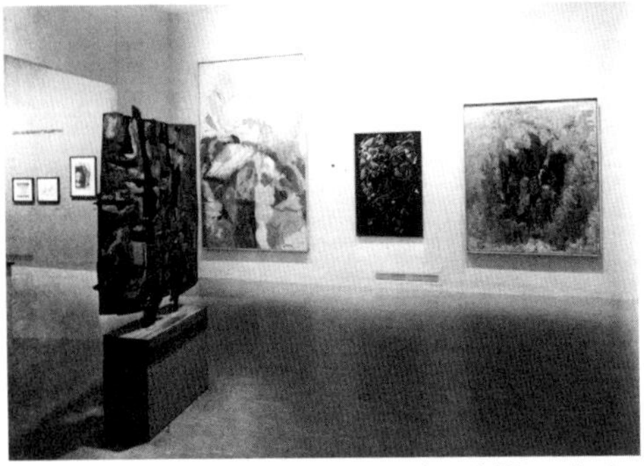

Colloquio davanti lo specchio, 1957, vista dell'installazione, *Painting and Sculpture Acquisitions*, MoMA – The Museum of Modern Art, New York, 1960 / *Colloquio davanti lo specchio*, 1957, installation view, *Painting and Sculpture Acquisitions*, MoMA – The Museum of Modern Art, New York, 1960

L'attuale momento storico, nel quale un potere economico e/o politico – come sempre nella storia dell'umanità – ha bisogno di un colloquio, di un modello di partecipazione, fondamentale a quell'apertura necessaria nella quale agisce la cultura. Questa non può in ogni caso sostituire l'esperienza diretta con il reale e deve, senza alcuna pretesa, porsi come guida alle idee per andare oltre le formule teoriche precostituite e oltre il potere della teorizzazione.

La cultura e l'arte, come ci ha detto e trasmesso con la sua opera e i suoi scritti Consagra, non deve essere strumentale al potere, non dovrebbe, come diceva una altro grande siciliano, Elio Vittorini, suonare il piffero al potere. La psicologia dell'individuo costituisce il riparo personale e la grande salvezza dell'artista.

Consagra ha trovato nell'astrattismo il suo ideale di autonomia, il modo di influenzare e difendersi, di sentirsi libero. L'astrattismo era inteso e vissuto come necessario al fine di creare provocazione e proposizione per nuove forme poetiche, nutrendo l'ambiguità come necessaria condizione di libertà.

Per Consagra tema costante, alla base di un continuo confronto e sforzo di energie intellettuali e fisiche, è stato il potere,[2] inteso come controllo ed espressione di un diritto di forza. Strumento a lui ideale per affrontare tale impegno fu, come sopra detto, la dimensione astratta che assunse immediatamente a principio determinante dello spostamento della posizione dell'oggetto fuori dal centro ideale, al fine di impedire il persistere del dominio della visione unica. Ha così, progressivamente, posto l'attenzione sul concetto di ambiente, su qualcosa che andava costruendosi in termini di relazione. Il primo conflitto da risolvere fu quello con la tridimensionalità, garante della centralità, a sua volta epicentro delle strutture di potere, anche all'interno dell'opera. L'astrattismo, rimuovendo questa condizione, colloca l'arte moderna nella posizione di esprimere un'umanità differente da quella predeterminata da rapporti di forza, genealogie e subalternità culturali.

Come ha scritto Gabriella Di Milia, "per Consagra la spontaneità, l'irrazionalità e l'esperienza assicurano la massima verità all'opera".[3] La scultu-

1 D. Lancioni, "La sua opera come dono. Lo ha compreso anche Kounellis", in *Alias*, supplemento di *Il Manifesto*, n. 39, X, p. 11.

2 "L'artista sfugge il Potere della teorizzazione: quella forma culturale che lo segue e lo condiziona per prevaricarlo, per togliere valore alla sua esperienza", in P. Consagra, *La Città Frontale*, De Donato Editore, Bari 1969, p. 22.

3 *Pietro Consagra: Scultura e Architettura*, catalogo della mostra (Milano: Palazzo di Brera, Sala Napoleonica, 1996), a cura di G. M. Accame, G. Di Milia, Edizioni Gabriele Mazzotta, Milano 1996, p. 40.

ra come umore e istigazione formale, come classe estetica e come creatura sensibile, come emozione e sentimento.

I momenti salienti della formazione sono due: nel 1944 lasciando la Sicilia per salire a Roma e poco dopo nel 1946 quando si reca a Parigi, dove inizia una personale relazione e incontro con l'arte di Hans Arp, Constantin Brancusi, Anton Pevsner, Henri Laurens e i ferri di Julio González, artista questo mai abbastanza ricordato; infine grazie a Henri-Georges Adam, intimo di Picasso, potè vedere e assaporare in prima persona lo studio del genio spagnolo. Lo studio, luogo e contesto molto amato da Consagra, è dove l'artista avvia il misterioso processo di trasformazione della "vita" o della "natura" che dà origine alla forma.[4] Il viaggio, vale la pena ricordare, venne organizzato dalla Gioventù del Partito Comunista, partito al quale Consagra aderiva con grande fervore militante e dal quale si allontanò, mantenendo quell'intensa passione politica, intesa come impegno personale al servizio della collettività, tratto mai abbandonato per tutta la vita. Il suo impegno civico e la sua dedizione ai temi e alla possibilità di come l'arte potesse essere strumento per migliorare la condizione di vita delle persone è sempre stato presente nelle sue opere e nei suoi scritti. La riflessone avviata negli anni Cinquanta nei confronti della scultura, depositaria di un punto di vista e relazione unico, tradizionale, obbligato, lo portò alla convinzione che la condizione necessaria per indagare un'opera, al di là della gerarchia imposta, divenisse il tema centrale del suo lavoro, assumendo presto una valenza non certo esclusivamente di ambito artistico bensì anche politico e simbolico.

Lo spostare l'attenzione dal centro dello spazio occupato dalla scultura a uno spazio creato dalla scultura stessa arriva presto, ed ecco che compare il fondamentale ruolo della frontalità nella sua chiarezza ed evidenza. La sua scultura, frontale o bifronte, rimane sempre parallela all'orizzonte; lo sdoppiamento di prospettiva offre la possibilità di osservare una stessa immagine in mutate condizioni di luce. Lo spettatore è spinto a non fissare l'attenzione sull'opera da un solo punto di vista, ma a mettere in atto una riflessione che verte da una differente prospettiva. Con la serie dei *Colloqui,* iniziata nel 1952, si apre la stagione, mai chiusa, del grande tema concettuale nel quale la forma libera e fantastica crea la presenza, parola chiave per entrare nel mondo di Consagra. I *Colloqui* si presentano in ferro, acciaio e legno bruciato come argomento delle emozioni umane.

Nessun processo di *mimesis*, nessuna persistenza del reale, inteso come rappresentazione della realtà, ma una eco che va creando le forme, dirigendoci verso quell'umanità presentata nel più semplice e complesso dei suoi rapporti: un dialogo, un colloquio... parlare insieme... il tutto abbandonando per sempre qualsiasi intento narrativo o descrittivo.

La fisicità di queste opere ha una scala di valori che va oltre l'ordine delle grandezze geometriche, si rapporta con l'uomo e diventa elemento mobile. Diventa centrale l'ubicazione dell'oggetto.

I *Colloqui* abitano lo spazio, la loro è condizione esistenziale e non cornice. Sono una forma ecologica, una presenza in un ambiente formatosi. A Spoleto nel 1962, quando Giovanni Carandente dette vita a quella che è diventata una mostra paradigma nella storia della critica e delle mostre, *Sculture nella città*, Consagra realizzò alcuni *Colloqui* girevoli, palesando chiara-

4 Necessario sarebbe analizzare in futuro quanto il lavoro in studio, tra Roma e Milano, per Consagra sia stato importante.

mente la sua posizione rispetto alla relazione tra scultura e ambiente. Siamo ai prodromi di un percorso che interpreta lo spazio della città, come luogo del vissuto, come testo per la progettazione urbanistica e il dichiarare di fare arte come strumento di spiritualità e cultura.

In questi anni la sua ricerca interiore vira e si dirige compiendosi su legni, ferro e bronzo. Il suo lavoro è sempre stato accompagnato da una tecnica superba, mai una défaillance negli accostamenti, negli assemblaggi, nelle variazioni della materia. Lavoro svolto, in alcuni casi, con il sapiente uso di un mezzo potenzialmente aggressivo e invece, se utilizzato come ha fatto Consagra, fortemente espressivo e poetico come la fiamma ossidrica. *Incontro Incantato* (1957), *New York City* (1962) e *Omaggio a Paisiello* (1956) sono alcune importati testimonianze di questo momento.

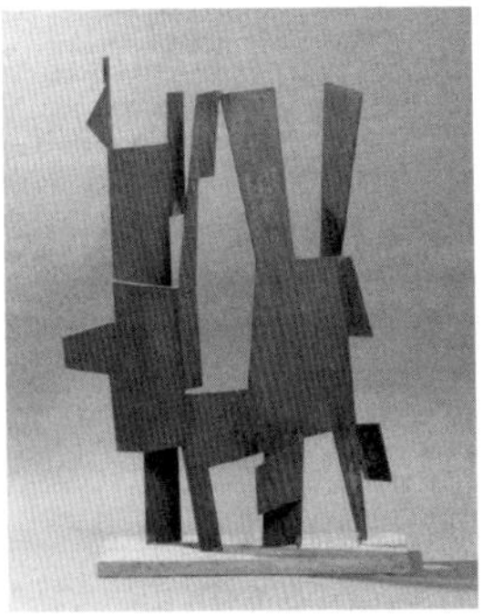

Colloquio, 1952

Alla base del processo di realizzazione delle sue opere sta il disegno, passaggio ineludibile dell'idea, e il lavoro in studio si presenta a noi come una forma di traduzione, quella che i greci chiamavano *eidos.*

Il passaggio successivo nella sua carriera fu la realizzazione dei ferri trasparenti e l'introduzione del colore.

Con i trasparenti si abbandona l'esclusiva della visione frontale: si presentano come un'immagine a due facce, non rispettano più l'impianto quadrangolare, sono dominati da una linea curva che spezzandosi continuamente poi si ricongiunge. I ferri sono mossi da un incalzante, a tratti frenetico, ritmo interiore e da movimenti leggeri resi ancora più leggiadri dal colore, dai toni immaginifici e non naturalistici. Si mantiene forte il rapporto tra segno e disegno, testimoniato in mostra dalla presenza di alcuni esempi provenienti dal suo archivio personale, e in particolare dal meraviglioso dialogo tra idea, in termini di segno, e scultura come nel *Ferro trasparente turchese II* del 1966.

Queste opere, prive di qualsiasi contenuto naturalistico, costituiscono uno spazio originario, di germinazione, dove alle forme della natura e alla loro contemplazione l'arte reagisce con la propria artificialità. Con il loro elegiaco manierismo arrivano a evocare un moderno eden nel quale la fantasia regna sovrana.

"L'arte è l'alternativa non il rifugio della natura. L'arte non è più un servizio di Potere, è un modo di vivere, un obiettivo, un esempio, un aiuto. La natura può solo assorbirci, isolarci, toglierci dal giro, mantenerci nel fallimento, nella frustrazione dei rapporti umani. Più la natura può apparire un probabile asilo, più la città corre verso la rovina dell'uomo. Se noi ci rifugiamo nella natura portiamo con noi le armi distruttive della città attuale e disseminiamo la corruzione del nostro senso del bene. Non dobbiamo andare verso la natura mentre dobbiamo andare verso la città" scrive l'artista.[5] Era presente fin dagli anni Sessanta in Consagra la consapevolezza di come la natura non potesse essere un alibi, un ideale rifugio, un luogo da mitizzare o definire come desiderabile, seguendo una odierna e superficiale narrativa sul valore dei piccoli borghi e del cosiddetto *countryside,* nella sua accezione di luogo di rifugio o di mitica innocenza.

Fondamentale ripartire dalla città come luogo dell'uomo, maggiormente vissuto ed esteso, allora come sempre di più oggi.

"Avendo perduto l'animalità, la vita spontanea, non c'è altro che la città come possibilità di riprendere i contatti con la naturalezza dentro se stessi. Dentro se stessi che significa? Che tu ti rifletti con tutti i contatti umani che hai. Ora, la città dà il massimo di questi rapporti, la città ci toglie la nostalgia, assorbe al completo la tua intelligenza, te la sfoga te la adopera".[6]

La città agisce sull'artista facendo emergere il tema della nostalgia come capitale di desideri e generatore di un potenziale creativo, ponendo questo progetto in un percorso che nel dopoguerra ha visto numerose esperienze architettoniche affermarsi come pratiche trasversali all'arte e all'architettura. Il progetto architettonico poteva e può essere anche un semplice documento, un testo, un manifesto, nel nostro caso abbiamo un libro pubblicato nel 1969, *La Città Frontale*, che costituisce l'enunciato concettuale di Consagra. La vera effettività di tale processo si colloca – ed è lì che l'artista voleva che arrivasse – nella sfera intellettiva del progetto, nella sua capacità di confrontarsi criticamente con il mondo. Ecco che l'arte e l'architettura si affrancano per divenire assieme pratica concettuale. Non si declina più come oggetto costruito, ma come un contesto – un ambiente – emancipandosi dalla regola del progetto tecnico per divenire strumento di confronto con la società sia per Consagra sia per molti degli artisti e architetti a lui coevi, ad esempio i radicali in Italia e altrove. Ciò che conta è liberare l'individuo, modificare l'ambiente, intervenire nella materia stessa della realtà, plasmando nuove prassi creative per un rinnovamento del mondo. Ribadire l'importanza di porre l'uomo al centro del discorso per una politica dell'esistente. La presenza evocata da Consagra incontra l'esperienza palesata nello stesso momento storico da artisti come Luciano Fabro e critici come Germano Celant. La loro posizione non era lontana, al contrario era estremamente vicina: stabilire una nuova esperienza e relazione tra opera, ambiente e corpo.[7]

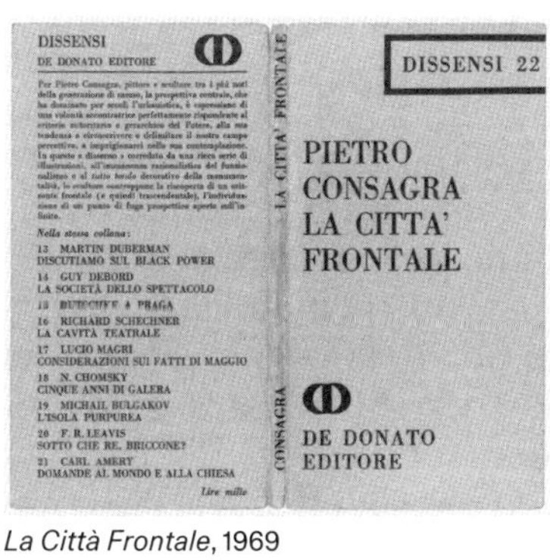

La Città Frontale, 1969

5 P. Consagra, "La Città Frontale", *Civiltà delle Macchine*, n. 2, XVII, Roma (marzo-aprile 1969), p. 60–63.

6 C. Lonzi, *Autoritratto*, De Donato Editore, Bari 1969, p. 17.

7 Vedi L. Conte, saggio in catalogo, p. 23.

È nel 1968 che nasce l'idea dell'edificio frontale, generatore del sogno di una città costruita interamente dagli artisti.

Gli edifici sono in acciaio inossidabile con contorni curvilinei. Sono trasparenti e gli spazi interni coincidono con l'esterno con facciate identiche. I tratti curvilinei continui, i diversi livelli creati dalle pendenze, nelle intenzioni di Consagra, avrebbero favorito un'attitudine comportamentale creativa sia per chi vi avesse abitato sia per chi vi fosse passato davanti.[8]

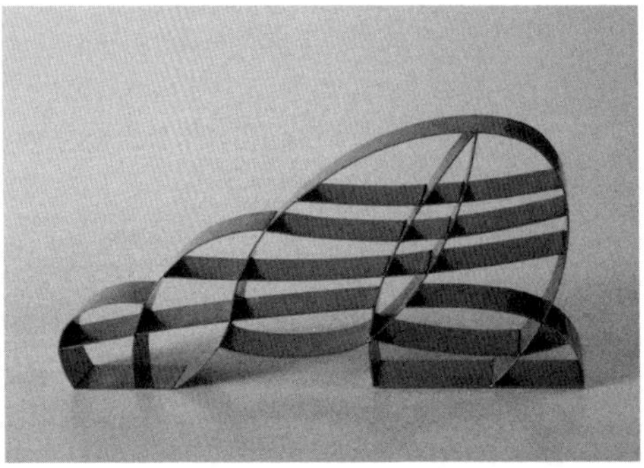

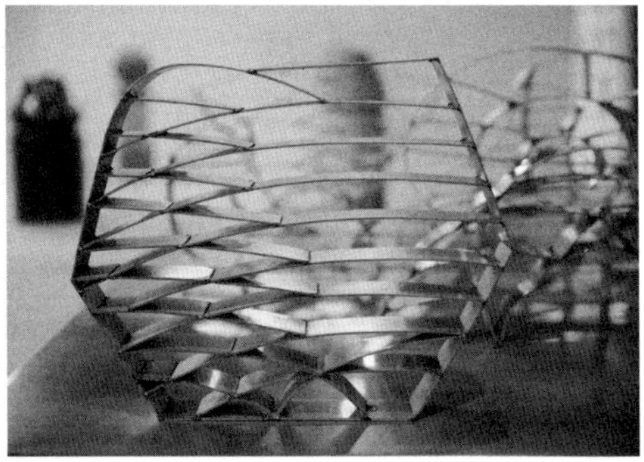

Città Frontale. Edificio n.11 del Tris tamburato medio n.1, 1968
Pietro Consagra: La materia poteva non esserci, dettaglio dell'installazione, Collezione Giancarlo e Danna Olgiati, Lugano, 2021 / *Pietro Consagra: La materia poteva non esserci*, installation detail, Collezione Giancarlo e Danna Olgiati, Lugano, 2021

Il plastico architettonico, definito in Consagra dagli edifici/sculture, presentato allora nella mostra alla Galleria dell'Ariete nel 1969 e oggi a Lugano, si definisce come dispositivo di neutralizzazione della forma. L'architettura nasce dall'immediatezza del gesto che abbandona gli strumenti di rappresentazione a beneficio dell'azione nel tempo presente. *La Città Frontale* sembra anticipare un proposito fondamentale nella storia dell'arte e dell'architettura formulato da Andrea Branzi nel 1974 e pubblicato su *Casabella*: "una nuova architettura non può nascere da un semplice atto di progettazione, ma dalla modificazione d'uso che l'individuo può fare del proprio ambiente".[9]

L'esperienza americana a Minneapolis nel 1967 gli fornì lo spunto di riflessione sulla città come tema plastico, sogno, evocazione. Le grandi architetture di Louis Sullivan, Frank Lloyd Wright e altri campioni del modernismo mostravano l'idea di una città concepita secondo i rigidi canoni estetici del funzionalismo. Consagra si immagina invece una città concepita secondo i canoni estetici della frontalità, come possibile alternativa e difesa al dogma moderno, intendendo lo spazio urbano costruito come un'estensione della sua scultura, con una prerogativa altamente civile. Consagra ha cercato di delineare un umanesimo contemporaneo andando verso un superamento delle gerarchie spaziali. La città è per lui un argomento delle emozioni umane.[10]

Rileggendola oggi nella sua totalità, con la fondamentale linea dell'orizzonte, segno, gesto, dai tratti umanistici per una definizione urbana del contesto, a determinare la collocazione dell'uomo rispetto al paesaggio creato dall'artista/architetto, si avvera in noi una concretizzazione di emozioni e idee che trovano nella forma città il riferimento più significativo alla complessità degli intrecci che sommano i modi di vivere individuali e collettivi, alla proiezione fisica dei poteri politici ed economici. La città/scultura con le sue qualità bifronti deve rimanere parallela all'orizzonte al fine di favori-

8 Vedi G. M. Accame e G. Di Milia, *Pietro Consagra: Scultura e Architettura*.
9 A. Branzi, "Radical Architecture: Il rifiuto del ruolo disciplinare", *Casabella*, n. 386, 1974, n.p.
10 P. Consagra, *La Città Frontale*, p. 15.

re lo sdoppiamento di prospettiva offrendo la possibilità di osservare la stessa immagine in differenti condizioni di luce. Il vivente/spettatore della città frontale è invitato così a non porre l'attenzione sull'edificio/opera da un solo punto di vista, ma a sviluppare una riflessione che verte da una differente prospettiva. Consagra con questo tema non si avventura in una eccentrica e prepotente proposta d'artista, bensì affronta un problema reale, cresciuto nel tempo fino a divenire permanente: i molti, perlopiù frustranti e conflittuali, rapporti dell'uomo con lo spazio urbano, oltre a quelli dibattuti da sempre, relativi alla necessaria e immediata incidenza sociale. Consagra immette in questo ambito anche un altro tema fondamentale, connesso alla modalità di esistere nella città: il progressivo distacco della nostra identità dalle nuove costruzioni che trasformano e dettano lo spazio del vissuto cittadino, portando le persone a uno stato di generale rassegnazione.

La città frontale è il segno della considerazione intellettuale, ma anche del legame affettivo nei confronti dello spazio urbano.

Più tardi all'inizio degli anni Ottanta scriveva: "Le città sono diventate rancore, ma non per l'inquinamento che è un male rimediabile ma per l'invasione di un'architettura che resterà impiantata, indistruttibile...[11]

La città è un'estensione della mia memoria.

La città frontale è un estensione provocatoria della mia scultura, un passaggio obbligato e spontaneo. È il bisogno di riflettere dentro di me tutti i miei motivi della vita rendermene conto e proiettarli in un oggetto che è la professione di quei motivi.

Avrei potuto realizzare l'immagine di un uomo ma sono molto lontano dal potermi occupare di un solo uomo.

La città è una dimensione che va verso condizioni generali, non simboliche, un incontro di grandi temi della realtà e verso una struttura di grandi approssimazioni.

La città è un'emozione plastica della vita, una fantasia irrealizzabile, ambigua, oltre l'opera d'arte.

La città, espressione dei modi di vivere, si presenta come uno strumento in esclusiva in mano ad altri".

Il processo che ha portato a queste riflessioni era partito da lontano, il problema, nonché dilemma, di come il razionalismo, avendo mediato il minimo spazio con la massima efficienza, avesse determinato il rapporto interiore tra oggetto e fruitore.

"Niente lusinghe, niente dialogo, niente adescamento"[12] diceva Consagra. Questo è stato l'asse su cui si basava l'architettura moderna. Il fruitore esterno di un oggetto tridimensionale è potenzialmente un estromesso da qualcosa: lo stesso meccanismo lo coinvolge e lo esclude. L'attraversamento, il confronto frontale, il superamento dell'impatto volumetrico per una consapevolezza dell'importanza della presenza di ciascuno di noi è uno dei successi della sua ricerca. Il lavoro di Consagra è sempre stato rivolto ad un processo di inclusione e appartenenza, alla creazione di una capacità di intervento di partecipazione all'opera da parte dell'uomo e non solo stazionare di fronte ad essa.

11 In "Architetti mai più" [1982] Consagra ritorna più volte su *La Città Frontale* [1969], dal quale estrapola e riutilizza frasi. Questa riproposizione ci mostra come per l'artista, anche a distanza di anni, le idee espresse in *La Città Frontale* continuassero a essere seminali, nella sua pratica e nella sua dimensione teorica, non venendo meno alla qualità del contraddittorio che ha espresso in più occasioni sia durante interventi pubblici sia in numerosi scritti. P. Consagra, *Architetti mai più*, Prearo Editore, Milano 1993, p.5.

12 P. Consagra, *La Città Frontale*, p. 20.

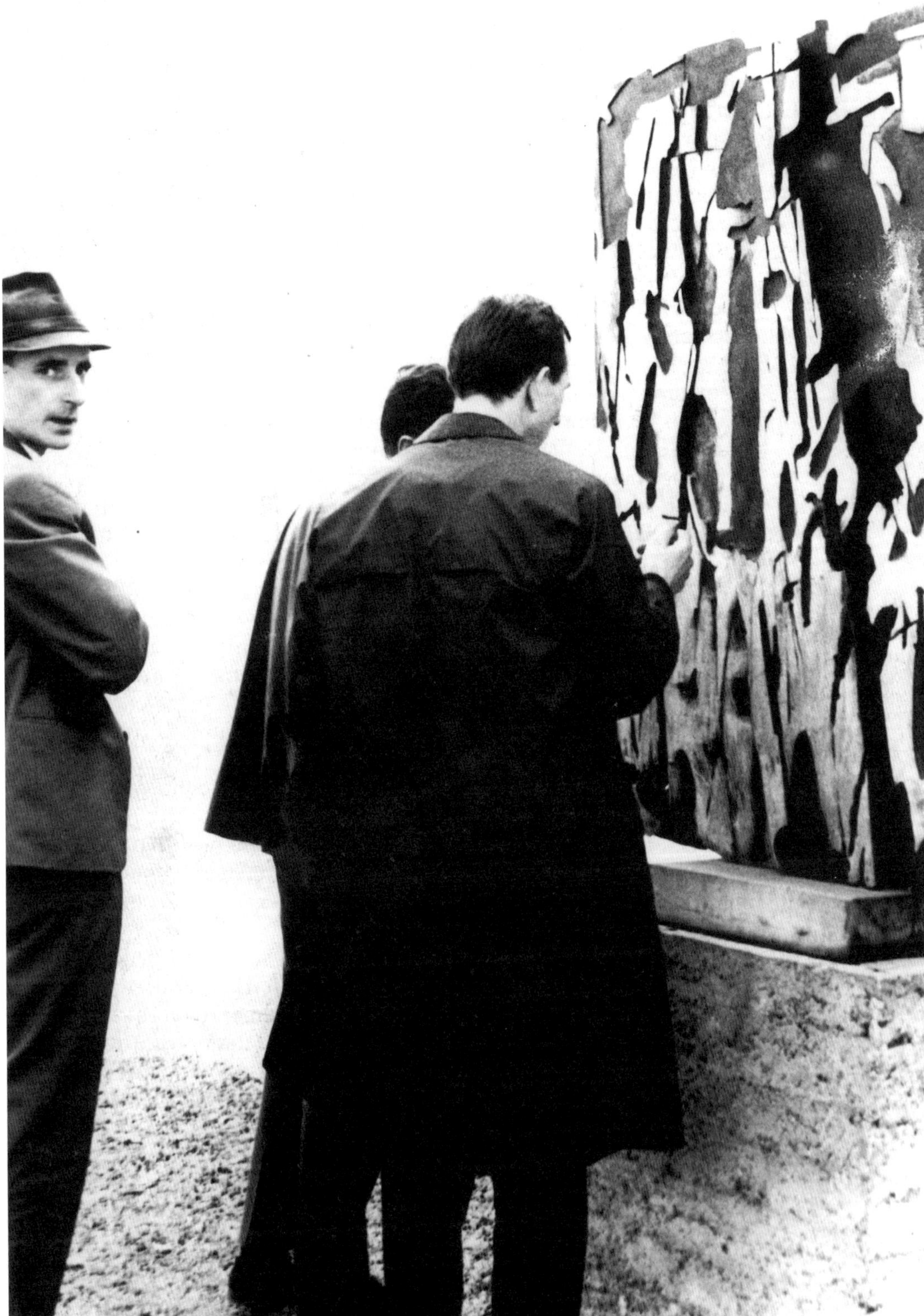

Documenta III, Kassel, 1964

Pietro Consagra
Matter Could as Well Not Be There

Alberto Salvadori

Pietro Consagra is one of the rare cases in the twentieth century that has touched all aspects of artistic creation: he has painted, sculpted, drawn, created jewelry, furniture and urban architecture, experimented with different techniques on numerous materials, and written extensively, with a refined polemical attitude. A conceptual synthesis of this path can be seen in the title of one of his works in reinforced concrete, created in Sicily at the mouth of a dry torrent, *La materia poteva non esserci* (Matter Could as Well Not Be There, 1986), reiterating the importance of the process that goes from idea to concept, and ends up in a dialogical relationship with the community.

All materials were good for him; in his existence as an artist, and in his art-making, he didn't opt for one in particular, he did not favor a relationship with matter that involved a search for form.

The exhibition from which this publication originates reviews the artist's work from the 1950s to the early 1970s, highlighting how Consagra's contribution was not merely formal, but instead aimed at forms of participation, even critical ones, in the society where he lived and worked.

The sixty-four works presented on this occasion—including the painted bed sheets, that represent his intimate, home production—document the work of an artist who, first in an embryonic, and then in a consolidated way, never stopped approaching art-making from multiple points of view, always keeping at the center of attention the human value and art's potential value in building a better society. Consagra's artistic journey was marked by long friendships and strong connections, as in the case of the two collectors, Danna and Giancarlo Olgiati, who with this project intended to celebrate the strong bond that united them to him.

Writing about Consagra, themes and issues emerge that are highly relevant for today, reaffirming how his work can be read through the eyes of a contemporary, and thus elude the issue of historicization as a condition for belonging, instead opening up new genealogies, as Lara Conte did in her essay for this catalog. The great, inevitable theme is that of frontality, a persistent presence throughout his long career (and the cornerstone of today's visual culture), whose aim was to modify the context by determining that there cannot be a single point of view, and to activate new mechanisms of both vision and action.[1] However, there are other, no less important themes such as the dialectical relationship with the other, which was there since the beginning of his work—from the *Colloqui* [Conversations] series—, or the city as a context for thinking and the relationship with experience.

In the current historical moment, economic and/or political power—as has always been the case in the history of humanity—is in need of a conversation, a model for participation: openness is essential in order for culture to function. Culture, however, cannot be a substitute for the direct experience of reality and should, without pretension, act more as a guide for ideas, leading us beyond pre-established theoretical formulas and beyond the power of theorizing.

Culture and art, as Consagra expressed through his work and writings, must not be instrumental to power, it should not "play the pipe" to power, in the words of another great Sicilian author, Elio Vittorini. For the artist, individual psychology constituted a personal shelter and his major source of salvation.

Consagra found in abstraction his ideal of autonomy, a way to influence others and to defend himself, to feel free. Abstraction was understood and experienced as necessary in order to come up with provocations and propositions for new poetic forms, feeding ambiguity as a necessary condition for freedom.

For Consagra, the constant theme underpinning his incessant confrontation and intellectual and physical effort was power,[2] viewed as control and expression of a right to strength. The ideal tool for him to pursue this commitment was, as mentioned above, the abstract dimension. He immediately adopted it as a key principle determining the shift of the object's position off the ideal center, to prevent the persistent dominance of a single vision. Thus he increasingly focused his attention on the concept of environment, on something that was in the process of building in terms of relationship. The first conflict to resolve was with three-dimensionality, the guarantor of centrality, which in turn is the epicenter of power structures, even within an artwork. By removing this condition, abstraction places modern art in a position to express a different humanity than the one pre-determined by power relationships, genealogies and cultural subordination.

As Gabriella Di Milia has written, "for Consagra spontaneity, irrationality and experience ensure the highest degree or truth in a work:"[3] sculpture as mood and formal instigation, as aesthetic category and sensible creature, as emotion and feeling.

There are two highlights in Consagra's background: in 1944, when he left Sicily to move up to Rome, and shortly after in 1946, when he traveled to Paris. There he met several artists and their works, including Hans Arp, Constantin Brancusi, Anton Pevsner, Henri Laurens and the iron sculptures of Julio González—the latter is never remembered enough. Finally, thanks to Henri-Georges Adam, an intimate friend of Picasso, he was able to visit and appreciate first-hand the studio of the Spanish genius. The studio, a setting much loved by Consagra, is where the artist began the mysterious process of transformation of "life" or "nature" which gives rise to form.[4] It is worth recalling that the trip was organized by Gioventù del Partito Comuni-

1 D. Lancioni, "La sua opera come dono. Lo ha compreso anche Kounellis," in *Alias*, supplement of *Il Manifesto*, no. 39, X, 11. Unless otherwise noted, original texts are rendered here in English by the translator.

2 "The artist escapes the Power of theorization: that cultural form that follows him and conditions him, with the aim of prevaricating him, of taking value away from his experience." P. Consagra, *La Città Frontale* (Bari: De Donato Editore, 1969), 22.

3 *Pietro Consagra: Scultura e Architettura*, exhibition catalogue (Milan: Palazzo di Brera, Sala Napoleonica, 1996), edited by G. M. Accame, G. Di Milia (Milan: Edizioni Gabriele Mazzotta, 1996), 40.

4 In the future it would be necessary to analyze how important studio work, between Rome and Milan, was for Consagra.

sta (the youth section of the Communist Party), which Consagra joined with an extremely active attitude, and from which he later distanced himself, although retaining his political passion, which he saw as personal commitment to the community, and never gave up throughout his life. The reflection he had started in the 1950s on sculpture as the receptacle of a single, traditional, mandatory point of view, led him to believe that the necessary condition to study a work, beyond any imposed hierarchy, had to become the central issue in his work, and this issue soon took up a meaning that was not limited to the domain of art, but was charged with political and symbolic connotations.

The shift of attention from the center of the space occupied by the sculpture to a space created by the sculpture itself occurred soon, and with it came the awareness of the essential role of frontality, with its clarity and evidence. Consagra's sculpture, whether frontal or bi-frontal, always remains parallel to the horizon. The splitting of the perspective allows us to observe the same image under changed light conditions. We are encouraged not to focus attention on the work from a single point of view, but to reflect on it from a different perspective. With the *Colloqui* series, begun in 1952, the artist entered a new phase, which never really came to an end, informed by the major concept that the free, imaginative form creates presence, a keyword to access Consagra's world. The *Colloqui* are made of iron, steel, and burnt wood as the subject matter of human emotions.

No process of *mimesis*, no persistence of the real, understood as a representation of reality, but an echo that keeps creating forms, directing us towards humanity presented in the simplest and most complex of its relationships: a dialogue, a conversation... talking together... and all this involves giving up any narrative or descriptive purpose forever.

The physicality of these works has a scale of values that goes beyond the order of geometric size, it relates to the human being and becomes a mobile element. The location of the object becomes central.

The *Colloqui* inhabit space, theirs is an existential condition and not a frame. They are an ecological form, a presence in a formed environment.

In Spoleto in 1962, when Giovanni Carandente gave life to what became a paradigmatic exhibition in the history of criticism and exhibition-making, *Sculture nella città* [Sculptures in the City], Consagra created some rotating *Colloqui*, which clearly reveal his stance on the relationship between sculpture and environment. They are the earliest stage of a process that interprets the space of the city, the space of living, as a text for urban planning, and the statement of art-making as a tool for spirituality and culture.

In these years his inner research turned to wood, iron, and bronze. His work always went hand in hand with superb technique—never a flaw in the combinations, assemblages, variations of materials. In some cases, his work was carried out with the skilful use of a blowtorch, a medium that is potentially aggressive and yet, if used as Consagra did, strongly expressive and poetic. *Incontro Incantato* (Enchanted Encounter, 1957), *New York City* (1962) and *Omaggio a Paisiello* (Homage to Paisiello, 1956) are highly representative of this period.

At the root of the creative process for his works is drawing, as the unavoidable stage of ideation, and his studio work appears to us as a form of translation, what the Greeks called eidos.

The next level in his career was the making of the transparent iron sculptures and the introduction of color.

With the transparent works he departed from an exclusively frontal vision: they look like a two-sided image, they no longer follow a quadrangular structure, and are dominated by a curved line which continuously breaks and rejoins. The iron works are pushed by a pressing, at times frantic inner rhythm, and by light motions made even more graceful by color, by imaginary, non-naturalistic shades. What remains strong is the relationship between sign and drawing, which in the exhibition is shown in a few examples from his personal archives, in particular the amazing dialogue between idea, in the form of sign, and sculpture, as in the *Ferro trasparente turchese II* [Transparent Iron Sculpture Turqouise II] from 1966.

While lacking any naturalistic content, these works create a primal, embryonic space in which art reacts to the forms of nature, and to their contemplation, with its artificiality. With their elegiac mannerism, they even evoke a modern garden of Eden where imagination reigns supreme.

"Art is the alternative to, not the refuge of, nature. Art is no longer a service of Power, it is a way of life, a goal, an example, a help. Nature can only absorb us, isolate us, push us outside our circle, keep us in failure, in the frustration of human relations. The more nature gives the impression of being a shelter, the more the city rushes towards human ruin. If we take refuge in nature, we bring with us the destructive weapons of the present city, disseminating our corrupted sense of good. We must not go towards nature, instead we must go towards the city" writes the artist.[5] As early as the 1960s, Consagra was well aware that nature could not be an alibi, an ideal refuge, a place to mythologize or depict as desirable, following the current, superficial narrative about the value of villages and of the countryside, in its meaning as a place of refuge or Arcadian innocence.

It is essential to start again from the city as a place of humans, the most inhabited and extended, in the past and, increasingly, today.

"Having lost animality, spontaneous life, the only possibility left to get back in touch with the naturalness within yourself is the city. Within yourself, what does that mean? That you are reflected in all the human contacts you have. Now, the city gets the maximum out of these relationships, the city takes away nostalgia, it absorbs your intelligence completely, gives vent to it, uses it."[6]

The city acts on the artist by letting the theme of nostalgia emerge as desire capital and as a generator of creative potential, placing this project within a trend that, in the post-war period, saw numerous architectural experiences become established as cross-cutting practices in art and architecture. An architectural project could be, and still can be, even a simple document, a text, a manifesto. In our case we have a book published in 1969, *La Città Frontale*, which contains Consagra's conceptual statement. The true effectivity of this process lies—and that is where the artist wanted it to get—in the intellectual side of the project, in its ability to critically confront the world. That is where art and architecture break loose and jointly become a conceptual practice. The form is no longer that of a built object, but a context—an environment—, it frees itself from the rules of the technical project to become a means of confronting society, both in Consagra and in many of the artists and architects of his time, for instance the radicals in Italy and abroad.

What mattered was to free the individual, to modify the environment, to act on the very matter of reality, modeling new creative practices for the renewal of the world, and to reaffirm the importance of putting humans at

5 P. Consagra, "La Città Frontale," *Civiltà delle Macchine*, no. 2, XVII, Rome (March–April 1969): 60–63.

6 C. Lonzi, *Autoritratto* (Bari: De Donato Editore, 1969), 17.

the center of discourse for a politics of the existing. The presence evoked by Consagra crossed paths with the experiences manifested in the same historical moment by such artists as Luciano Fabro and critics such as Germano Celant. Their position, far from being distant, was in fact very close: they aimed at establishing a new experience and relationship between work, environment, and body.[7]

It was in 1968 that the idea of the frontal building emerged, generating the dream of a city entirely built by artists.

The buildings are stainless steel with curvilinear outlines. They are transparent and the interior spaces coincide with the exterior, with identical facades. In Consagra's intentions, the continuous curved lines, and the different levels created by the slopes, would have favored a creative attitude both in those who lived there and in those who happened to pass by.[8]

In Consagra the architectural model is defined by buildings/sculptures. First presented at Galleria dell'Ariete in 1969 and now in Lugano, it is described as a device for the neutralization of form. Architecture originates in the immediacy of the gesture that casts aside the tools of representation, embracing action in the present time. The frontal city seems to anticipate a key proposition in the history of art and architecture, formulated by Andrea Branzi in 1974 and published in *Casabella*: "a new architecture cannot be born from a simple act of design, but from a change in the use that individuals are able to make of their own environment."[9]

The American experience in Minneapolis in 1967 gave Consagra the opportunity to reflect on the city as a plastic theme, as dream and evocation. The great architectures of Louis Sullivan, Frank Lloyd Wright, and other champions of Modernism embodied the idea of a city designed according to the strict aesthetic canon of functionalism. Consagra, on the other hand, envisioned a city conceived according to the aesthetic criteria of frontality, as both a possible alternative to the modern dogma, and a defence against it, and understood the built human space as an extension of his sculpture, with a highly civic value. Consagra aimed at defining a contemporary kind of humanism, moving towards an overcoming of spatial hierarchies. To him the city was a matter of human emotions.[10]

Re-reading it today in its entirety, with its essential horizon line, the sign and the gesture, the recourse to humanist traits to define the urban context, determining the position of humans with respect to the landscape created by the artist/architect, we experience a materialization of emotions and ideas inside us. These find in the city-form their main frame of reference for that complex interweaving between individual and collective ways of life, for the physical projection of political and economic powers. The city/sculpture, with its double-sided qualities, must remain parallel to the horizon so as to enable the splitting of the perspective, and thus offer the possibility to observe the same image under different light conditions. The living creatures/spectators of the frontal city are therefore invited not to focus their attention on the building/work from a single point of view, but to reflect on it from a different perspective. In addressing this theme, Consagra was not trying to impose his own eccentric artist's proposal, but was addressing a real issue,

7 See L. Conte's essay in this catalogue, 23.
8 See G. M. Accame and G. Di Milia, *Pietro Consagra: Scultura e Architettura*.
9 A. Branzi, "Radical Architecture: Il rifiuto del ruolo disciplinare," *Casabella*, no. 386, 1974, n.p.
10 P. Consagra, *La Città Frontale*, 15.

which had grown over time to become permanent: the many, mostly frustrating and conflict-ridden, relationships of humans with the urban space, in addition to those that had always been debated, concerning its necessary, immediate social impact. Consagra also introduced another key theme in this field, related to our mode of existing in the city: the gradual detachment of our identity from the new buildings that transform and determine the space of urban experience, which puts people in a condition of general resignation.

The frontal city is a sign of intellectual consideration of, but also of emotional bond with, urban space.

Later, at the beginning of the 1980s, Consagra wrote: "Cities have become resentful, not because of pollution, which is a redeemable evil, but because of the invasion of an architecture that will remain implanted, indestructible...

The city is an extension of my memory.

The frontal city is a provocative extension of my sculpture, a forced and spontaneous passage. It is the need to reflect within myself all the motives from my life, become aware of them, and project them into an object that is the affirmation of those motives.

I could have made the image of a man but I am very far from being able to take care of one single man.

The city is a dimension that moves towards general, non-symbolic conditions, where the great themes of reality converge, and it tends towards a structure of broad approximations.

The city is a plastic emotion of life, an unfulfillable fantasy—ambiguous, reaching beyond the work of art.

The city, an expression of ways of living, comes in the form of an exclusive instrument in the hands of others."[11]

The process that led to these reflections had started long before and had to do with the problem, as well as the dilemma, of how rationalism, having struck a balance between minimum space and maximum efficiency, determined the inner relationship between object and user.

"No flattery, no dialogue, no ensnarement"[12] Consagra said. This was the axis upon which modern architecture rested. The external users of a three-dimensional object are potentially expelled from something: it is the same mechanism that involves and excludes them. The crossing, the frontal confrontation, the overcoming of the volumetric impact in favor of an awareness of the importance of each person's presence, is one of the achievements in the artist's research. Consagra's work was always aimed at a process of inclusion and belonging, at creating conditions for humans to be active, to participate in the work, and not just stand in front of it.

11 In "Architetti mai più" [1982] Consagra returns several times to *La Città Frontale* [1969], from which he extrapolates and reuses parts of the original text. This re-proposal shows how for the artist, even after many years, the ideas expressed in *La Città Frontale* continued to be seminal, in his practice and theoretical dimension, not failing in the quality of the contradictory that he expressed on several occasions, both during public interventions and in numerous writings. *Architetti mai più* (Milan: Prearo Editore, 1993), 5.

12 P. Consagra, *La Città Frontale*, 20.

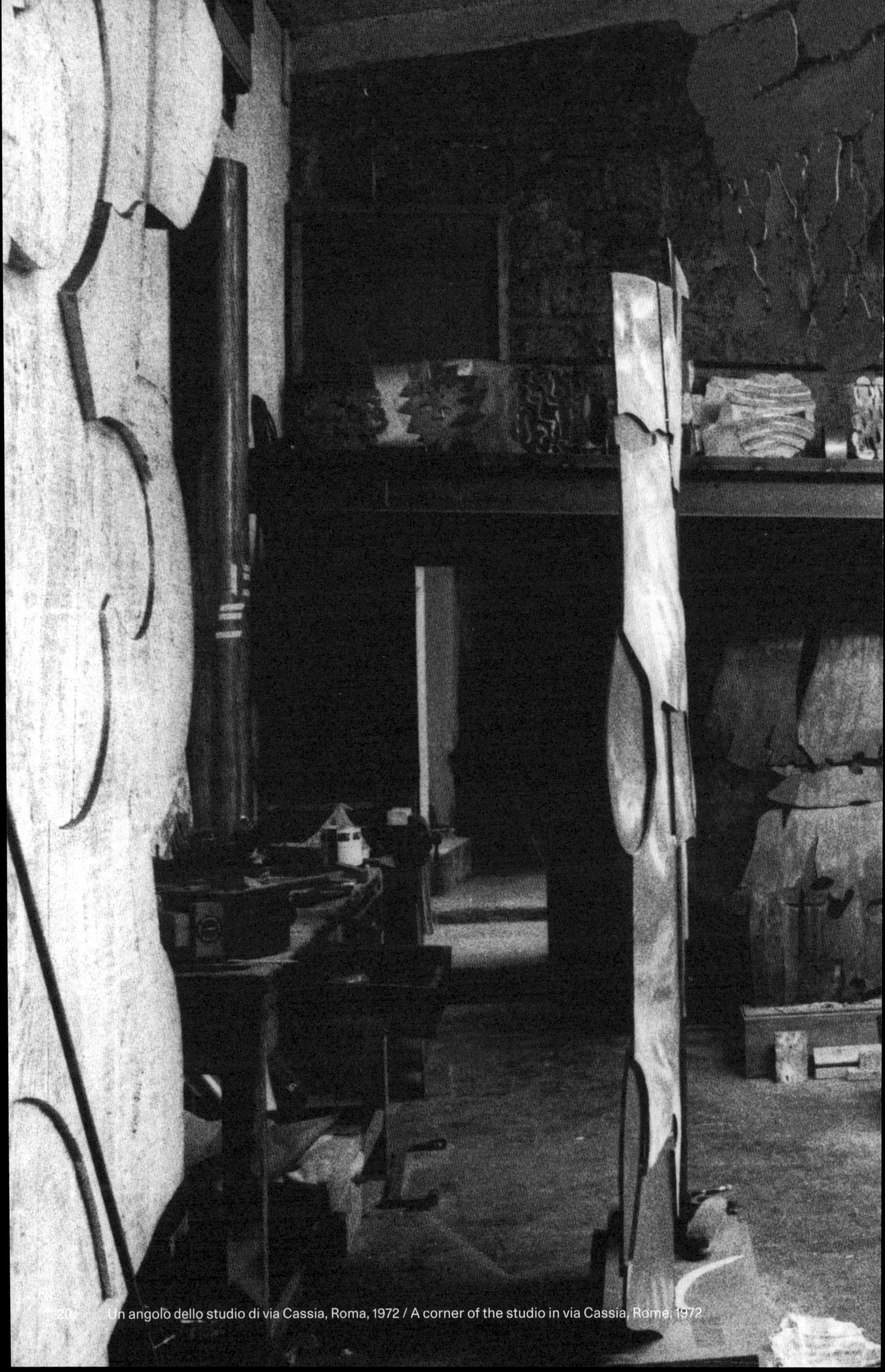

 Un angolo dello studio di via Cassia, Roma, 1972 / A corner of the studio in via Cassia, Rome, 1972

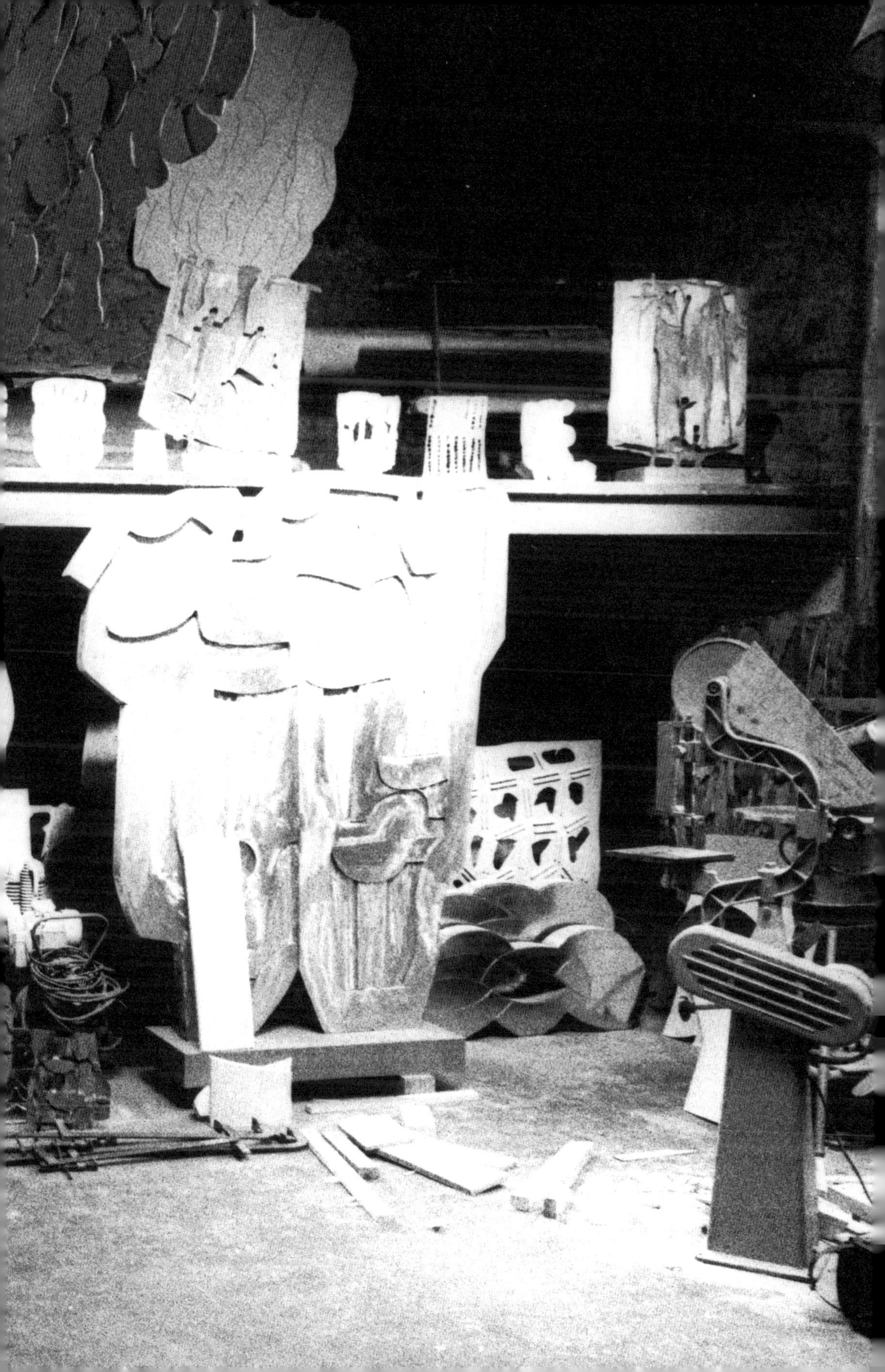

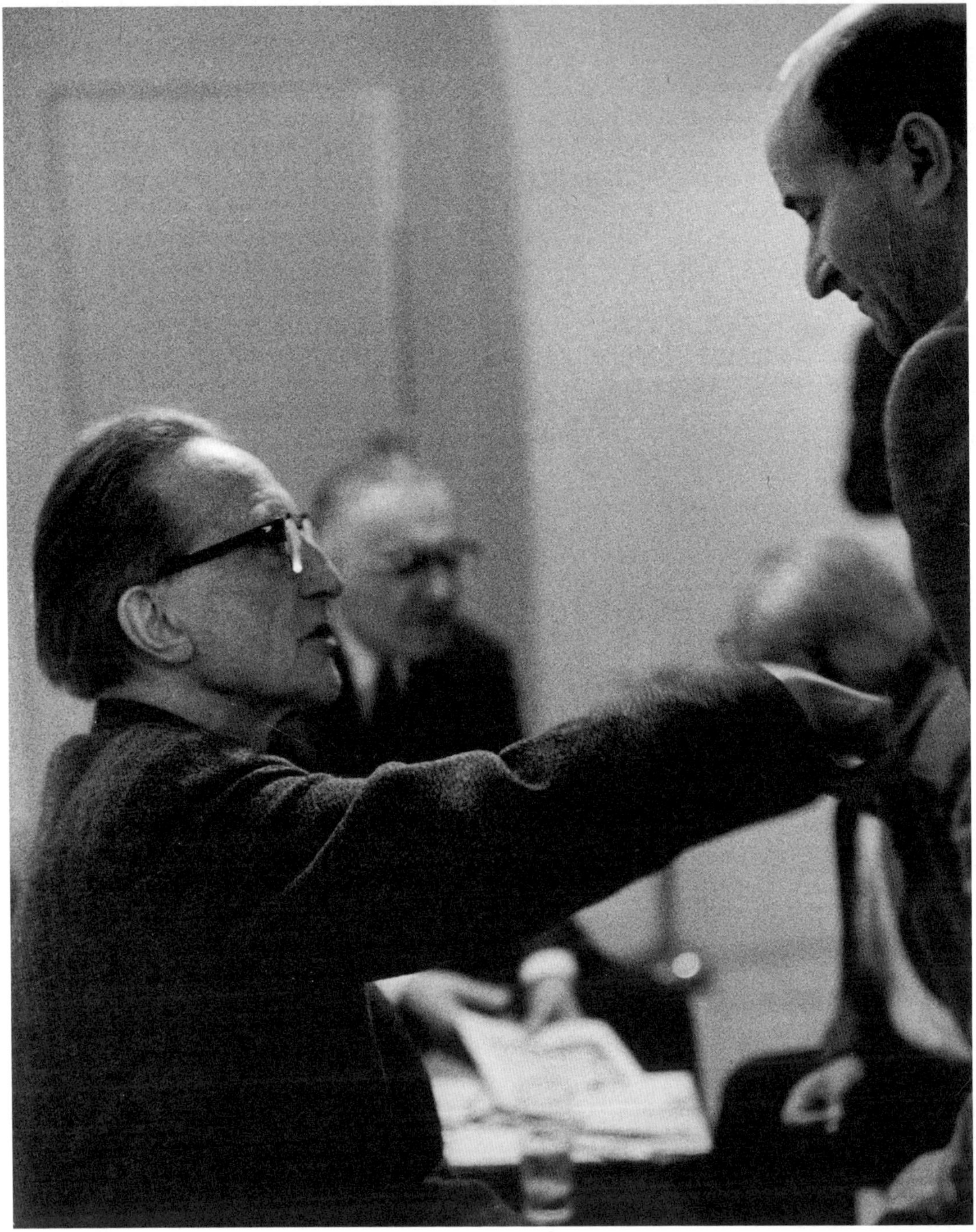

Consagra e Marcel Duchamp, Galleria La Tartaruga, Roma, 1963 / Consagra and Marcel Duchamp, Galleria La Tartaruga, Rome, 1963

Genealogie impreviste

Lara Conte

Una riflessione sul concetto di genealogia conduce a un ragionamento sull'eredità del pensiero e dell'opera di un artista che non necessariamente si piega sull'individuazione di rassicuranti confronti formali, attivando, invece, questioni più complesse sulle modalità della ricezione, che può talvolta situarsi al punto di incontro tra vissuto, relazioni indirette, pensiero e opera. Questa seconda prospettiva di indagine si rivela estremamente feconda per riflettere sull'apporto di Pietro Consagra al pensiero della scultura contemporanea.

Questioni cruciali della sua ricerca come la frontalità, la dimensione del colloquio, il colore, la relazione tra scultura e architettura, che riflettono l'impegno civile e ideologico di un artista del dopoguerra e della "generazione di mezzo", possono essere poste in relazione con momenti del dibattito e del rinnovamento plastico che ha inizio negli anni Sessanta, al di là di rigide periodizzazioni e incasellamenti, e anche oltre le tangenze riconosciute dagli artisti o dalla critica coeva. Talune istanze di Consagra, formulate nello scenario postbellico e successivamente, ovvero nel mutato paesaggio della società dei consumi, si pongono dialetticamente in tensione con approdi e pratiche delle ricerche avviate da una giovane generazione di artisti che muove i primi passi nell'arte negli anni Sessanta, mettendo in discussione formati, modalità e processi del fare. Possiamo pertanto ipotizzare qualche riflessione, sulla base di una visione politica della scultura (una politicità che assume forme diverse in relazione ai contesti operativi), nell'ottica, appunto, di analizzare la ricezione e la trasmissione del pensiero di Consagra oltre la cornice dell'arte postbellica.

Colloquio e frontalità

Quando Consagra, in conversazione con Carla Lonzi in occasione della mostra personale alla Galleria dell'Ariete a Milano nel 1967, parla della frontalità della scultura, le sue riflessioni di fatto risuonano oltre la sua esperienza plastica e sembrano delineare un processo di rinnovamento dell'atto scultoreo e della parola critica che coinvolge la nuova generazione degli artisti dell'Arte Povera e dei critici coevi: Lonzi, *in primis*.

La frontalità della scultura è per Consagra un'alternativa al totem, e dunque al valore gerarchico e simbolico della scultura; è la definizione di un rapporto più diretto "a tu per tu con lo spettatore".[1] Al di là della scelta formale astratta associata alla sua ricerca plastica, possiamo far riverberare l'accezione politica del concetto di "frontalità" in un orizzonte esteso di pratiche processuali e di istanze di orizzontalizzazione dell'atto artistico e della parola critica degli anni Sessanta. In questa visione la frontalità diventa un ribaltamento del punto di vista da cui guardare il mondo e le cose, modalità di fare esperienza e di impostare le relazioni. È l'avvio di una riflessione sulla responsabilità basata sulla relazione che situa pertanto la prospettiva d'azione, tanto della critica quanto dell'artista, in un'esperienza da vivere "accanto" e non "al di sopra di", verso l'esplorazione di una nuova fenomenologia del sé. Lonzi, ad esempio, lo farà nell'individuazione di una specifica pratica dialogica e relazionale che sfocerà nella pubblicazione di *Autoritratto*;[2] gli artisti esperendo materiali, processi, accadimenti del lavoro non prevedibili a priori. E ancora: utilizzando la misura del proprio corpo, esplorando una nuova relazione tra opera, corpo e spazio, inteso come ambiente e come contesto sociale.

Scrivendo della scultura di Consagra nel 1956, Giulio Carlo Argan rilevava che "la forma abbia un'esistenza reale e non simbolica in uno spazio reale e non simbolico [...] che la forma rimanga un fatto umano e che lo spazio rimanga un fatto di natura".[3] Giovanni Maria Accame, a distanza di qualche decennio, ribadirà questi concetti definendo la scultura di Consagra "come testimonianza della volontà di esistere, come presenza vera".[4]

Non sarà pertanto l'aspetto formale, ovvero la sintassi astratta e la relazione con il materiale, a situare l'affinità plastica di Consagra con la generazione poverista, quanto il portato fenomenologico ed esistenziale del suo pensiero, che collega l'uomo allo spazio mediante l'aderenza a una sensibilità del vissuto. Già nel testo *Necessità della scultura*, redatto nel 1952, Consagra, riflettendo su una nuova funzione sociale della scultura nello scenario postbellico, scriveva: "L'uomo è nello spazio, la scultura è nello spazio. L'uomo vive continuamente a contatto con un mondo plastico dove partecipa fisicamente con la sua sensibilità".[5] Tante ideazioni plastiche degli anni Sessanta affiorano alla mente rileggendo queste riflessioni, nell'attrazione che si attiva tra spazio, corpo e misura: dall'*In-cubo* (1966) di Luciano Fabro alle *Gabbie* di Paolo Icaro, per citare soltanto alcuni esempi. In questi interventi si individua il passaggio dall'oggetto scultura a una propensione ambientale dell'intervento plastico. È quel cammino che Consagra, per quanto ancora intriso di valori legati alla responsabilità sociale dell'artista nello scenario operativo degli anni Cinquanta, spiega mettendo a fuoco che "il problema dell'arte è molto legato all'architettura e gli artisti sentono il peso della responsabilità di rispondere positivamente con la loro opera per un'estetica che abbia per oggetto lo sviluppo dell'uomo nuovo".[6] Mutando lo scenario socio-economico e culturale, queste riflessioni si caricheranno di differenti significati e possibilità di approdo, con un rinnovamento tanto del linguaggio scultoreo in una accezione ambientale quanto della progettazione architettonica in quelle che saranno, ad esempio, le esperienze dell'architettura radicale.

1 P. Consagra, in C. Lonzi, *Intervista a Pietro Consagra*, catalogo della mostra (Milano: Galleria dell'Ariete, 1967), in *Carla Lonzi: Scritti sull'arte*, a cura di L. Conte, L. Iamurri, V. Martini, et al., Milano 2012, p. 510.

2 C. Lonzi, *Autoritratto*, De Donato Editore, Bari 1969.

3 G. C. Argan, "Scultura di Consagra", *Quadrum*, n. 2, 1956, p. 139–144.

4 G. M. Accame, "Consagra, una scelta frontale", in *La forma plurale: Opere e artisti in Italia 1947–2000*, Charta, Milano 2010, p. 32–43, 52.

5 P. Consagra, *Necessità della scultura* [1952], in *Consagra che scrive: Scritti teorici e polemici 1947–1989*, Vanni Scheiwiller, Milano 1989, p. 19.

6 Ibid., p. 22.

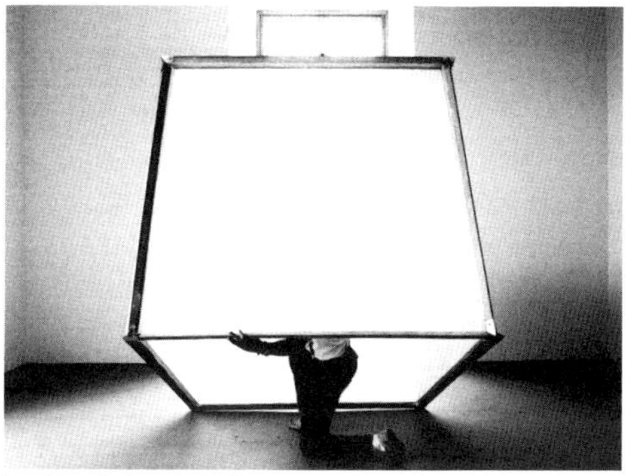

Luciano Fabro, *In-cubo*, 1966

Focalizzando l'attenzione sulla dimensione allargata della scultura, possiamo appunto evidenziare quel passaggio dall'oggetto all'ambiente che pone con urgenza la questione del rapporto tra arte e vita, laddove il binomio arte-vita è da intendersi come rivendicazione da parte dell'artista del proprio essere nel mondo, sotto molteplici aspetti che a vario modo coinvolgono la sfera soggettiva, sociale e politica, e che portano al centro del discorso la dimensione biologica e fenomenologica dell'esistenza.

Parlando di *Im-Spazio* ("immagine di spazio"), all'altezza cronologica della stessa formulazione della definizione di Arte Povera, Germano Celant evidenzia il valore processuale delle nuove ricerche ambientali italiane (che coinvolgono tra le altre quelle di Fabro e di Icaro sopra menzionate), in cui l'immagine dal "significare lo spazio" passa "ad essere lo spazio".[7] E questa processualità è da Celant tratteggiata non solamente come "svolgersi diacronico" della forma nel tempo, ma anche come "tendere dinamico"[8] dell'immagine, che partendo dalla struttura stilistica della ricerca visuale, si relaziona con altri sistemi linguistici, quali, ad esempio, l'architettura, l'urbanistica o il teatro. In quello stesso anno, Tommaso Trini, recensendo l'uscita italiana del libro di Udo Kultermann *Nuove dimensioni della scultura*, scrive: "La scultura ha allargato i suoi confini in tutte le direzioni fino a porsi come mezzo di espressione centrale nell'arte d'oggi. La vediamo dilatarsi come un universo di nuove forme, tecniche e materiali, in una continua espansione, e arricchirsi di nuove esperienze in contatto con la danza, il teatro, l'architettura".[9]

Nelle riflessioni di Trini emerge un altro termine su cui vale la pena soffermarsi: ovvero quello di "esperienza", sintomo della nuova relazione che si istituisce tra opera, ambiente e corpo. È un cammino che si può ricondurre a quella esigenza di partecipazione fisica dell'uomo "con la sua sensibilità", di cui accennava Consagra in *Necessità della scultura*, e che si definirà appieno nella dimensione di "esperienza" delle nuove pratiche processuali.[10] Questo cammino pone, come detto, al centro del discorso l'uomo e il vissuto verso l'individuazione di una specifica "politica dell'esistente" che non appiattisce l'esperienza individuale in una visione intimistica.

In conversazione con Celant, Fabro parlerà della dimensione esperienziale delle sue opere degli esordi, risalenti ai primi anni Sessanta, dove la mi-

7 G. Celant, "L'Im-Spazio", in *Lo spazio dell'immagine*, catalogo della mostra (Foligno: Palazzo Trinci, 2 luglio–1 ottobre 1967), Alfieri Edizioni d'Arte, Venezia 1967, p. 20.

8 Ibid.

9 T. Trini, "Una galassia chiamata scultura", *Domus*, n. 456, novembre 1967, p. 49. La traduzione italiana del libro di Udo Kultermann *Nuove dimensioni della scultura* è pubblicata da Feltrinelli nel 1967.

10 Si ricordi l'uscita in traduzione italiana del libro di J. Dewey, *Art as Experience* [1934], *L'arte come esperienza*, La Nuova Italia, Firenze 1951 (traduzione e note di C. Maltese).

sura del corpo diventa canone costruttivo e l'esperienza nasce come possibilità per "dare valore allo spazio".[11] Da *Raccordo anulare* (1963–1964) a *In-cubo* (1966) Fabro allarga le braccia e prende consapevolezza dello spazio, un gesto minimo, elementare, che sottende naturalmente al canone costruttivo vitruviano e crea pertanto un punto di contatto tra la Storia e la propria storia personale. *In-cubo* è un cubo di tela a cinque facce, aperto nel lato che si appoggia al pavimento, affinché il fruitore possa sollevarlo e penetrare all'interno. Realizzato in primo luogo in relazione alle misure del corpo dell'artista, ne ricalca l'altezza e l'ampiezza delle braccia.

Il ribaltamento dello spazio verticale verso l'orizzontalità costituisce l'individuazione di uno "spazio colloquiale", inteso come luogo di attivazione di un confronto diretto che si istituisce tra opera e osservatore e tra gli elementi dell'opera nell'attrazione tra profondità e superficie. È l'aderenza a una bidimensionalità che non è bassorilievo, e dunque finzione della tridimensionalità, ma nuovo spazio di confronto paritario che non ammette scorciatoie di visione, sollecitando il "corpo a corpo". Un "corpo a corpo" il cui potere trasformativo, nel corso degli anni Sessanta e oltre, ha germinato non solo nella dimensione scultorea ma anche in quella performativa: pensiamo ad esempio alla ricerca di Jannis Kounellis, il quale già nelle prime opere e azioni denota una specifica attrazione per la "frontalità", definendosi, proprio a partire della sua azione dei cavalli alla galleria L'Attico nel 1969, "pittore". È stata Daniela Lancioni in più occasioni a puntualizzare la feconda relazione tra la frontalità di Consagra e quella messa in atto da Kounellis, parlando, a proposito di quest'ultimo, "di azioni e di corpi vivi" nelle quali "gli osservatori si trovano sempre faccia a faccia su due fronti impercettibilmente distinti".[12] Nella frontalità di Kounellis possiamo individuare la necessità di riattivare una visione critica e politica della storia, dove il passato è una linfa vitale per esplorare il presente e la contingenza, immettendo il lavoro in una dimensione epica, universale, metafisicamente atemporale.

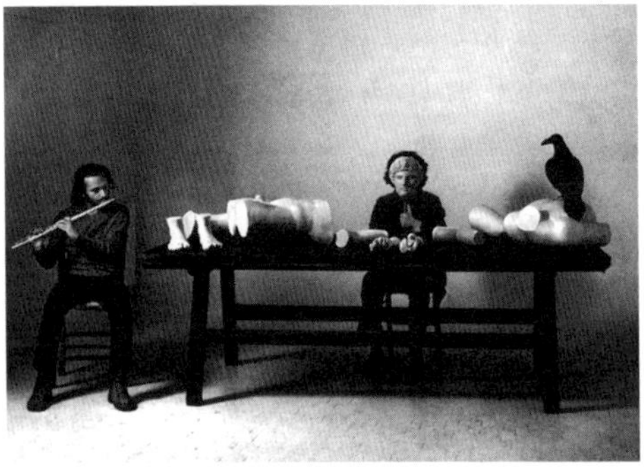

Jannis Kounellis, *Senza titolo*, 1973

La frontalità implica pertanto una nuova postura del vedere che sollecita a interrogare a vario modo le questioni sul punto di vista e dunque ad attivare le poetiche e politiche dello sguardo come continua investigazione della scultura e della sua "responsabilità".

11 L. Fabro, in G. Celant, "Entretien avec Luciano Fabro, 1971", in *Luciano Fabro*, catalogo della mostra (Parigi: Centre Georges Pompidou, 9 ottobre 1996–6 gennaio 1997), Éditions du Centre Pompidou, Parigi 1996, p. 27.

12 D. Lancioni, "La sua opera come dono. Lo ha compreso anche Kounellis", in *Alias*, supplemento di *Il Manifesto*, n. 39, X, p. 11. Ricordo anche le riflessioni di Lancioni in "Guida pratica alla visita della mostra", in *Anni 70: Arte a Roma*, catalogo della mostra (Roma: Palazzo delle Esposizioni, 17 dicembre 2013–2 marzo 2014), a cura di D. Lancioni, Iacobelli Editore, Roma 2013, p. 120.

Lo stesso Consagra nei primi anni Sessanta esplora la relazione tra la scultura e l'ambiente. Realizza alcuni *Colloqui* girevoli, tra cui *Colloquio col vento*, per l'oramai mitica mostra *Sculture nella città*, curata da Giovanni Carandente a Spoleto nel 1962, che si pone in relazione con lo spazio della città, inteso come luogo del vissuto collegato alla progettazione urbanistica, e come sollecitazione all'interazione tra oggetto scultoreo e agenti atmosferici. Proprio da questa visione scultorea consegue il suo approdo verso la teorizzazione della *Città Frontale*, intesa come "estensione provocatoria della mia scultura, un paesaggio obbligato, una forza maggiore".[13]

In *La Città Frontale* Consagra scrive: "Quando ho pensato a una scultura, la città era presente come umore e come istigazione formale, come classe estetica e come creatura sensibile, come emozione politica e come sentimento. La Città era uno sfondo e una estensione intellettuale e colore di vita. Un gesto con la Città, un sentimento come una Città, un colloquio come una prospettiva, il tempo nella Città, in una via, in una stanza, in un angolo".[14]

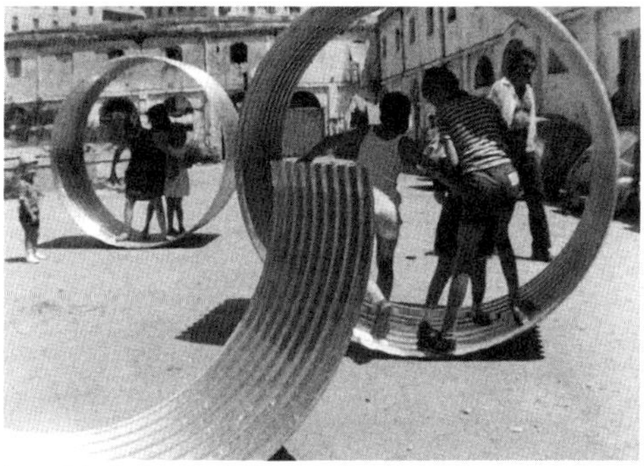

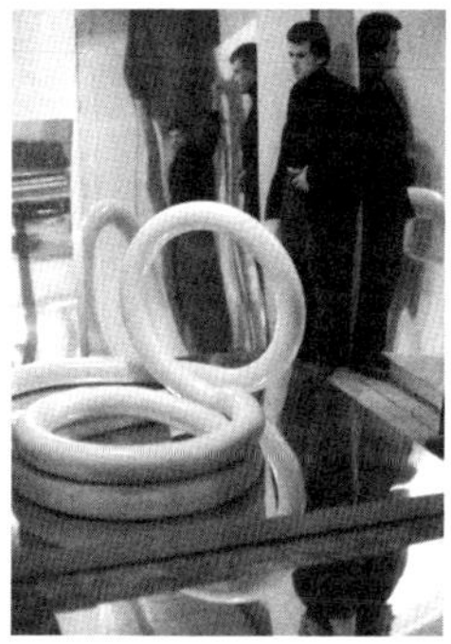

Luca Maria Patella, *SKMP2*, 1968
Eliseo Mattiacci, *Tubo*, 1967

Rileggendo oggi queste riflessioni, possiamo ripercorrere altri momenti di quel passaggio dall'oggetto all'ambiente all'azione che caratterizza lo scenario di rinnovamento dell'arte italiana nella stagione che si dipana dal 1967 al 1968, con la fuoriuscita dell'intervento plastico dallo spazio della galleria a quello urbano, nella possibilità di un coinvolgimento orizzontale del pubblico. Le riflessioni di Consagra menzionate richiamano infatti alla nostra mente anche interventi come la *Palla* di Michelangelo Pistoletto, che rotola per le strade di Torino in occasione della mostra *Con temp l'azione* (a cura di Daniela Palazzoli, 1967), o azioni di Eliseo Mattiacci come *Tubo* (1967, su cui sosteremo dopo) e i *Cilindri praticabili* (1968). Questi ultimi, come si può vedere in alcune fotografie scattate da Claudio Abate e nelle riprese di Luca Maria Patella per il film *SKMP2* (1968), prima di essere allestiti in galleria[15] sono posizionati all'aperto, nel Parco Nomentano di Roma, vicino allo studio dell'artista, dove la fruizione spontanea, non mediata, dei bambini, traghetta la scultura verso una condizione più ibrida e laterale di oggetto-giocattolo in piena sintonia con l'utopia marcusiana della liberazione che nutre quei giorni. Attestando dunque una militanza che prescinde dall'ideologia, i *Cilindri praticabili* conferiscono una specifica "politicità dell'esistente" al gesto artistico.

13 P. Consagra, *La Città Frontale*, De Donato, Bari 1969, p. 15.
14 Ibid.
15 Faccio riferimento alla mostra personale alla galleria L'Attico di Roma che inaugura nel maggio 1968.

In quei mesi che coincidono con il momento più caldo della contestazione del '68, Consagra fa ritorno in Italia, avendo concluso il suo soggiorno a Minneapolis dove era stato invitato come *visiting professor* a partire dall'estate del 1967. Sarà proprio "la forza paradossale delle idee nuove per cambiare la società" che gli darà "la carica per uscire dallo smarrimento".[16] Un fermento ideativo e teorico che lo condurrà alla pubblicazione, appunto, di *La Città Frontale*, e alla mostra alla Galleria dell'Ariete nel marzo-aprile 1969.

Il colore della scultura

Un altro aspetto su cui è utile sostare per riflettere sulla ricezione del pensiero scultoreo di Consagra è la dimensione del colore, che può essere inquadrata in uno scenario sfaccettato della scultura colorata a Roma negli anni Sessanta, convocando, per affinità e contrapposizione, temi cruciali di riflessione come la relazione che si istituisce tra arte e tecniche di produzione di massa, tra oggetto scultoreo e società dei consumi, anche sullo sfondo dei dialoghi transatlantici e delle geopolitiche dell'arte nel momento del trionfo della Pop art alla Biennale del 1964 – evento che genera dubbi e insofferenze in Consagra.

In *Vita mia* Consagra fornisce una lettura ideologica della Pop art e manifesta il suo disappunto verso l'imperialismo americano: "Di lì a poco le orde della Pop art, rotto il cordone in USA, si sarebbero riversate in Europa creando lo scompiglio. La politica di espansione ormai perfetta e l'arte più propriamente americana trovavano in patria il più grande appoggio politico che un paese abbia mai pensato di dare con tanto spiegamento di forze, per invadere il mondo [...] L'arte americana l'ho sofferta come un grande abuso di artisti molto privilegiati per un potere di influenza troppo vantaggioso. Mi sembrava la rivolta dei ricchi contro i poveri. Un sopravvento che non avrebbe lasciato aria da respirare. L'arte americana si era impossessata di tutto quanto era nato in Europa e lo rigurgitava addosso a noi come liberazione da un assoggettamento [...] Ora esisteva solamente l'America. La Pop art fece un macero di tutto. Si ripartiva con una violenza inaudita e il suo fascino portava strage di consensi".[17]

Le prime opere colorate di Consagra sono i *Piani sospesi*, realizzati tra il 1964 e il 1965 ed esposti alla Quadriennale di Roma nel 1965. A seguire vengono i *Ferri trasparenti* (1965–1966) che saranno esposti nella mostra alla Galleria Marlborough di Roma nel 1966.

Mentre dunque dall'America si propagava un'arte che diffondeva iconografie, formati, processi dell'immagine legati agli scenari della società dei consumi, la ricerca di Consagra vive un cambiamento, fornendo la propria risposta al mutato scenario socio-culturale degli anni Sessanta. La drammaticità legata all'impegno civile e ideologico del dopoguerra sono superate nella sua ricerca attraverso l'individuazione del colore come possibilità trasformativa della scultura e di una libertà espressiva del fatto scultoreo, tuttavia lontano dall'attrazione pop. Come ha puntualizzato Fabrizio D'Amico il colore di Consagra tratteggia un percorso estraneo alla Pop; crea ponti sollecitando l'attraversamento di una dimensione di scultura astratta che da Alexander Calder a Ellsworth Kelly[18] arriva a David Smith, Anthony Caro e a Philip King.

16 P. Consagra, *Vita mia*, Feltrinelli Editore, Milano 1980, p. 109.

17 Ibid., p. 92, 94.

18 F. D'Amico, "Disegno e colore nell'opera di Pietro Consagra", in *Pietro Consagra. Necessità del colore. Sculture e dipinti 1964–2000*, catalogo della mostra (Verona: Galleria dello Scudo e Museo di Castelvecchio, 16 dicembre 2007–30 marzo 2008), a cura di L. M. Barbero, G. Di Milia, Skira, Milano 2007, p. 35.

Nella presentazione dell'esposizione romana alla Galleria Marlborough Maurizio Calvesi analizza il rinnovamento di Consagra scrivendo: "Ora questa scultura non celebra più un incontro, un colloquio, una libertà dai chiari connotati politici e democratici, ma celebra una nascita, una libertà senza programmi, senza aggettivi. Non celebra l'incontro amoroso in quanto rapporto e modulo base di una relazione umana che può essere quella stessa sociale, ma in quanto amore; non celebra lo slancio e il magnetismo di una parte verso l'altra, ma l'espansione di una singola parte, il magnetismo di infiniti individui verso un orizzonte paesisticamente comune".[19]

In quel momento la riflessione attorno al colore in scultura – tra ricerca plastica e design – trova un polo di attrazione a Roma nell'esperienze della *Nuova scultura italiana*. Questa compagine riunisce per un breve periodo, tra il 1965 e il 1966, il percorso di artisti come Paolo Icaro, Attilio Pierelli, Carlo Lorenzetti, Remo Remotti, Gino Marotta e Alfredo Pizzo Greco i quali proseguiranno le loro riflessioni in direzioni diverse. È Marotta a tenere le fila e a sviluppare altresì un dialogo sulla scultura – una conversazione ideale tra tutti questi artisti, con la partecipazione di Gillo Dorfles, che prende la forma di libro attraverso le registrazioni di Nanni Loy.[20] Leggendo questo libro corale, emergono numerosi punti di contatto tra il pensiero dei giovani artisti coinvolti e la ricerca di Consagra, già a partire dalla dimensione dialogica che sottende alla struttura del libro stesso. L'attenzione nell'ambito della *Nuova scultura italiana* è rivolta a una nuova funzione del fatto plastico, che deve uscire dall'oggettualità per diventare "spazio totale", in osmosi con l'architettura e l'urbanistica, nonché attivare una "provocazione" al design. La nuova scultura deve contribuire a definire il paesaggio della città contemporanea, abbattendo le barriere verso la costruzione di una nuova società in relazione al boom economico, all'estetica dei beni di consumo e alla produzione di massa. Proprio in tale direzione si situa la dimensione ludica del fatto plastico che polverizza le separazioni e le gerarchie. Il concetto di divertimento ricorre nel dialogo associato al colore, alla fantasia e all'ironia come ricerca di una nuova coscienza e responsabilità della scultura e come atto di liberazione.

Nell'ambito di una riflessione sulla sua recente produzione, nel 1968 Consagra, si sofferma a riflettere sulla relazione che si istituisce tra produzione artistica e società, per quanto riguarda la tecnica, i materiali e i metodi di lavoro, e fornisce la sua visione di artista come "elemento equilibratore".[21] A tal proposito rivela: "A me quello che interessa è vedere cosa il prodotto dà all'artista, non cosa quest'opera rappresenti nella società, perché la società prima di tutto non vuole nessuna opera. L'artista fa la sua cosa immaginandosi un pubblico, un collezionista, un museo proprio inventati, è vero? Tutto sommato, quello che noi cerchiamo d'intravedere è che quest'opera sia il prodotto di un qualcosa che succede all'artista perché lui sia un uomo, non dico riuscito, un uomo vissuto con più esperienza degli altri. L'unica cosa a cui l'artista crede veramente è questo: che lui lavorando migliora il suo rapporto con la vita".[22] Tutte queste riflessioni mi pare che si possano affiancare a una delle espe-

19 M. Calvesi, presentazione in *Consagra. Ferri trasparenti. 1966*, catalogo della mostra (Roma: Galleria Marlborough, 1966).

20 *Nuova scultura italiana: Conversazione registrata di Nanni Loy con Gillo Dorfles, Gino Marotta, Icaro, Lorenzetti, Pierelli, Pizzogreco, Remotti*, Nocera Editore, Campobasso 1966.

21 P. Consagra, in "Tecniche e materiali", inchiesta a cura di C. Lonzi, T. Trini, M. Volpi Orlandini, *Marcatré*, n. 37–40, maggio 1968, in *Carla Lonzi: Scritti sull'arte*, p. 590.

22 Ibid., p. 591.

rienze più iconiche di scultura colorata a Roma di quegli anni, ovvero al *Tubo* di Mattiacci che peraltro idealmente unisce tutta una serie di considerazioni che abbiamo dipanato, convocando all'attenzione il rinnovamento della scultura nel passaggio dall'oggetto all'ambiente, nell'attrazione performativa e nella dimensione, appunto, del colore. Nel 1966 Mattiacci scopre un nuovo materiale di tipo industriale, il tubo nichelato utilizzato per l'edilizia, prodotto dalla ditta Lames di Chiavari, in Liguria, che viene dipinto del colore giallo Agip e rosso tramite un procedimento di verniciatura, anch'esso industriale, realizzato in carrozzeria. Con questo materiale Mattiacci inizia a esplorare una nuova plasticità che vaporizza i confini tra interno ed esterno, tra pratica e contemplazione, tra forma e anti-forma, e situa la modalità di essere della scultura in un nuovo campo espanso. Avviando il proprio "contro discorso" mediante l'esplorazione di quella che Mario Diacono definisce "l'estasi mistica di un operare nell'infinitezza",[23] il *Tubo* contribuisce a quell'"incessante aggiornamento sul linguaggio internazionale e particolarmente americano attuato a Roma",[24] tra *environment* e happening, ma con una propensione che contamina sin da subito radici avanguardiste diverse, scompaginando assetti, statuti consolidati, letture unidirezionate. È a mio avviso utile costruire una costellazione più discontinua di relazioni, andando a rintracciare in un intervento come *Tubo* non solo la forte attrazione per il dialogo transatlantico in una prospettiva pop ma anche altre genealogie, rispondenze e necessità del dibattito sulla scultura: da Giacomo Balla a Lucio Fontana a Consagra, appunto. Del resto, si può cogliere un'affinità e un'adesione al pensiero della scultura di Consagra da parte di Mattiacci anche nel riferimento al termine "Colloquio" ricorrente nei titoli delle sue prime opere (*Colloquio con la luna*, 1959; *Colloquio*, 1962).

È proprio attraversando in questa prospettiva non lineare la ricerca di Consagra, e interrogando i suoi temi fondativi della frontalità, del colloquio e del colore che si possono connettere scenari, in una duplice direzione di dare e avere, e scoprire genealogie più o meno impreviste.

23 M. Diacono, "Eliseo Mattiacci", *Bit*, n. 2, maggio 1967, p. 24.
24 Ibid.

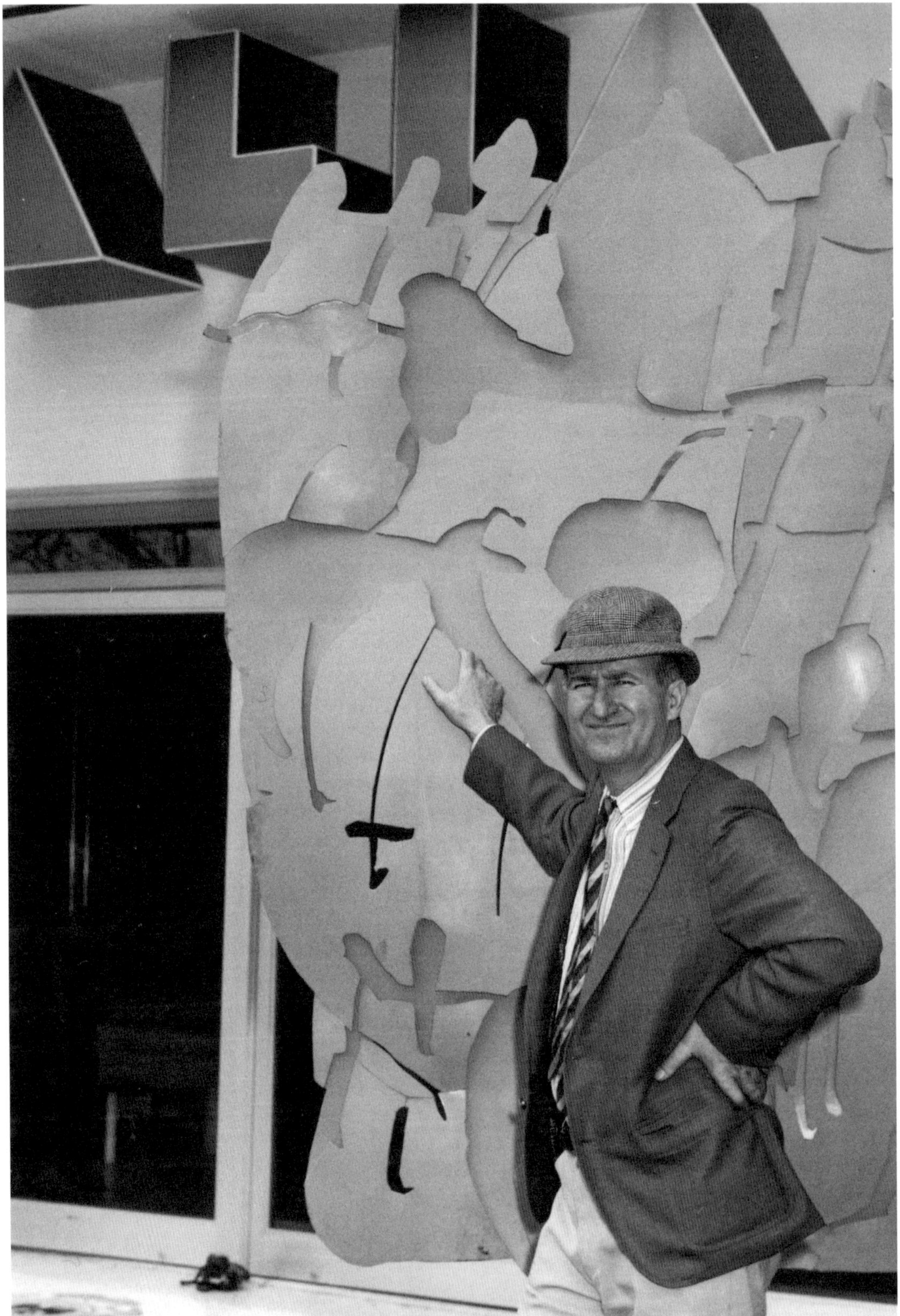

Consagra alla *International Exposition Hemisfair*, San Antonio, Texas, 1968 /
Consagra at the *International Exposition Hemisfair*, San Antonio, Texas, 1968

Unexpected Genealogies

Lara Conte

A reflection on the notion of genealogy leads to the legacy, in thought and work, of an artist who does not necessarily give in to reassuring formal comparisons. Instead, he brings up more complex issues around the modes of reception, which can sometimes occur at the meeting point between experience, indirect relations, thought, and work. The latter mode of inquiry turns out to be extremely fruitful when reflecting on the contribution of Pietro Consagra to the thinking on contemporary sculpture.

Crucial issues in his research were frontality, the conversational dimension, color, the relationship between sculpture and architecture, which reflect the civil and ideological commitment of a post-war artist and of the "middle generation". These can be put in relation to moments in the debate and in the plastic renewal that began in the 1960s, beyond rigid periodization and pigeonholing, and even beyond intersections acknowledged by the artists or critics of the time. Some of Consagra's propositions, developed in the post-war theater and afterwards, in the changed landscape of consumer society, stand in a dialectical tension to the outcomes and practices of the research started by a younger generation of artists who were taking their first steps in the 1960s, questioning the forms, modes and processes of art making. We can therefore attempt some reflections on the basis of a political vision of sculpture (which takes on different forms depending on the settings it operates in), with a view to analyzing the reception and transmission of Consagra's thought beyond the framework of post-war art.

Conversation and Frontality

When Consagra, in a conversation with Carla Lonzi on the occasion of his solo exhibition at Galleria l'Ariete, Milan, in 1967, talked about frontality in sculpture, his ideas actually resonated beyond his own plastic experience, envisioning a process of renewal of the sculptural act and of critical language that involved the new generation of Arte Povera artists and of contemporary critics, first and foremost Lonzi.

To Consagra, the frontality of sculpture is an alternative to the totem, and to the hierarchical, symbolic value of sculpture associated with it. It is the definition of a more direct relationship, "face to face with the spectator."[1] Beyond the formal choice of abstraction associated with his plastic research, in the 1960s we can find reverberations of this politically connoted idea of "frontality" in an extended horizon of process-related practices and demands for an horizontalization of the artistic act and of the critical language. In this vision, frontality becomes a reversal of the point of view from which to look at the world and at things, a mode of experience and an approach to relationships. It is the start of a reflection on responsibility based on relation, which therefore situates the perspective of action of both the critic and the artist in an experience to be lived "alongside" and not "above," towards the exploration of a new phenomenology of the self. Lonzi, for example, would do this by identifying a specific dialogical and relational practice which resulted in the publication of her *Autoritratto* [Self-portrait].[2] The artists in their turn experimented with materials, processes, and events in their work that could not be predicted *a priori*. Or again by using their body as measure, exploring a new relationship between work, body and space, viewed as environment and social context.

Writing about the sculpture of Consagra in 1956, Giulio Carlo Argan noted that "form has a real, not symbolic existence in a real, not symbolic, space [...] that form remains a human fact and that space remains a fact of nature."[3] Giovanni Maria Accame, a few decades later, reasserted these notions, describing Consagra's sculpture as "a testament to the will to exist, as a true presence."[4]

Thus it was not so much the formal aspects, namely the abstract syntax and the relationship with the material, that motivated Consagra's plastic affinity with the Povera generation, but rather the phenomenological and existential consequences of his thought, which connects the human with space through adherence to a sensibility of experience. Already in his text *Necessità della scultura* [Necessity of Sculpture], written in 1952, Consagra reflected on a new function of sculpture in the post-war theater, writing that: "Man is in space, sculpture is in space. Man lives in constant contact with a plastic world in which he physically participates with his sensibility."[5] Many plastic conceptions of the 1960s come to mind when we reread these reflections, in particular the attraction that gets activated between space, body and size: from Luciano Fabro's *In-cubo* (In-cubus, 1966) to Paolo Icaro's *Gabbie* [Cages] just to name a few examples. In these interventions we can recognize a transition in the plastic intervention, from sculptural objects to a more environmental dimension.

It is this path that Consagra, although still imbued with values of the artist's social responsibility in the active scene of the 1950s, describes by focusing on the fact that "the problem of art is very much linked to architecture, and artists feel the weight of responsibility to respond positively with their work for an aesthetic that has as its object the development of the new man."[6] As the socio-economical and cultural scene changed, these reflections took on different meanings and possible outcomes, resulting in a renewal of both the language of sculpture in an environmental sense, and of

1 P. Consagra, in C. Lonzi, *Intervista a Pietro Consagra*, exhibition catalogue (Milan: Galleria dell'Ariete, 1967), in *Carla Lonzi: Scritti sull'arte*, edited by L. Conte, L. Iamurri, V. Martini (Milan: et al., 2012), 510. Unless otherwise noted, original texts are rendered here in English by the translator.

2 C. Lonzi, *Autoritratto* (Bari: De Donato Editore, 1969).

3 G. C. Argan, "Scultura di Consagra," *Quadrum*, no. 2, 1956: 139–144.

4 G. M. Accame, "Consagra, una scelta frontale," in *La forma plurale: Opere e artisti in Italia 1947–2000* (Milan: Charta, 2010), 32–43, 52.

5 P. Consagra, "Necessità della scultura" [1952], in *Consagra che scrive: Scritti teorici e polemici 1947–1989* (Milan: Vanni Scheiwiller, 1989), 19.

6 Ibid., 22.

the architectural design of what would become, for instance, the experiences of radical architecture.

Focusing our attention on the broader dimension of sculpture, we can clearly recognize this transition from object to environment, which urgently raises the question of the relationship between art and life, where the art-life pair is to be understood as the artist's claim to his own being in the world, in multiple ways which pertain to the subjective, social and political sphere, and that shifts the crux of discourse to the biological and phenomenological dimension of existence.

Talking about *Im-Spazio* ("image of space") at the very same point in time when he formulated his definition of Arte Povera, Germano Celant stressed the process-related value of the new Italian environmental research projects (which also included those of the above mentioned Fabro and Icaro), where the image goes from "signifying space" to "being space".[7] And Celant outlines this process-related quality not as a simple "diachronical unfolding" of form in time, but also as the "dynamic tendency"[8] of the image which, starting from the stylistic structure of visual research, enters into a relationship with other linguistic systems, such as for example architecture, urban planning or theater. In that same year Tommaso Trini, in his review of the Italian edition of Udo Kultermann's book *The New Sculpture*, wrote that: "Sculpture has expanded its boundaries in all directions until it has become a central means of expression in today's art. We see it expanding as a universe of new forms, techniques and materials, in a constant expansion, enriched by new experiences through contact with dance, theater, architecture, etc."[9]

What emerges from Trini's reflections is another term that is worth dwelling on: "experience," which is symptomatic of the new relationship established between work, environment, and body. It is a path that can be traced back to the need for physical participation of humans "with their sensibility," which Consagra was hinting at in *Necessità della scultura*, and which will be fully defined in the "experience" dimension of the new process-oriented practices.[10] As was mentioned, this process places individuals and their experience at the center of discourse, in order to identify a specific "politics of the existing" that does not flatten the individual experience into an intimist vision.

In a conversation with Celant, Fabro talked about the experiential dimension of his debut works, dating back to the early 1960s, where the measure of the body became a constructive canon, and experience emerged as a possible way to "add value to space."[11] From *Raccordo anulare* (Ring Road, 1963–1964) to *In-cubo*, Fabro spreads his arms and becomes aware of space, through a minimal, elementary gesture that is the natural underpinning of the Vitruvian constructive canon, this creating a point of contact between

7 G. Celant, "L'"Im-Spazio," in *Lo spazio dell'immagine*, exhibition catalogue (Foligno: Palazzo Trinci, July 2–October 1, 1967) (Venice: Alfieri Edizioni d'Arte, 1967), 20.

8 Ibid.

9 T. Trini, "Una galassia chiamata scultura," *Domus*, no. 456, November 1967: 49. The Italian translation of Udo Kultermann's book *Nuove dimensioni della scultura* was published by Feltrinelli in 1967.

10 I should mention the publication, in 1951, of the Italian translation of J. Dewey's book *Art as Experience* [1934], *L'arte come esperienza* (Florence: La Nuova Italia, 1951). Italian translation and notes by C. Maltese.

11 L. Fabro, in G. Celant, "Entretien avec Luciano Fabro, 1971," in *Luciano Fabro*, exhibition catalogue (Paris: Centre Georges Pompidou, October 9, 1996–January 6, 1997) (Paris: Éditions du Centre Pompidou, 1996), 27.

History and his own personal story. *In-cubo* is a five-sided canvas cube, open on the side that rests on the floor, so that the viewer can lift it and slip inside. Made primarily according to the size of the artist's body, it follows the height and width of his arms.

The overturning of vertical space towards horizontality involves the definition of a "conversational space," defined as a place that activates a direct confrontation between work and observer, and among the elements of the work, in the attraction between depth and surface. It is adherence to a two-dimensionality that is not a bas-relief, and hence a simulation of three-dimensionality, but a new space for equal confrontation that does not allow for visual shortcuts, but sparks a "hand to hand fight." A "hand to hand fight" whose transformative power, in the course of the 1960s and beyond, came to fruition not only in the domain of sculpture but also in that of performance: think, for example, of the research of Jannis Kounellis, who already in his earliest works and actions showed a specific attraction to "frontality," and began to describe himself as a "painter" from his action with horses at L'Attico gallery in 1969. It was Daniela Lancioni who, on many occasions, pointed out the fertile relationship between the frontality of Consagra and that of Kounellis, and referring to the latter talked about "live actions and bodies" in which "observers always find themselves face to face on two imperceptibly distinct sides."[12] In Kounellis' frontality we can detect a need to reactivate a critical and political vision of history, where the past is the vital lifeblood that helps explore the present and contingency, placing the work in an epic, universal, metaphysically timeless dimension.

Frontality therefore implies a new posture of seeing that urges us to tackle the issues around point of view in multiple ways, thereby activating the poetics and politics of looking as a constant investigation of sculpture and its "responsibility."

Consagra himself, in the early 1960s, explored the relationship between sculpture and environment. He created a few rotating *Colloqui* [Conversations], among them *Colloquio col vento* [Conversation with the Wind], for the legendary exhibition *Sculture nella città* [Sculptures in the City], curated by Giovanni Carandente in Spoleto in 1962. The idea of the show was to establish a relationship with the space of the city, viewed as a place of experience connected to urban planning, and as a stimulus to interaction between the sculptural object and weather conditions. It was from this sculptural vision that Consagra developed his theorization of the *Città Frontale* [Frontal City], as a "provocative extension of my sculpture, a mandatory landscape, a *force majeure*."[13]

In *La Città Frontale* Consagra wrote: "When I thought about a sculpture, the city was there as a mood and formal instigation, as an aesthetic category and a sensitive creature, as political emotion and feeling. The City was a background and an intellectual extension and color of life. A gesture with the City, a feeling like a City, a conversation like a perspective, time in the City, in a street, in a room, in a corner."[14]

12 D. Lancioni, "La sua opera come dono. Lo ha compreso anche Kounellis," in *Alias*, supplement of *Il Manifesto*, no. 39, X, 11. I should also mention Lancioni's considerations in "Guida pratica alla visita della mostra," in *Anni 70: Arte a Roma*, exhibition catalogue (Rome: Palazzo delle Esposizioni, December 17, 2013–March 2, 2014), edited by D. Lancioni (Rome: Iacobelli Editore, 2013), 120.

13 P. Consagra, *La Città Frontale* (Bari: De Donato, 1969), 15.

14 Ibid.

Re-reading these reflections today, we can retrace other moments in that move from object to environment and to action, which marked the renewal of Italian art in the season that unfolded from 1967 to 1968, as the plastic intervention comes out of the gallery space and enters the urban space, carrying with it the possibility of a horizontal interaction with the public. Consagra's reflections above also bring to mind interventions such as Michelangelo Pistoletto's *Palla* [Ball], rolling down the streets of Turin during the exhibition *Con temp l'azione* (curated by Daniela Palazzoli in 1967), or actions by Eliseo Mattiacci such as *Tubo* (Tube, 1967, on which we will focus later) and his *Cilindri praticabili* (Practicable Cylinders, 1968). The latter, as can be seen in some photographs taken by Claudio Abate, and in Luca Maria Patella's footage for the film *SKMP2* (1968), before being displayed in the gallery[15] were placed outdoors, in the Parco Nomentano in Rome, near the artist's studio. Here the spontaneous, unmediated experience of children brings the sculpture closer to a hybrid, lateral condition of object-toy, echoing Marcuse's utopia of liberation that animated those days. Bearing witness to an activism that was independent of ideology, the *Cilindri praticabili* endowed the artistic gesture with a specific "politicalness of the existing."

In those months, coinciding with the most heated moment in the 1968 protest, Consagra came back to Italy, after ending his spell in Minneapolis, where he had been invited as a visiting professor from the summer of 1967. And then it was precisely "the paradoxical power of the new ideas for a changing society" that gave him "the energy to get out of confusion."[16] A creative and theoretical drive that would lead him to publish his *La Città Frontale*, and to the exhibition at Galleria dell'Ariete in March–April 1969.

The Color of Sculpture

Another helpful aspect worth dwelling on in our reflection on the reception of the sculptural thought of Consagra is the element of color, which can be contextualized within the multi-faceted scene of colored sculpture in Rome in the 1960s. By affinity and contrast, it can evoke key issues such as the relationship that is established between art and mass production techniques, between sculptural object and consumer society, also against the backdrop of transatlantic dialogue and the geopolitics of art at the time when Pop art triumphed at the 1964 Venice Biennale—an event that generated doubt and impatience in Consagra.

In *Vita mia* Consagra offers an ideological reading of Pop art and expresses his disappointment at American imperialism: "Soon the hordes of Pop art, having broken all barriers in the USA, would pour into Europe, wreaking havoc. A now perfect expansion policy, and a more specifically American art, found at home the greatest support that a country has ever intended to give with such a deployment of forces, to invade the world [...] I have put up with American art as a great abuse from highly privileged artists who had a power of influence that was too advantageous. To me it looked like the revolt of the rich against the poor. An overwhelming advantage that would leave no air to breathe. American art had taken possession of everything that had been born in Europe and had regurgitated it on us under the guise of liberation from subjection [...] Now only America exists. Pop art

15 I am referring to the solo show at L'Attico gallery in Rome that opened in May 1968.
16 P. Consagra, *Vita mia* (Milan: Feltrinelli, 1980), 109.

made a mess of everything. It started again with unprecedented violence and its fascination brought a massacre of consensus."[17]

Consagra's first colored works are the *Piani sospesi* [Suspended Planes] created between 1964 and 1965 and exhibited at Rome's Quadriennale in 1965. They were followed by the *Ferri trasparenti* (Transparent Irons, 1965–1966), which were displayed in the exhibition at the Galleria Marlborough in Rome, in 1966.

Thus, while the art of America was spreading, along with iconographies, formats, and image processes related to the settings of consumer society, the research of Consagra underwent a change, providing its own answer to the changed socio-cultural scene of the 1960s. In his research, the drama associated with the civil and ideological engagement of the post-war period was overcome by identifying color as a transformative possibility of sculpture, and as an expressive freedom of the sculptural dimension, which however remained distant from the attraction of Pop. As Fabrizio D'Amico pointed out, Consagra's color outlines a path that is foreign to Pop art. It builds bridges, encouraging the exploration of an abstract dimension of sculpture, which from Alexander Calder and Ellsworth Kelly[18] extends to David Smith, Anthony Caro, and Philip King.

In his introduction to the Roman exhibition held at Galleria Marlborough, Maurizio Calvesi analyzes Consagra's renewal: "Now this sculpture no longer celebrates an encounter, a conversation, or freedom, with clear political and democratic connotations. It celebrates a birth, freedom without plans, without adjectives. It doesn't celebrate the love encounter as a relationship and as the basic module of a human relationship, even of the social relationship itself, but as love; it doesn't celebrate the impulse and the magnetic attraction of a part to the other, but the expansion of a single part, the magnetism of countless individuals towards a common landscape horizon."[19]

At that point in time the discussion on color in sculpture—between plastic research and design—found a pole of attraction in Rome in the experiences of *Nuova scultura italiana* [New Italian Sculpture]. For a brief period, between 1965 and 1966, this group brought together artists such as Paolo Icaro, Attilio Pierelli, Carlo Lorenzetti, Remo Remotti, Gino Marotta and Alfredo Pizzo Greco, who pursued their reflections in different directions. It was Marotta who pulled the strings and also developed a dialogue on sculpture—an ideal conversation among all these artists, with the participation of Gillo Dorfles, which took the form of a book thanks to the recordings made by Nanni Loy.[20] Reading this collective book, many points of contact emerge between the thinking of the young artists involved and Consagra's research, starting with the dialogical approach that underlies the structure of the book itself. Within the *Nuova scultura italiana* movement, the focus of attention was a new function of the plastic element, which should have gone beyond the objectual dimension to become a "total space," in a relation of osmosis with architecture and urban planning, as well as a "provocation" addressed

17 Ibid., 92, 94.

18 F. D'Amico, "Disegno e colore nell'opera di Pietro Consagra," in *Pietro Consagra. Necessità del colore. Sculture e dipinti 1964–2000*, exhibition catalogue (Verona: Galleria dello Scudo and Museo di Castelvecchio, December 16, 2007–March 30, 2008), edited by L. M. Barbero and G. Di Milia (Milan: Skira, 2007), 35.

19 M. Calvesi, introduction in *Consagra. Ferri trasparenti. 1966*, exhibition catalogue (Rome: Galleria Marlborough, 1966).

20 *Nuova scultura italiana: Conversazione registrata di Nanni Loy con Gillo Dorfles, Gino Marotta, Icaro, Lorenzetti, Pierelli, Pizzogreco, Remotti* (Campobasso: Nocera Editore, 1966).

to design. New sculpture must help define the landscape of the contemporary city, breaking down the barriers towards the building of a new society in connection with the economic boom, the aesthetics of consumer goods, and mass production. This is in fact what the playful dimension of the plastic element points to, pulverizing divisions and hierarchies. The idea of fun appears in the dialogue in association with color, imagination, and irony, as the search for a new consciousness and responsibility for sculpture, and as an act of liberation.

As part of a reflection on his recent production, in 1968 Consagra paused to think about the relationship that arises between artistic production and society in regard to technique, materials, and working methods, introducing his vision of the artist as a "balancing element."[21] About this he reveals that: "What interests me is to see what the product has to offer to the artist, not what this work represents in society, because society does not want any artwork to begin with. As the artist does his thing, he imagines a public, a collector, a museum—all of them invented, isn't it? All in all, what we seem to glimpse is that this work is the product of something that happens to the artist so that he may be a man, I am not saying a successful man, but an experienced man, who has more experience than the others. The only thing an artist truly believes in is this: that by working he will improve his relationship with life."[22]

All these reflections seem to me to go hand in hand with one of the most iconic experiences of colored sculpture in Rome in those years, namely Mattiacci's *Tubo*, which also condenses a series of thoughts we have developed so far, bringing our attention back to the renewal of sculpture through the transition from object to environment, the attraction of performance, and indeed the dimension of color. In 1966 Mattiacci discovered a new, industrial material, the nickel-plated pipe used in construction, produced by the Lames company in Chiavari, in the Liguria region. He painted it in the same shade of yellow as the Agip gas pumps, and in red using another industrial painting process, which he carried out in a body repair shop. With this material Mattiacci began to explore a new plasticity that dissolves the boundaries between inside and outside, practice and contemplation, form and anti-form, situating sculpture's mode of being in a new expanded field. By starting its own "counter-discourse" through the exploration of what Mario Diacono describes as "the mystical ecstasy of working in infinity,"[23] *Tubo* contributes to that "incessant updating on the international and particularly American language that was done in Rome,"[24] between environmental art and happening, but with a tendency to immediately contaminate with different avant-garde roots, thereby disrupting systems, established statutes, and unidirectional readings.

In my opinion, it is helpful to build a more discontinuous constellation of relations, identifying in an intervention like *Tubo* not only a strong attraction to the transatlantic dialogue in a pop perspective, but also other genealogies, correspondences, and demands arising from the debate on sculpture: from Giacomo Balla to Lucio Fontana and, indeed, Consagra. After all, we

21 P. Consagra, in "Tecniche e materiali," survey curated by C. Lonzi, T. Trini, M. Volpi Orlandini, *Marcatré*, no. 37–40, May 1968, in *Carla Lonzi: Scritti sull'arte*, 590.
22 Ibid., 591.
23 M. Diacono, "Eliseo Mattiacci," *Bit*, no. 2, May 1967: 24.
24 Ibid.

can recognize Mattiacci's affinity and adherence to the sculptural thought of Consagra also in his reference to the term "Colloquio", which appears in the titles of his early works (*Colloquio con la luna* [Conversation with the Moon], 1959; *Colloquio*, 1962).

It is precisely by going through the research of Consagra in this non-linear perspective, and by questioning his founding themes of frontality, conversation and color, that we can connect different scenes, in a twofold relationship of give and take, and discover more or less unexpected genealogies.

Un ricordo per Pietro Consagra

Mario Botta

Quando negli ultimi anni del secolo scorso ho avuto l'opportunità di incontrare lo scultore Pietro Consagra, l'artista era già una personalità conosciuta nel contesto internazionale per il suo contributo al rinnovamento della scultura italiana del dopoguerra.

Il suo personale registro linguistico "frontale" lo distingueva dalla tradizione delle avanguardie, eredi di una cultura plastica "tridimensionale". Consagra era percepito come un artista costantemente in bilico tra un impegno teorico di stampo concettuale e un affascinante riscontro per la sua forza iconico-formale.

Le sue immagini con ritagli bidimensionali ricavati da una pluralità di materiali parlavano di uno spirito primordiale, perfino naif, ma nel contempo anche colto e critico, capace di dialogare con le dispute di quegli anni.

Sfuggire ai diktat della cultura plastica di un glorioso passato richiedeva forza e sensibilità critica e intellettuale per affrontare i confronti e le diatribe di quei momenti connotati dai mercati, anche dell'arte, con i loro disinvolti comportamenti. Consagra ha saputo navigare con intelligenza e determinazione difendendo i propri spazi espressivi, di tanto in tanto sorridendo attraverso proclami e accese polemiche indirizzate al territorio contiguo, quello dell'architettura. La frontalità del suo linguaggio stimolava dispute che lo portarono ad indagare territori ai margini delle catalogazioni semantiche conosciute in quei tempi. Una voce critica espressa in territori solo apparentemente paralleli a quelli prettamente artistici ha poi giovato alla sua ricerca rimanendo, nel contempo, una vera e propria "spina nel fianco" dell'architettura. Un allarme impietoso sullo sfascio urbanistico e civile che in Italia si stava consumando sul territorio di fronte al rapido processo di separazione fra l'uomo e il suo ambiente. La complessità della cultura moderna e la rapidità delle sue trasformazioni hanno trascinato quella che all'inizio si presentava come una crisi ambientale ancora controllabile e che, in questi ultimi anni, si sta purtroppo profilando come un possibile dramma ecologico. In questo contesto è illuminante che un artista come Consagra, nato nel 1920, abbia avuto prima di altri la consapevolezza di questi cambiamenti epocali e intrapreso incursioni in territori limitrofi per segnalare nuove ragioni critiche.

La fede nella propria missione e la necessità di lasciare tracce di un impegno generazionale ha segnato l'intero percorso dell'artista. Per questo merita attenzione con uno sguardo di riconoscenza e di complicità. È cosa buona e bella vedere un compagno di viaggio motivato da una ragione morale, avvalorata dalla qualità e dalla poesia del suo lavoro.

Grazie dunque a Pietro Consagra per le sue critiche, come quelle espresse in *Architetti mai più*, in territori scombussolati dalla globalizzazione e dalla società dei consumi. Grazie soprattutto per la sua opera artistica, per aver eletto la "frontalità" a valore assoluto, per aver interpretato la scultura come vera creazione autonoma, per aver caricato la bidimensionalità di peso e leggerezza, per aver ridato colore alle forme plastiche...

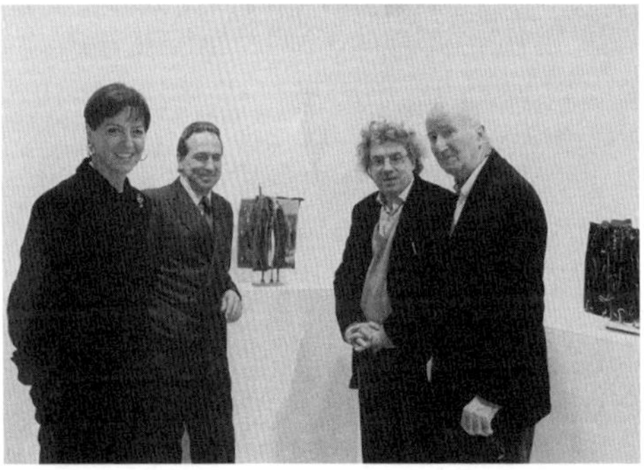

Danna e Giancarlo Olgiati, Mario Botta, Consagra, galleria Fonte d'Abisso, Milano, 1995 /
Danna and Giancarlo Olgiati, Mario Botta, Consagra, Fonte d'Abisso gallery, Milan, 1995

A Memory for Pietro Consagra

Mario Botta

When, in the last years of the twentieth century, I had the opportunity to meet sculptor Pietro Consagra, the artist was already a well-known personality internationally, for the contribution he had given to the renewal of Italian sculpture after the war.

His highly personal, "frontal" linguistic register distinguished him from the tradition of the avant-garde movements, which were heirs to a "three-dimensional" plastic culture.

As an artist, Consagra was perceived as constantly poised between his conceptually-driven commitment as a theorist and the fascination associated with his iconic-formal power.

His images with two-dimensional cuttings obtained from a number of materials expressed a primordial, even naive spirit, but also intellectual and critical ability in dealing with the disputes of those years.

Escaping the diktats from the glorious plastic culture of the past required strength, as well as critical and intellectual sensibility in the face of confrontations and diatribes, at a time when markets, even the art market, influenced the scene with their carefree behavior. Consagra was able to navigate this situation with intelligence and determination, defending his own expressive spaces, sometimes smiling through the proclamations and polemical statements he addressed to the field next to his, that of architecture. The frontality of his language sparked disputes that led him to explore territories at the periphery of the semantic categorizations known at the time. His critique, voiced in fields only apparently parallel to the purely artistic ones, also benefited his research, and at the same time remained a true "thorn in the side" of architecture.

Relentlessly, he sounded the alarm on the urban and civil destruction that was unfolding on the Italian territory, following a rapid process of separation between humankind and its environment. The complexity of modern culture and the speed of its transformation prolonged what initially looked like a controllable environmental crisis, and in recent years is unfortunately emerging as a possible ecological drama. In this context, it is illuminating that an artist like Consagra, born in 1920, was aware of these epoch-making changes before others, and made forays into neighboring territories to draw attention to new critical reasons.

Faith in his own mission and the need to leave traces of a generational commitment have marked the artist's entire career. For this he deserves to be looked at with attention, gratitude and a bit of complicity. It is a good and beautiful thing to see a fellow traveler motivated by a moral reason, validated by the quality and poetry of his work.

I therefore thank Pietro Consagra for his criticism, such as that he expressed in *Architetti mai più* [Architects Never Again], about territories disrupted by globalization and consumer society. I thank him above all for his artistic work, for making "frontality" an absolute value, for interpreting sculpture as true autonomous creation, for charging two-dimensionality with weight and lightness, for putting color back into plastic forms...

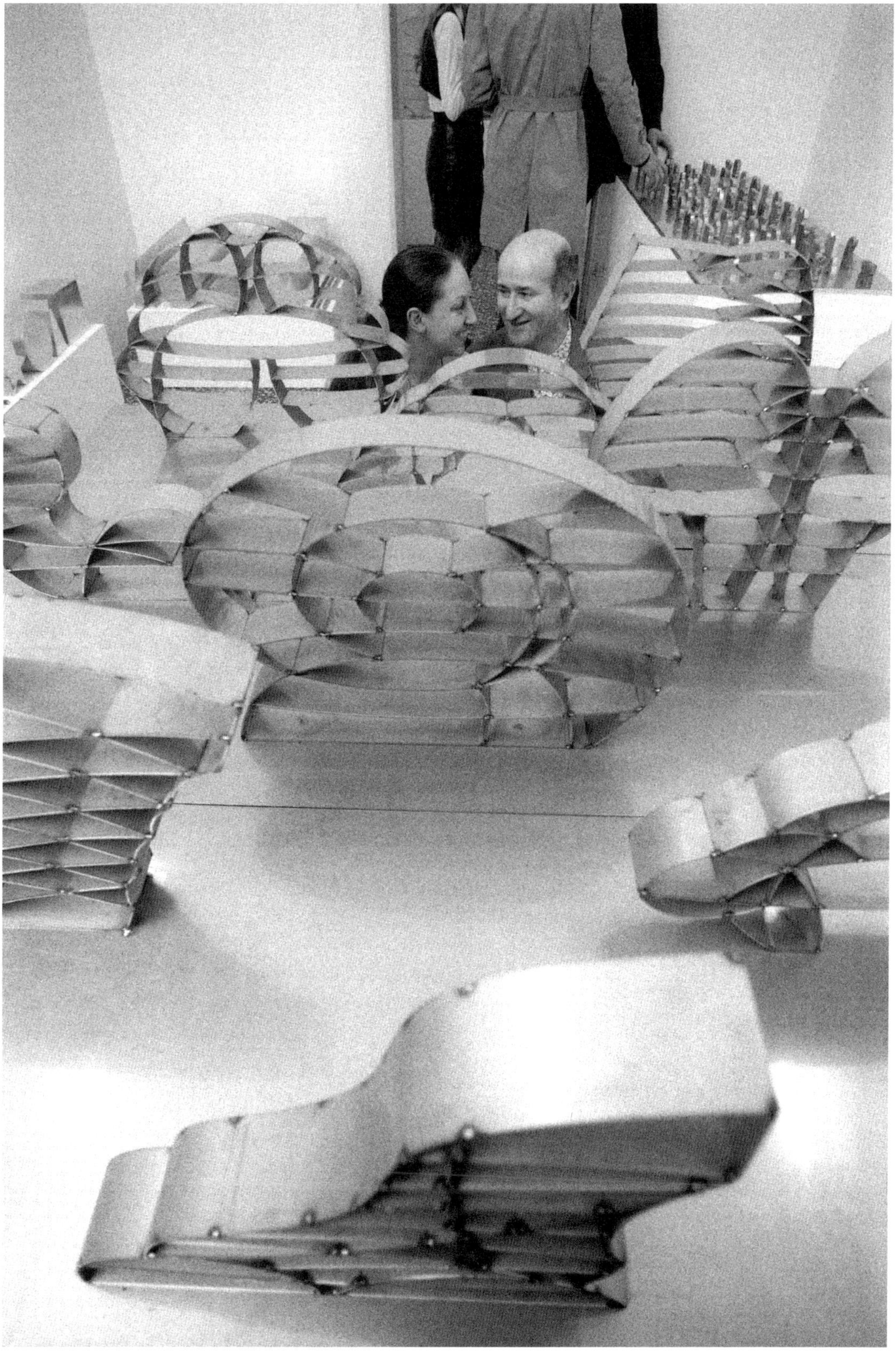

45 Consagra e Carla Lonzi, Galleria dell'Ariete, Milano, 1969 / Consagra and Carla Lonzi, Galleria dell'Ariete, Milan, 1969

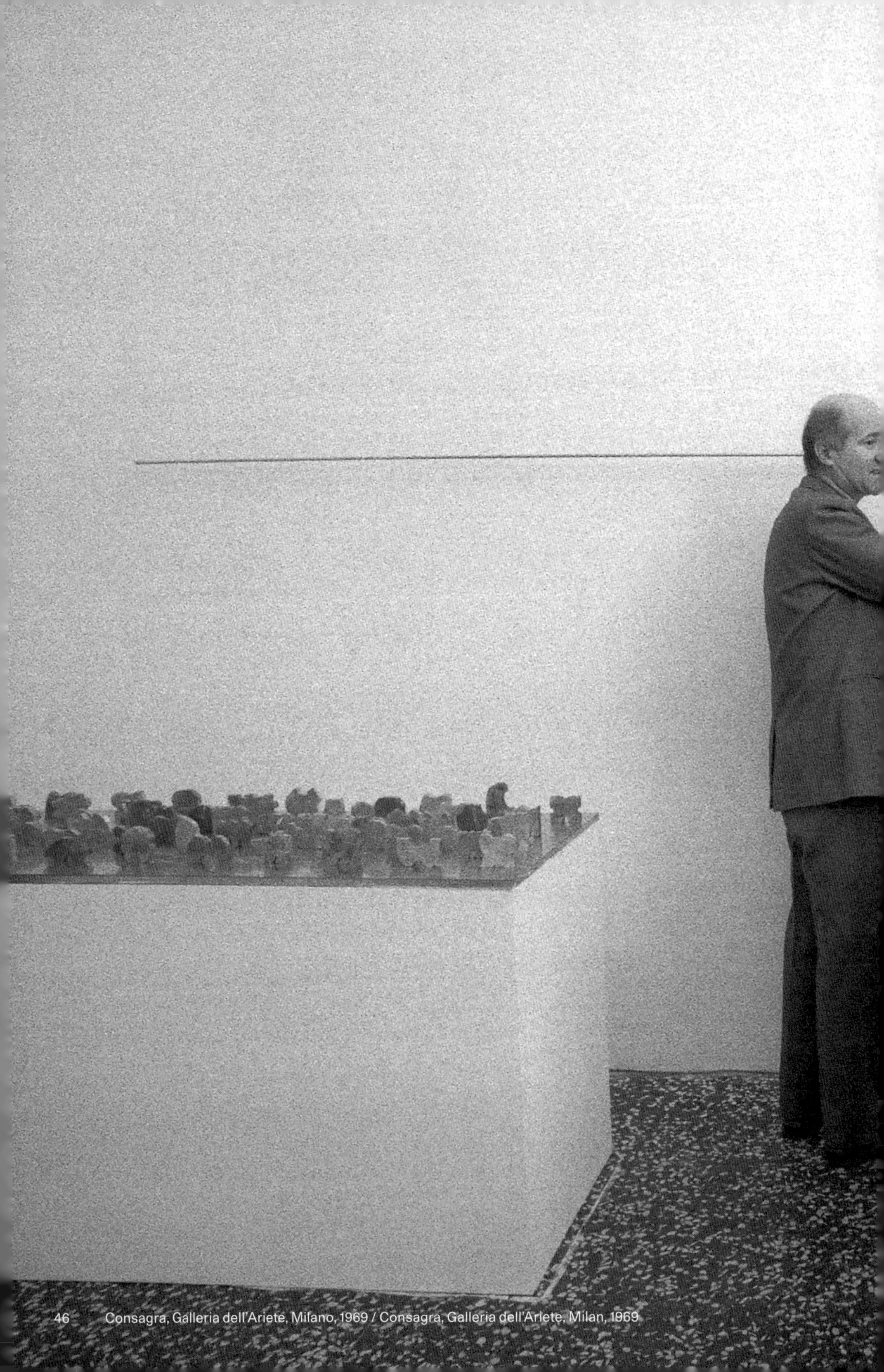

 Consagra, Galleria dell'Ariete, Milano, 1969 / Consagra, Galleria dell'Ariete, Milan, 1969

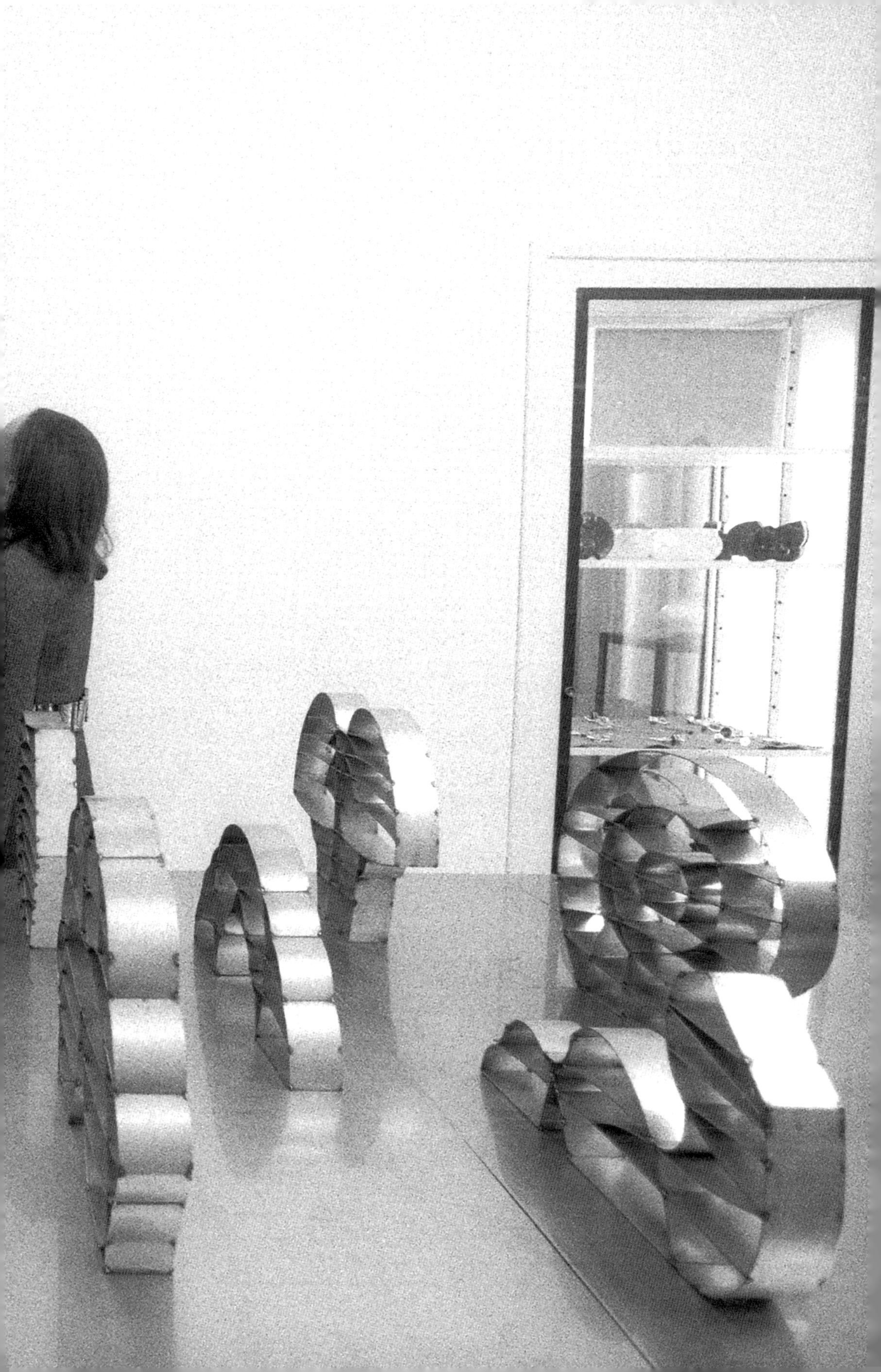

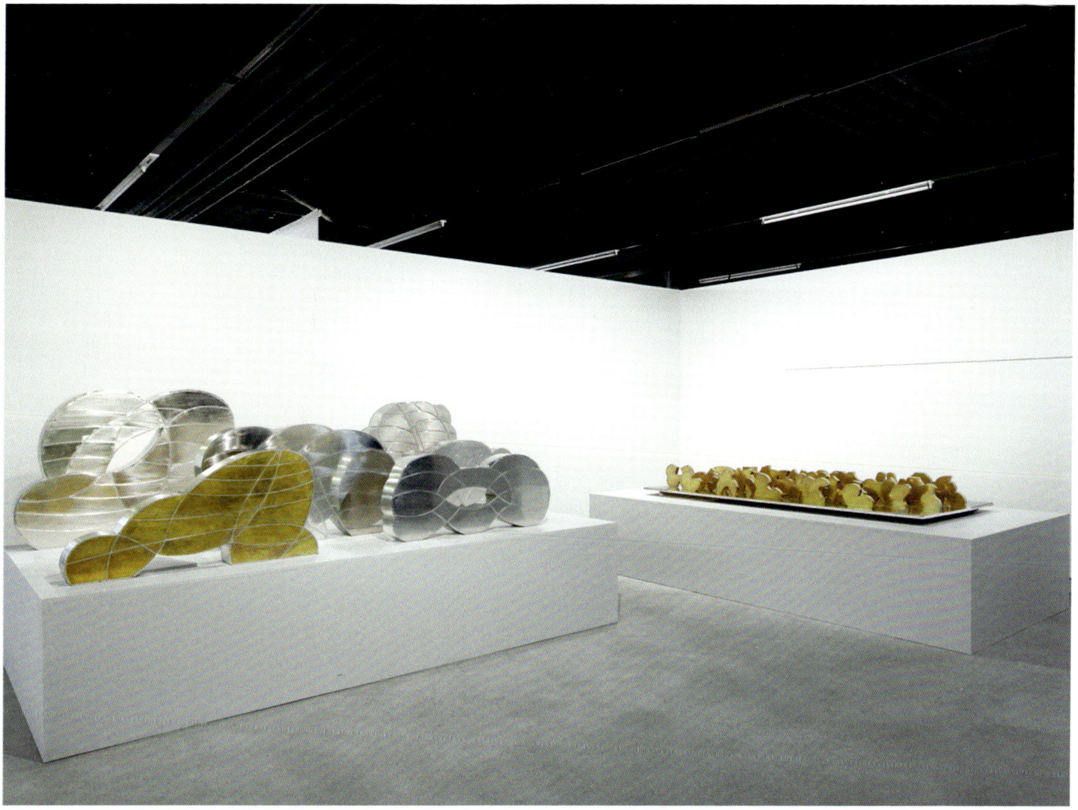

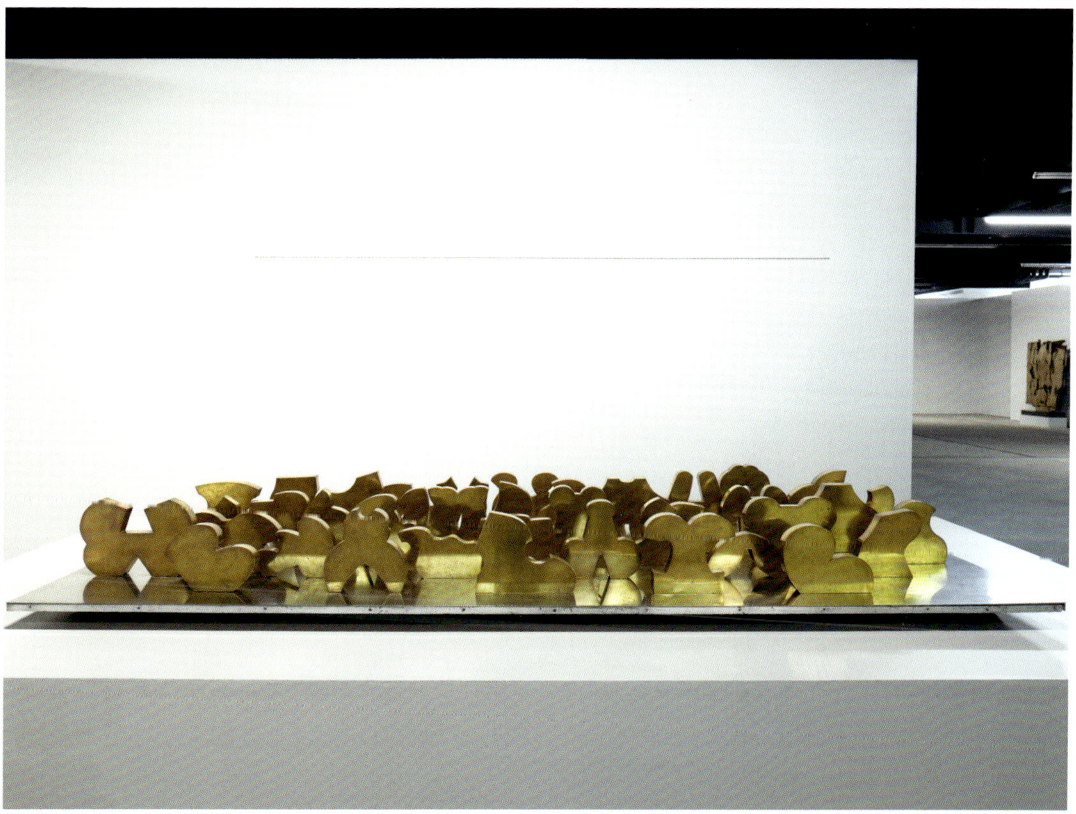

Pietro Consagra: La materia poteva non esserci, viste dell'installazione, Collezione Giancarlo e Danna Olgiati, Lugano, 2021 /
Pietro Consagra: La materia poteva non esserci, installation views, Collezione Giancarlo e Danna Olgiati, Lugano, 2021

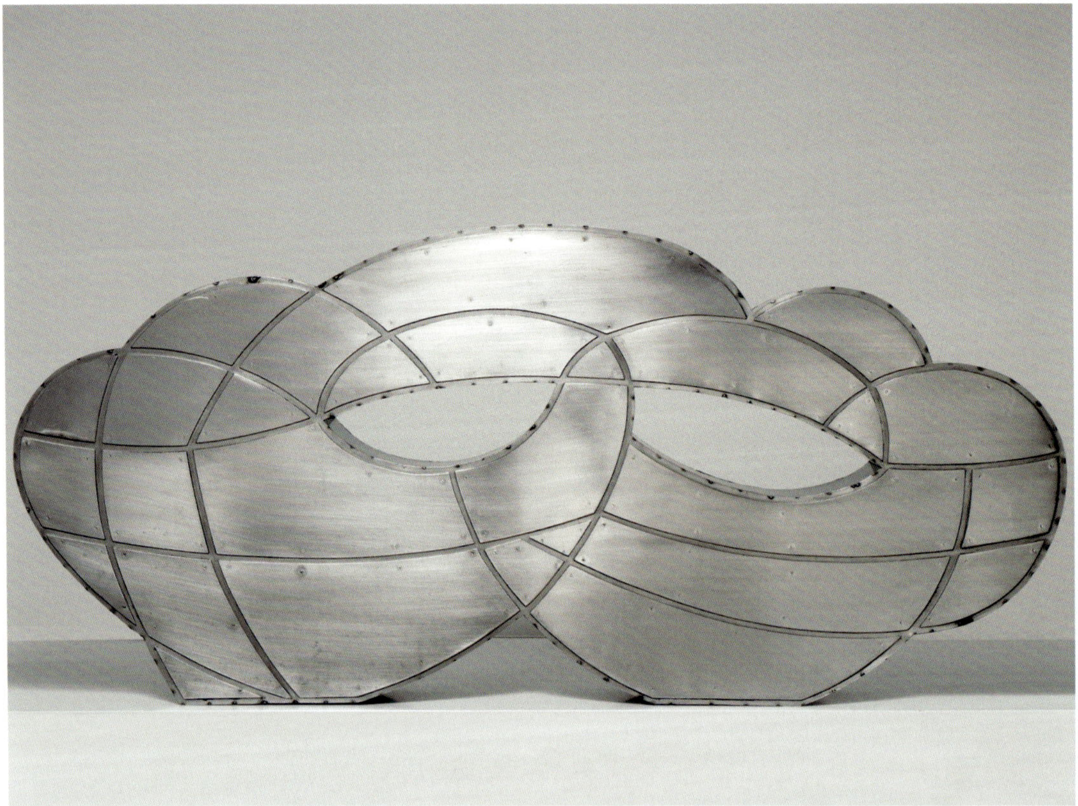

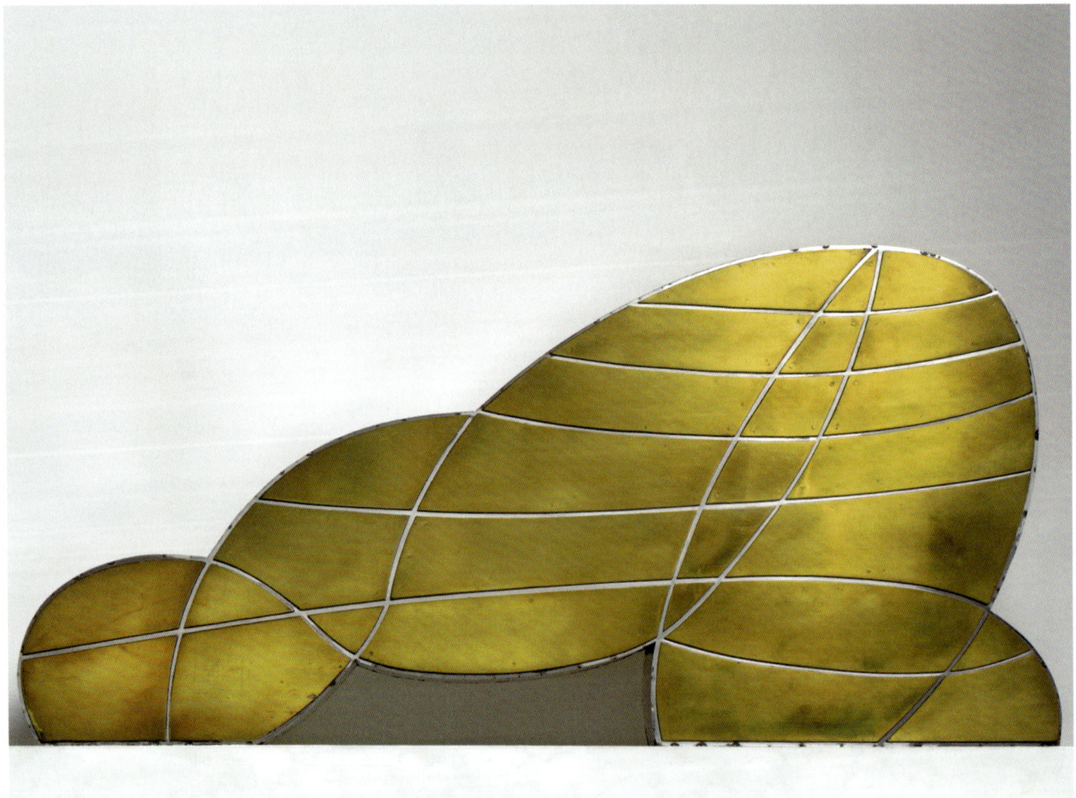

Città Frontale. Edificio n.10 del Tris Tamburato Medio n.1, 1968
Città Frontale. Edificio n.11 del Tris Tamburato Medio n.1, 1968

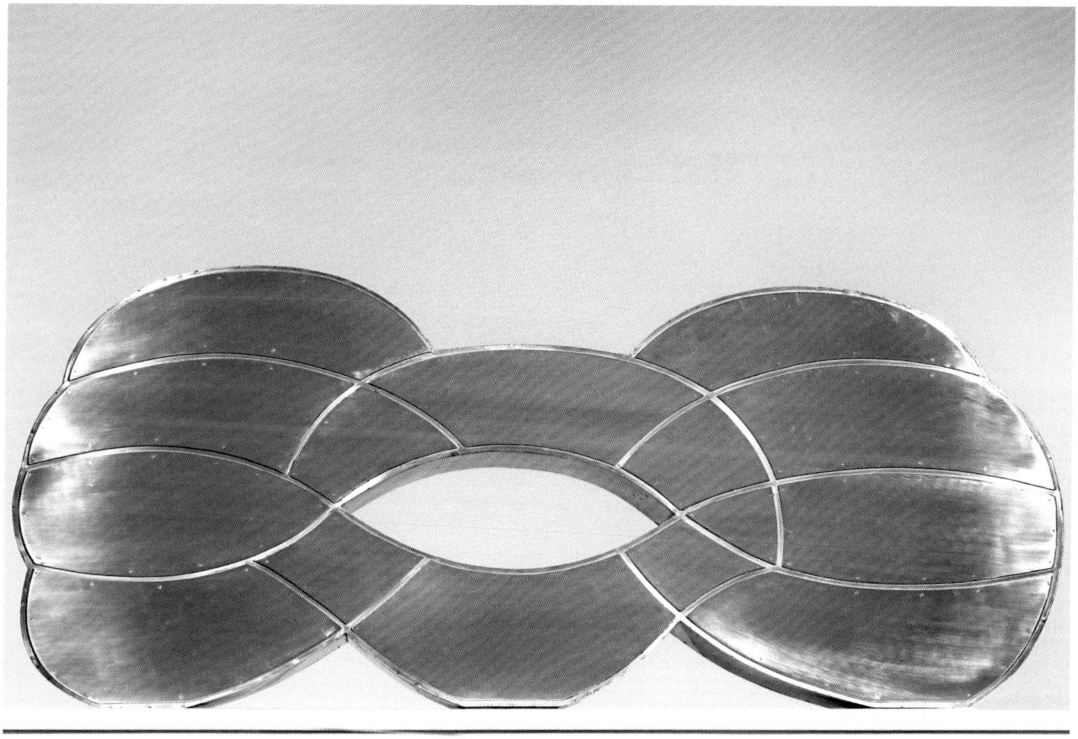

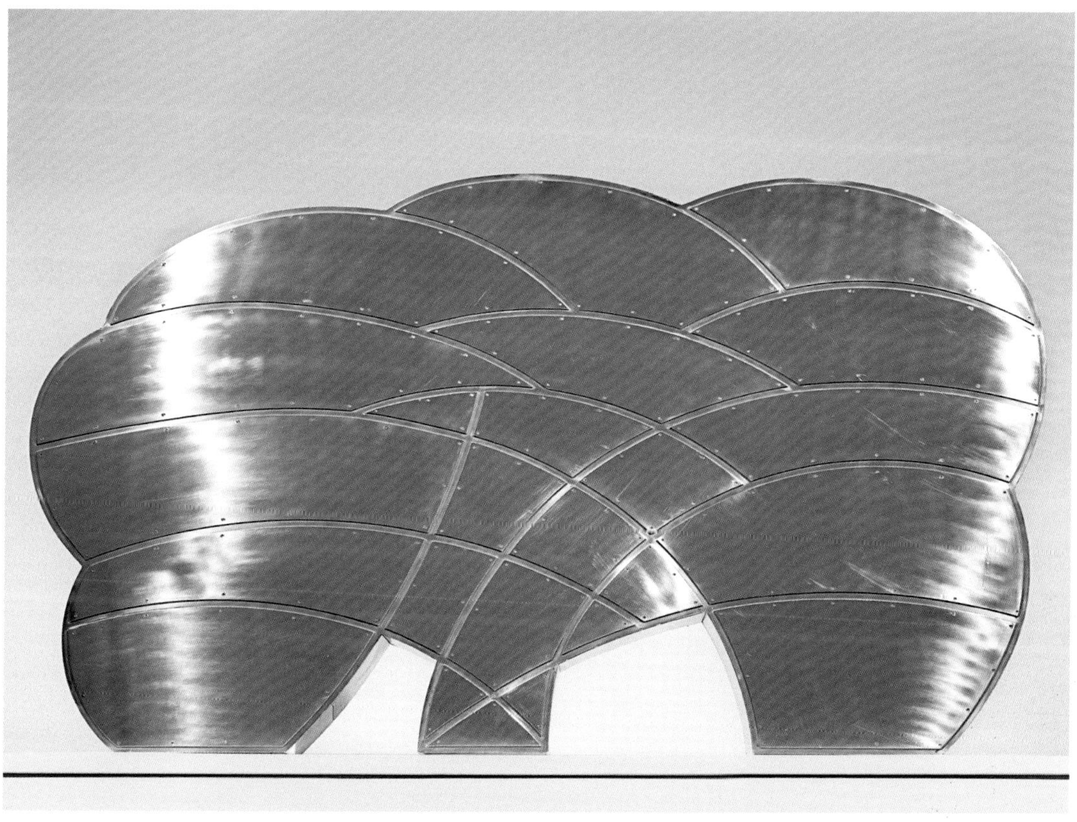

Città Frontale. Edificio n.13 del Tris Tamburato Medio n.2, 1968
Città Frontale. Edificio n.14 del Tris Tamburato Medio n.2, 1968

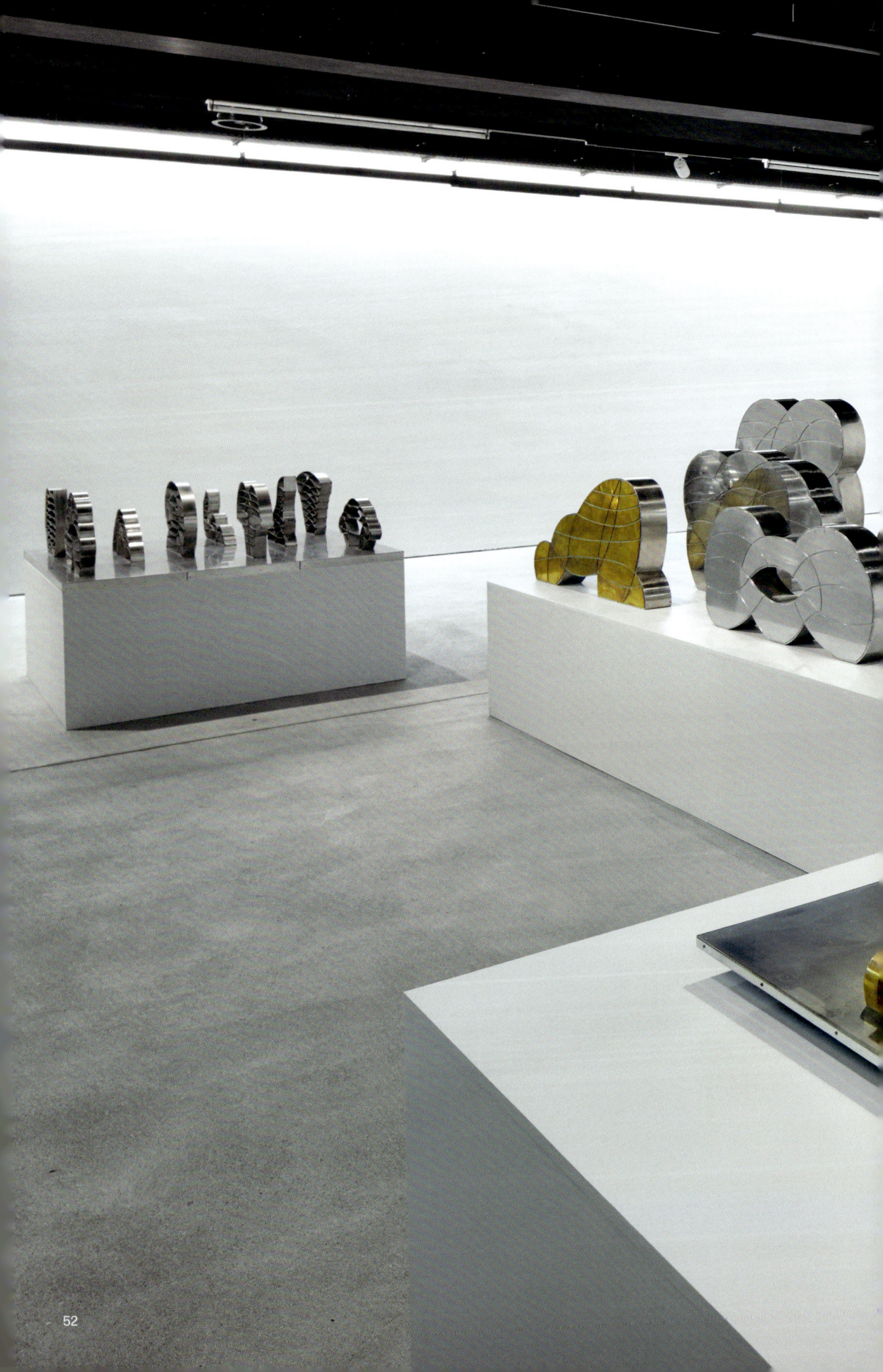

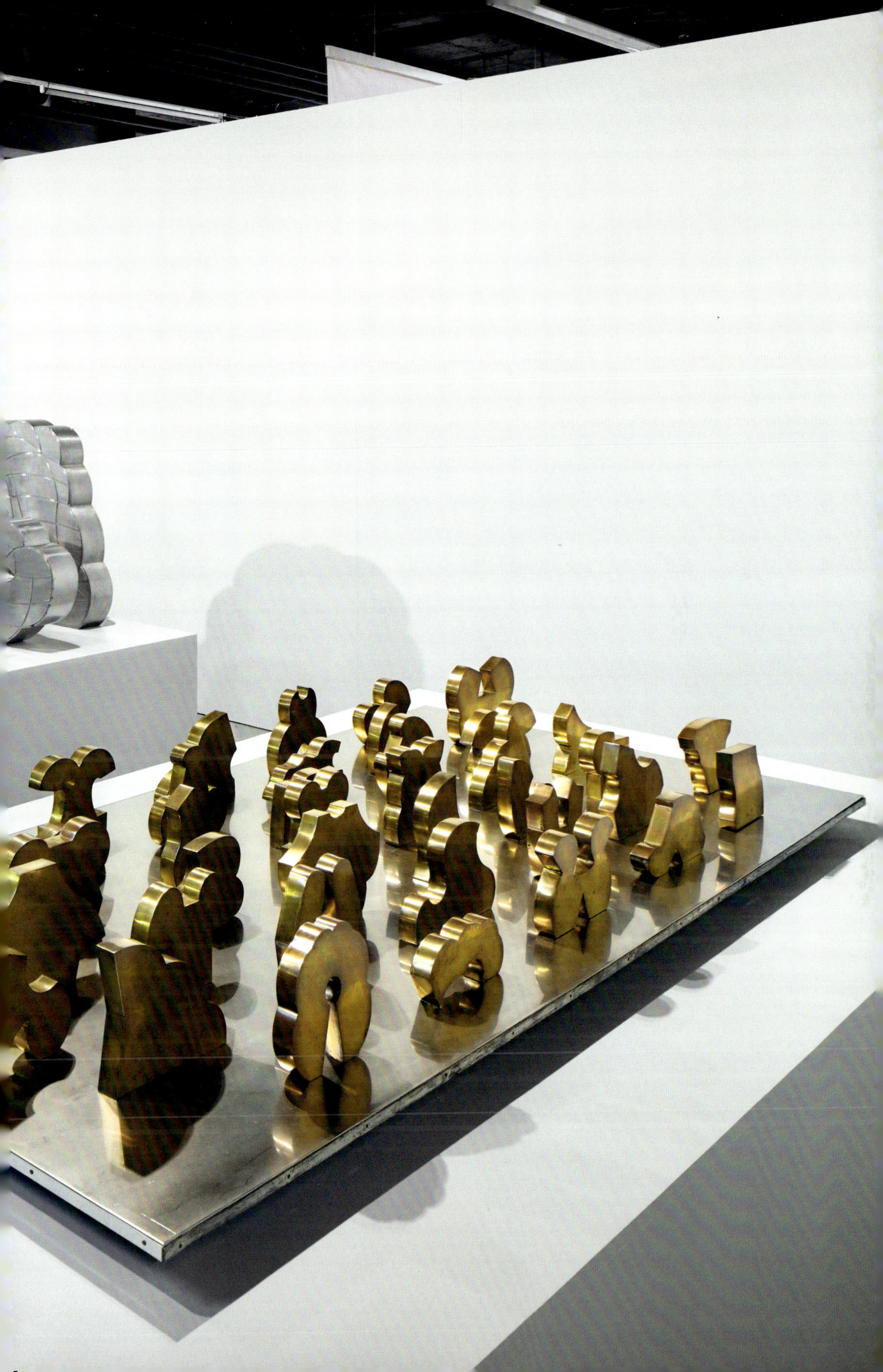

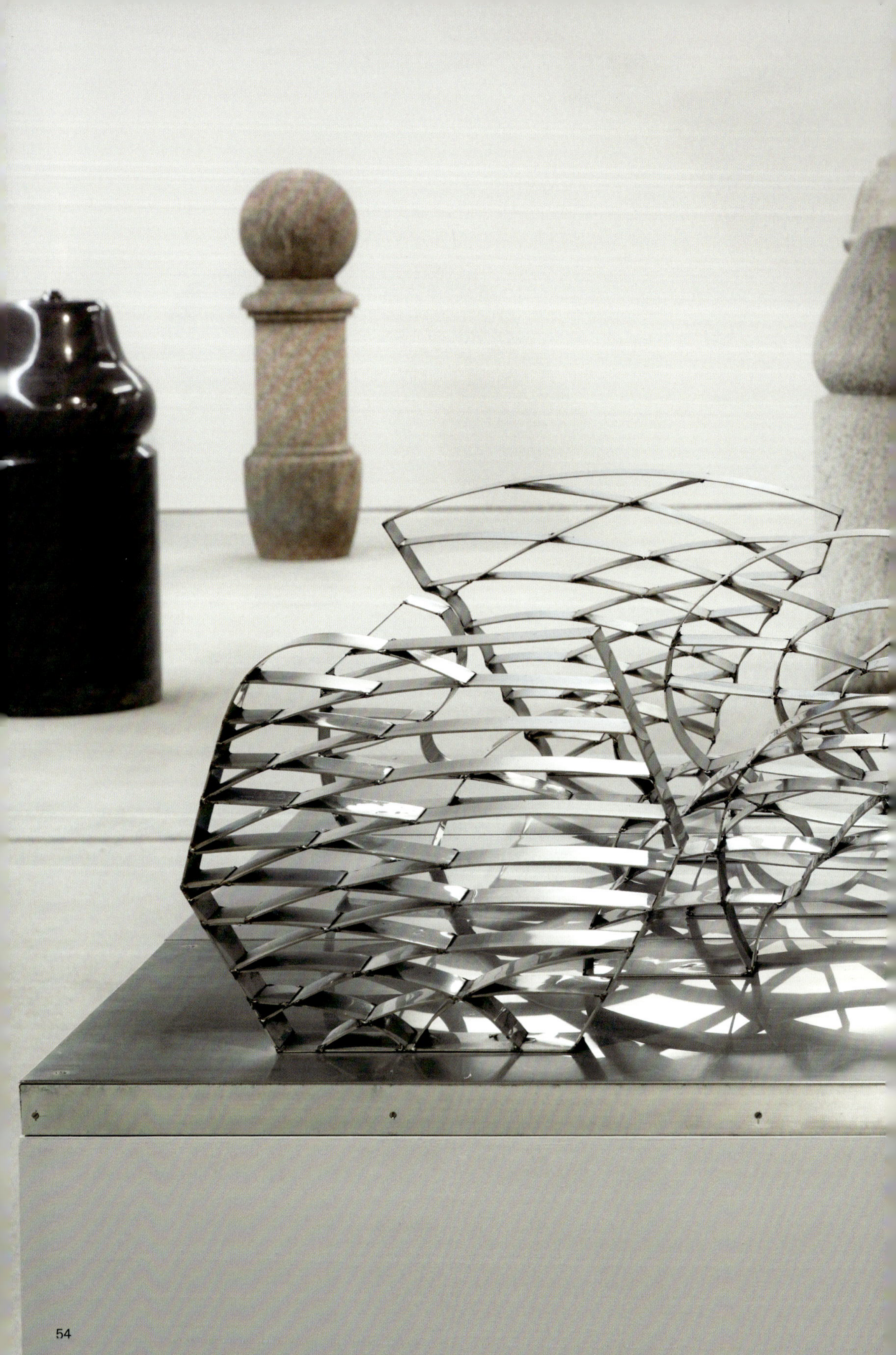

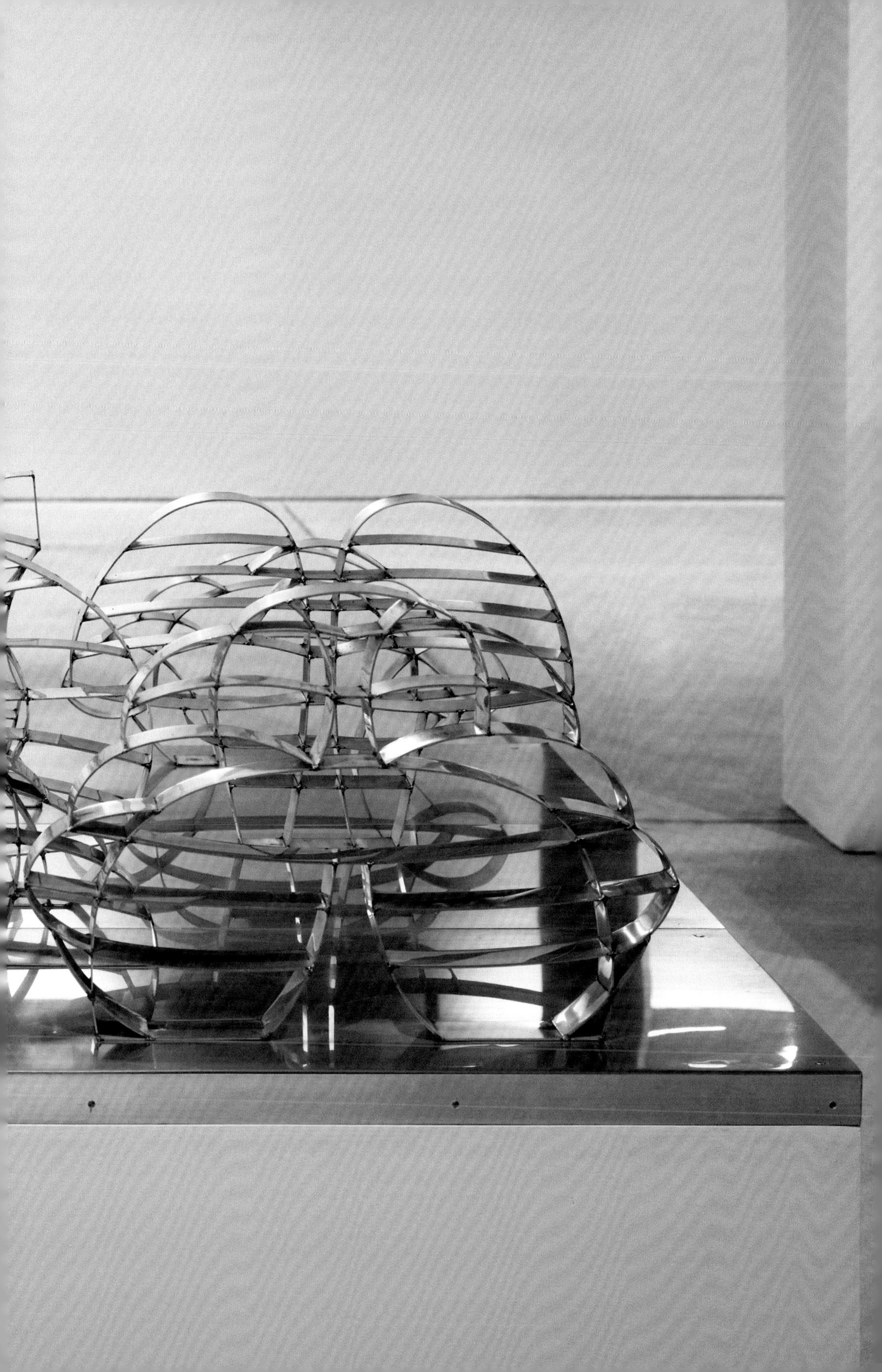

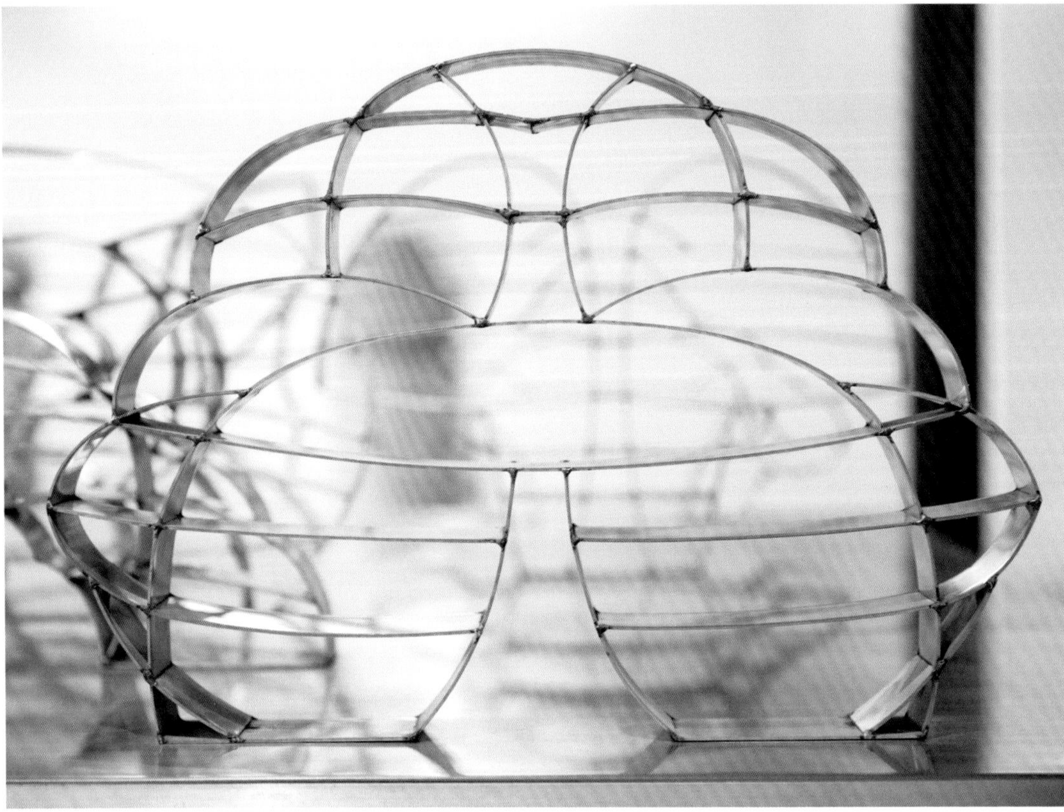

Pietro Consagra: La materia poteva non esserci, dettaglio dell'installazione, Collezione Giancarlo e Danna Olgiati, Lugano, 2021 /
Pietro Consagra: La materia poteva non esserci, installation detail, Collezione Giancarlo e Danna Olgiati, Lugano, 2021

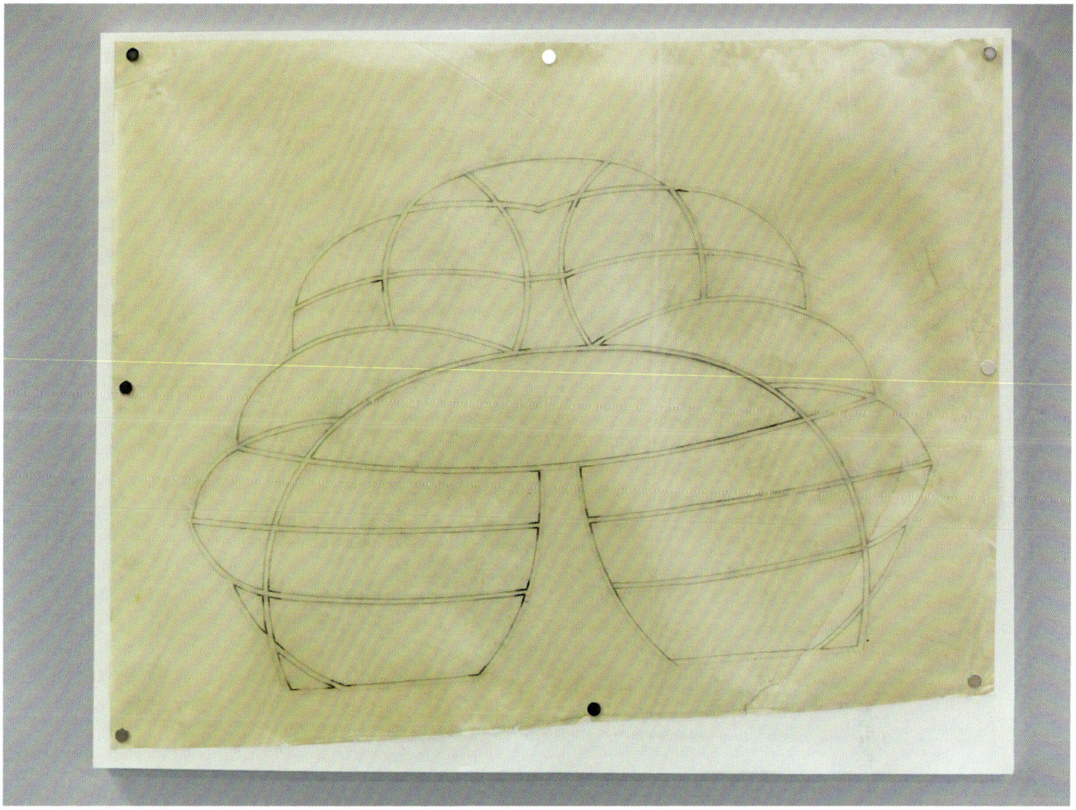

Disegno esecutivo per *Città Frontale. Edificio n.6 dal Tris trasparente n.2*, 1968 /
Construction drawing for *Città Frontale. Edificio n.6 dal Tris trasparente n.2*, 1968

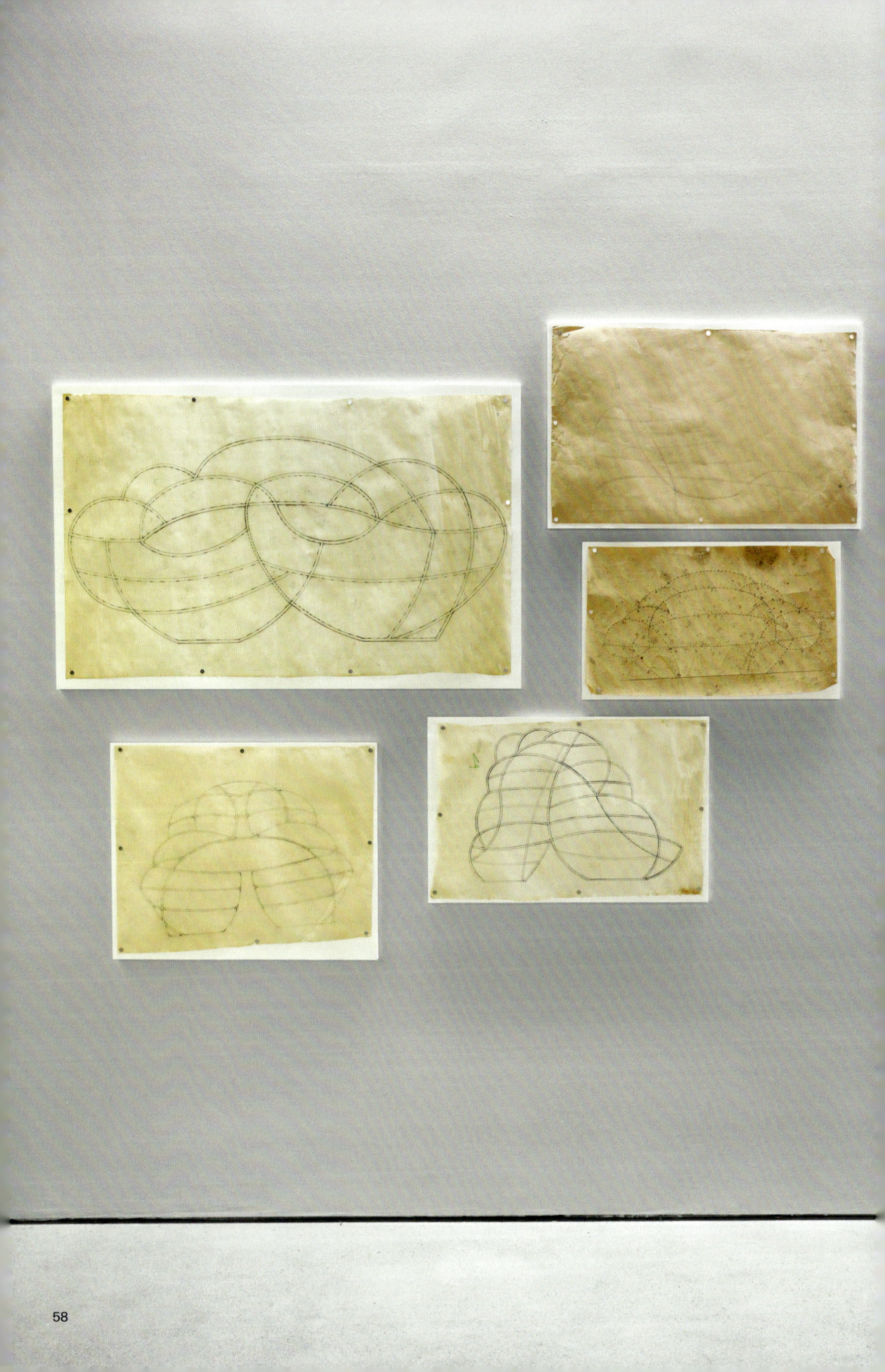

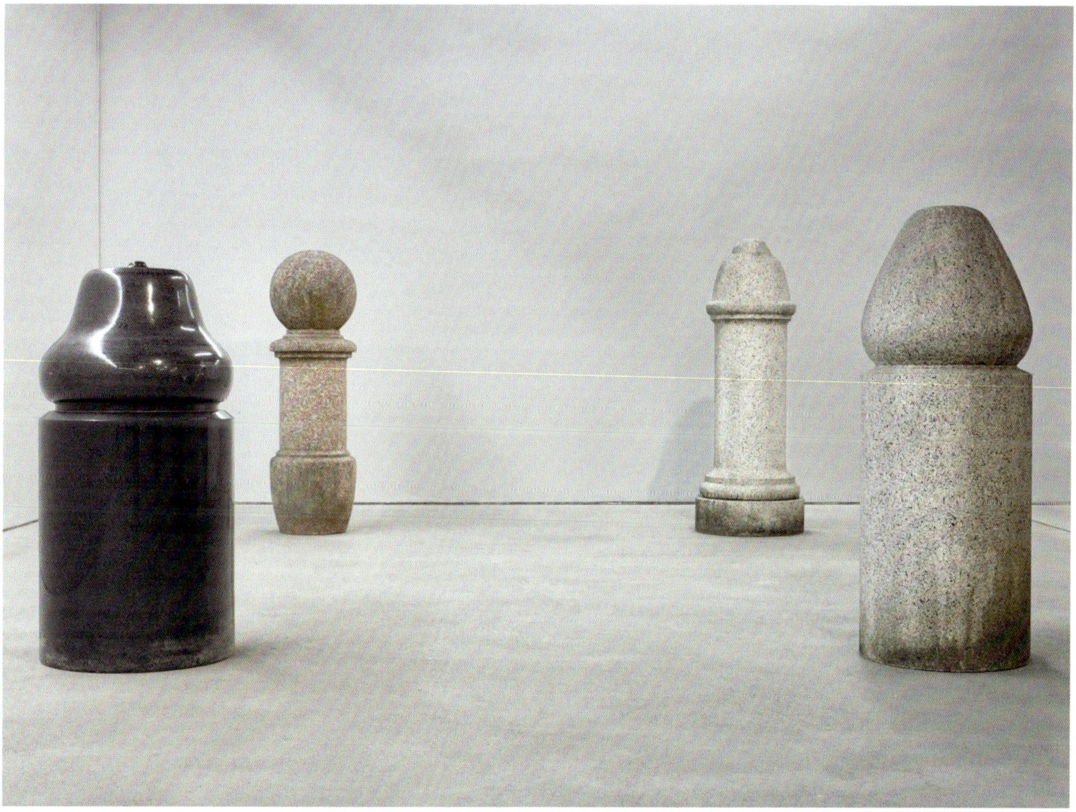

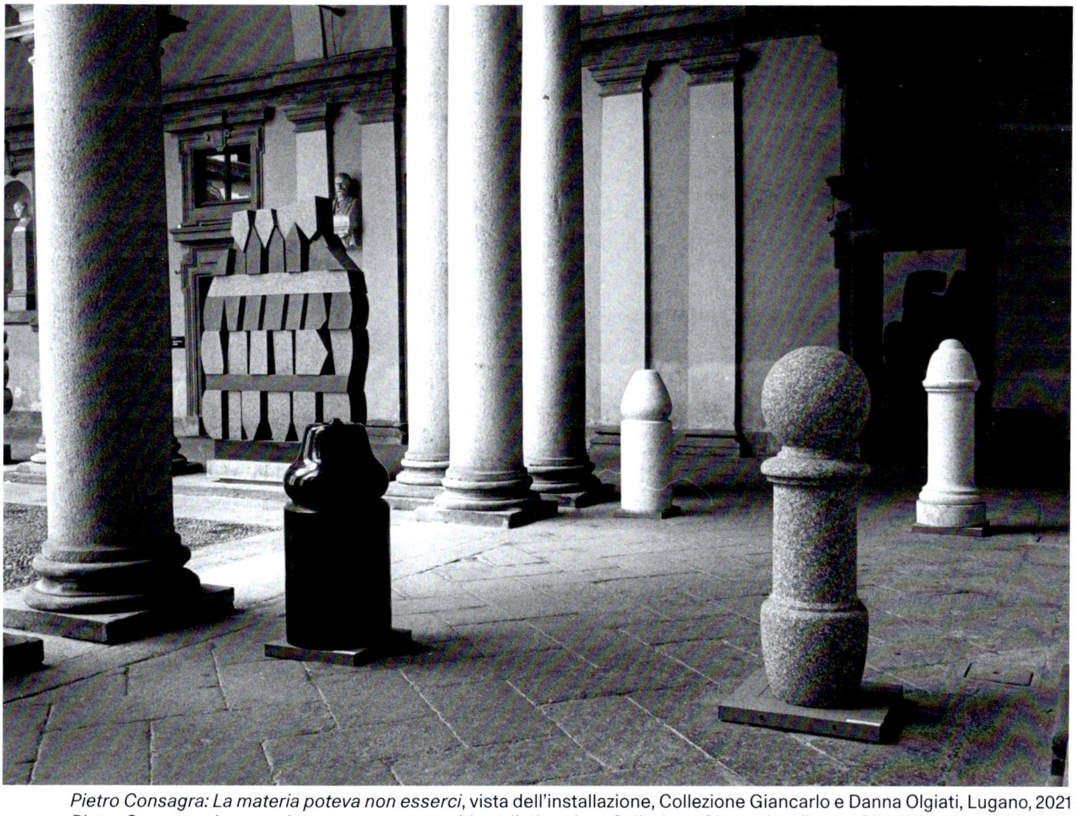

Pietro Consagra: La materia poteva non esserci, vista dell'installazione, Collezione Giancarlo e Danna Olgiati, Lugano, 2021 / *Pietro Consagra: La materia poteva non esserci*, installation view, Collezione Giancarlo e Danna Olgiati, Lugano, 2021
Pietro Consagra: Scultura e Architettura, vista dell'installazione, Palazzo di Brera, Milano, 1996 / *Pietro Consagra: Scultura e Architettura*, installation view, Palazzo di Brera, Milan, 1996

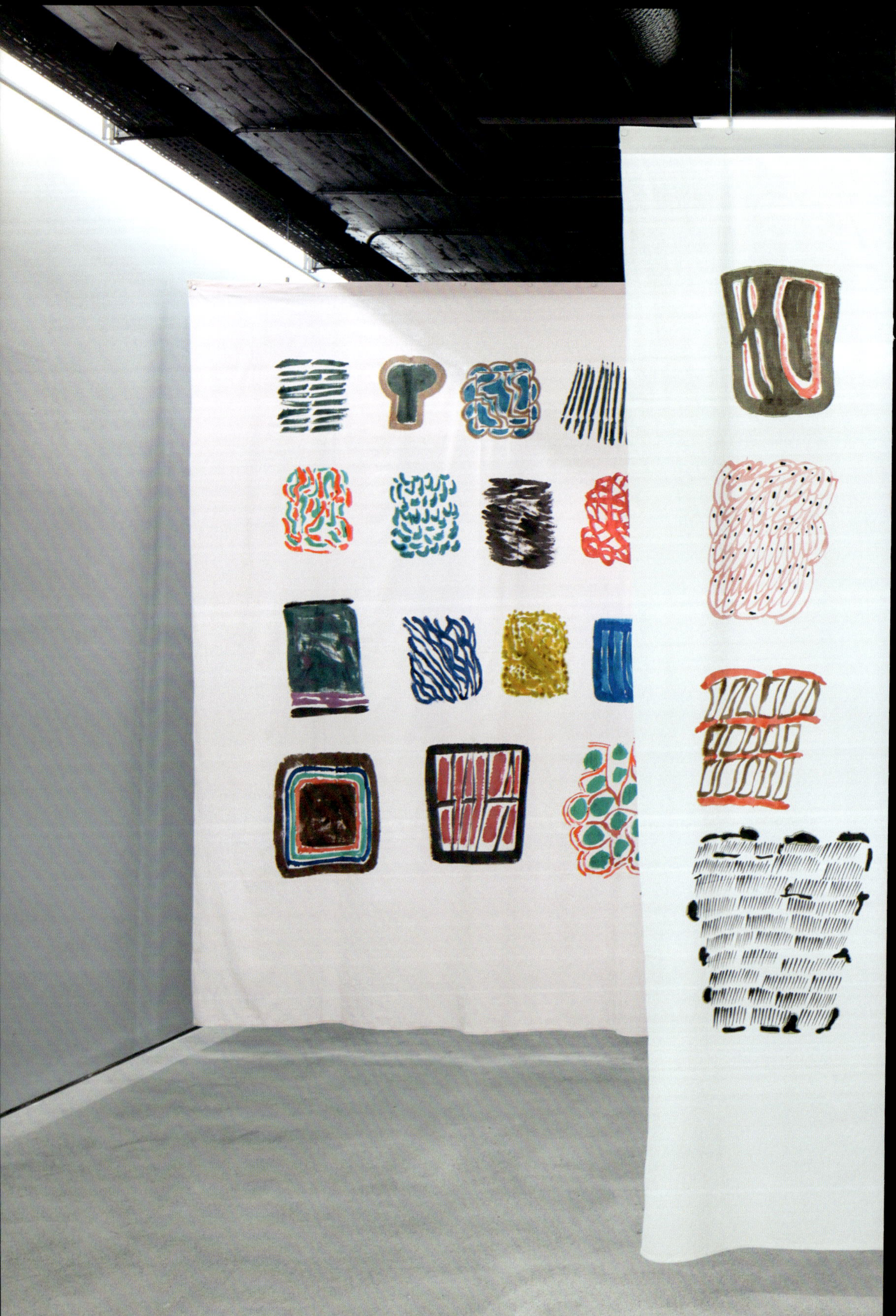

Variazione n.2. Lenzuolo rosa, 1974 (23/11/74), *Variazione n.4. Lenzuolo bianco*, 1974 (26/9/74), *Variazione n.2. Lenzuolo rosa*, 1974 (16/10/74)

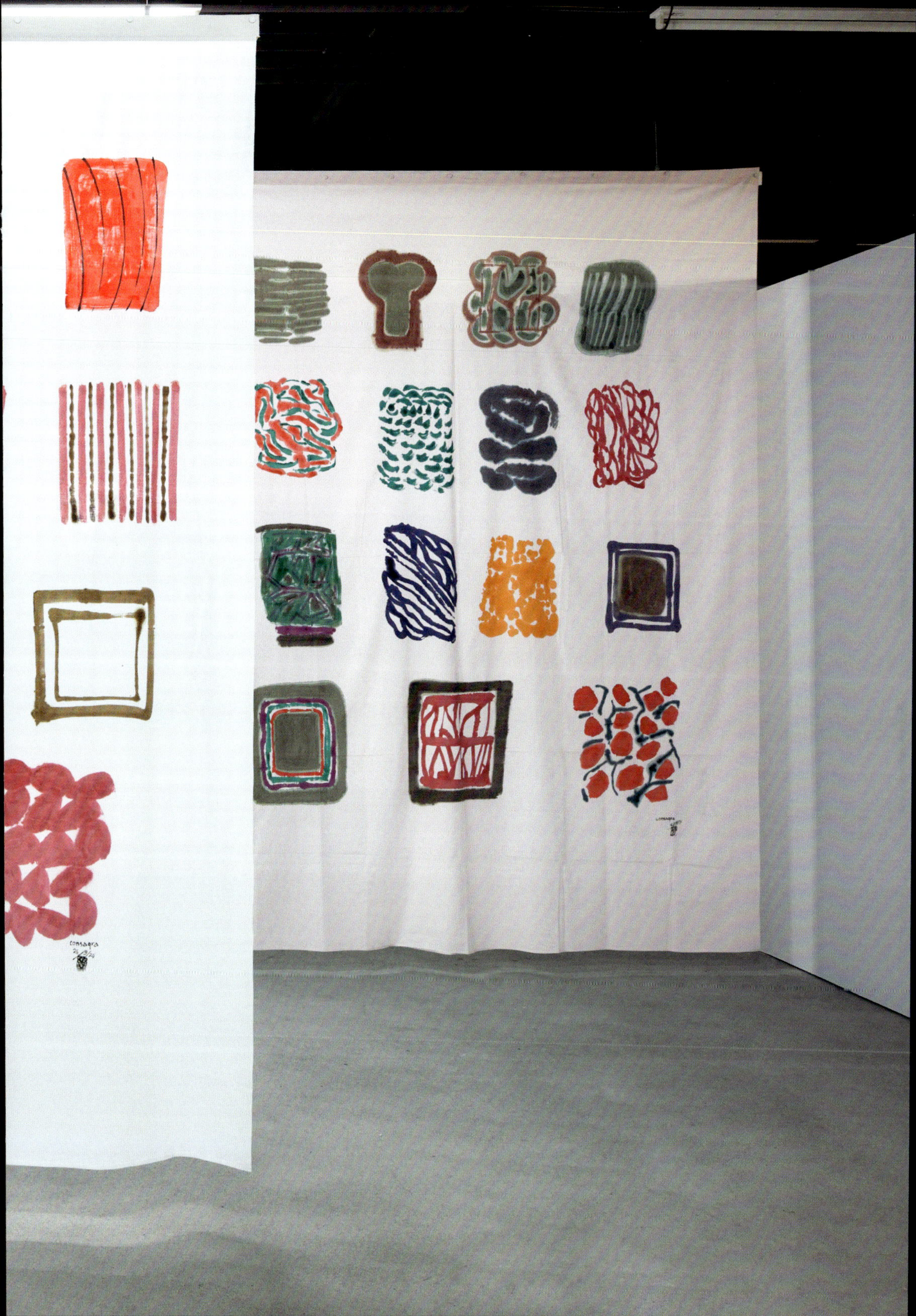

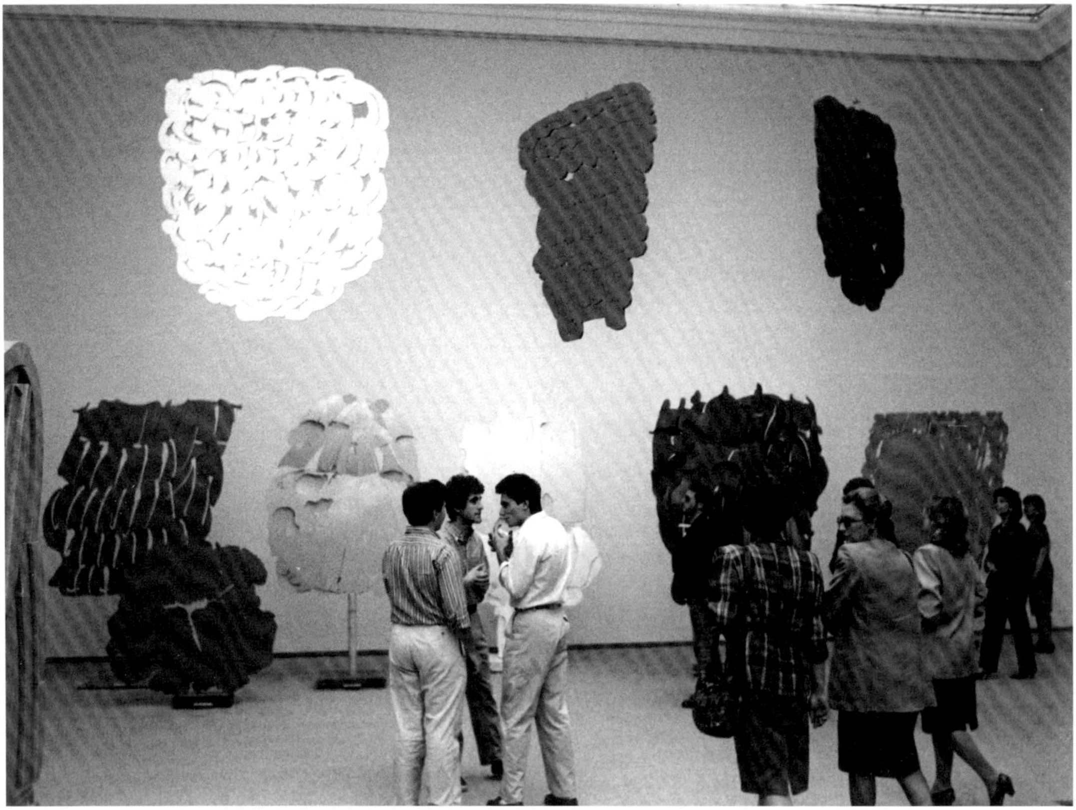

Pietro Consagra, vista dell'installazione, Galleria Nazionale d'Arte Moderna, Roma, 1989 / *Pietro Consagra*, installation view, Galleria Nazionale d'Arte Moderna, Rome, 1989

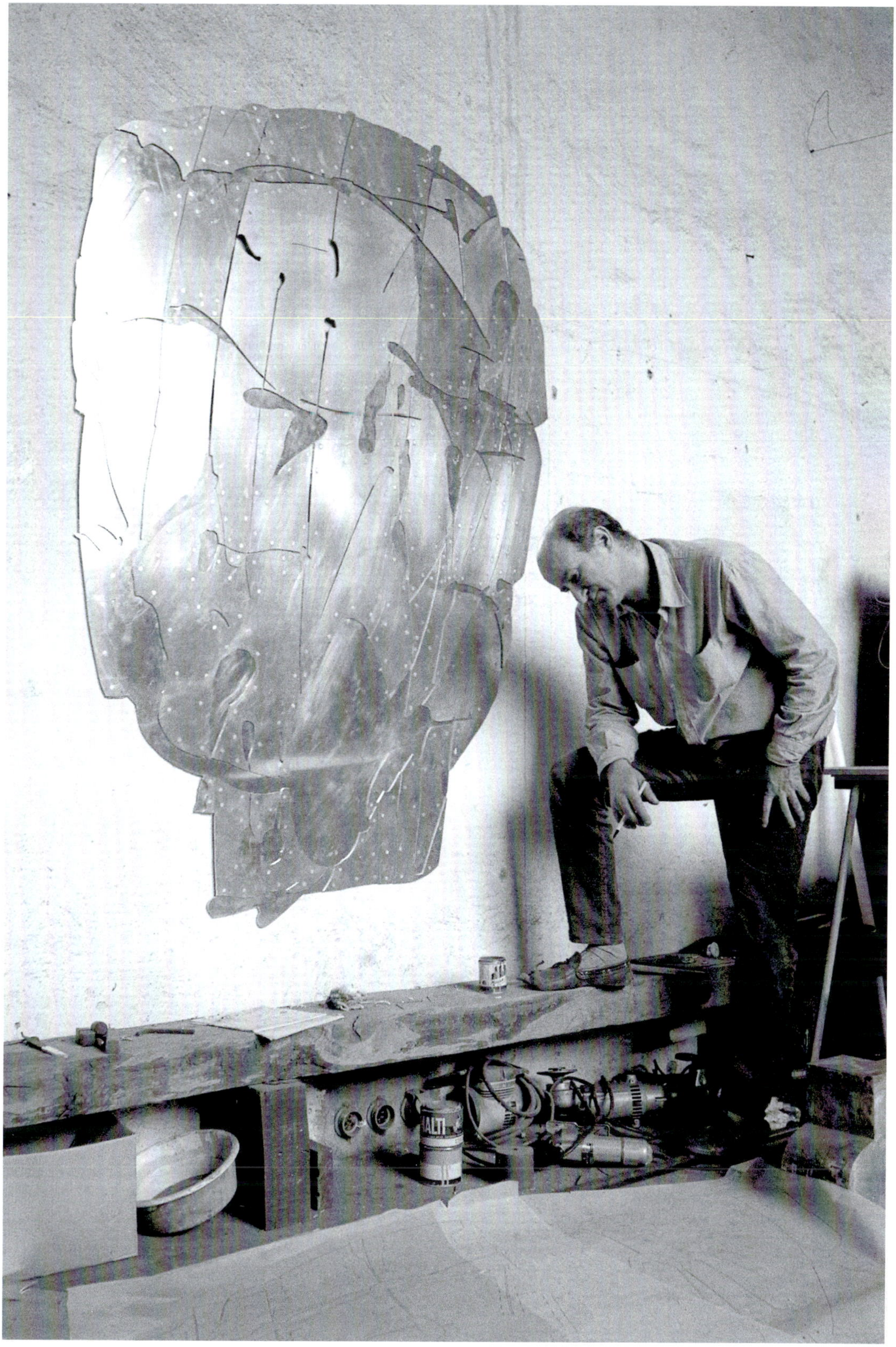

63 Consagra nel suo studio in via Cassia, Roma, 1967 / Consagra in his studio in via Cassia, Rome, 1967

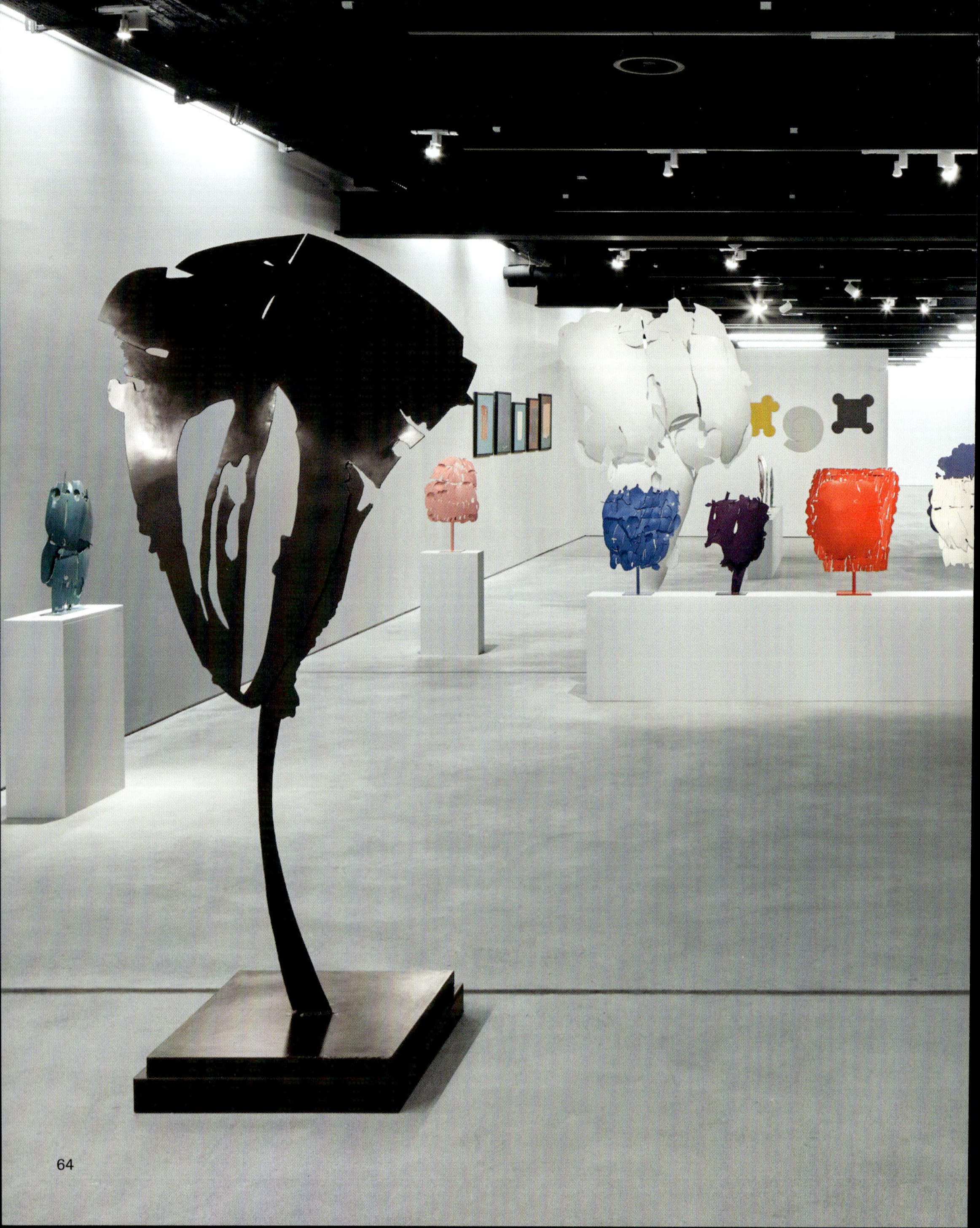

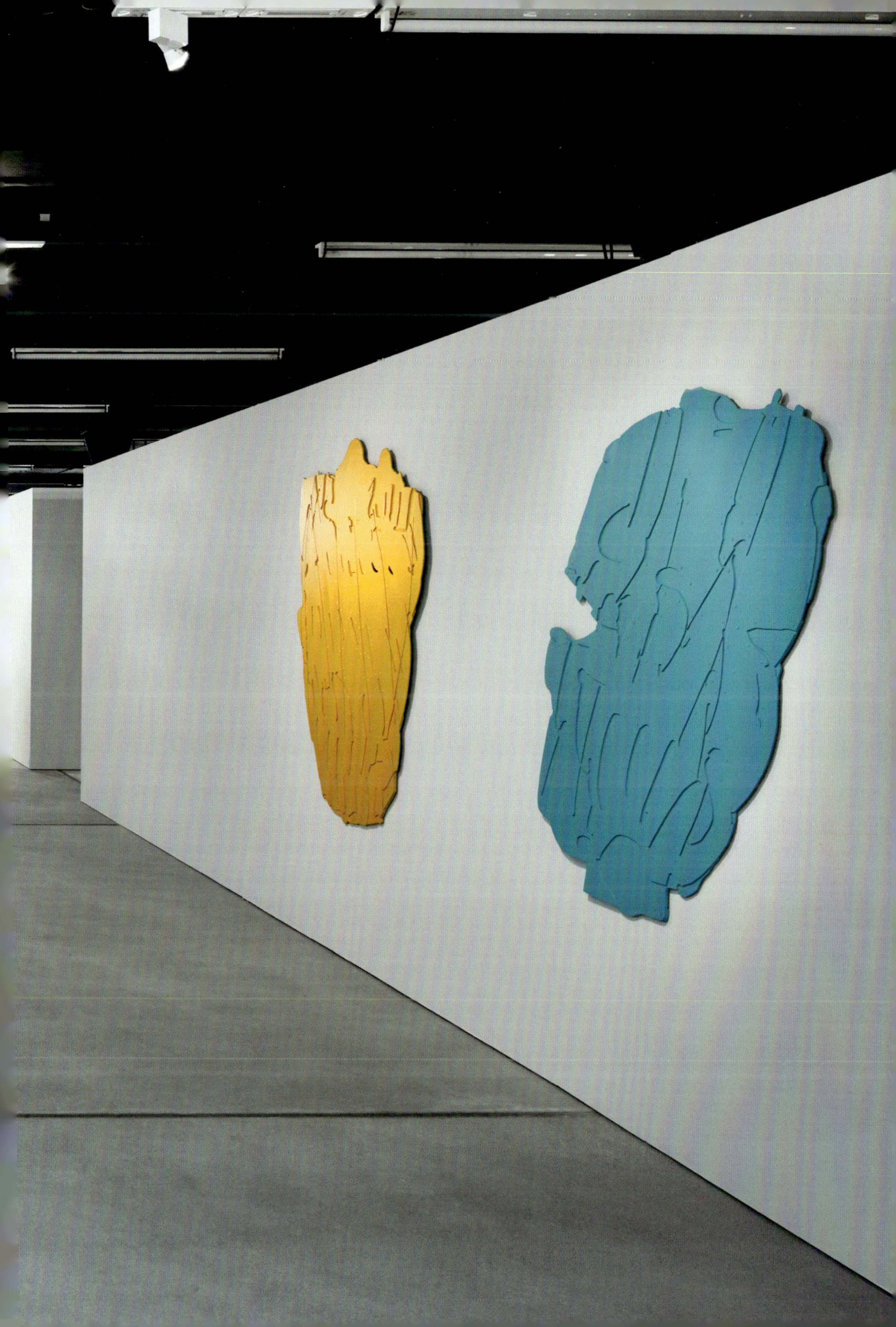

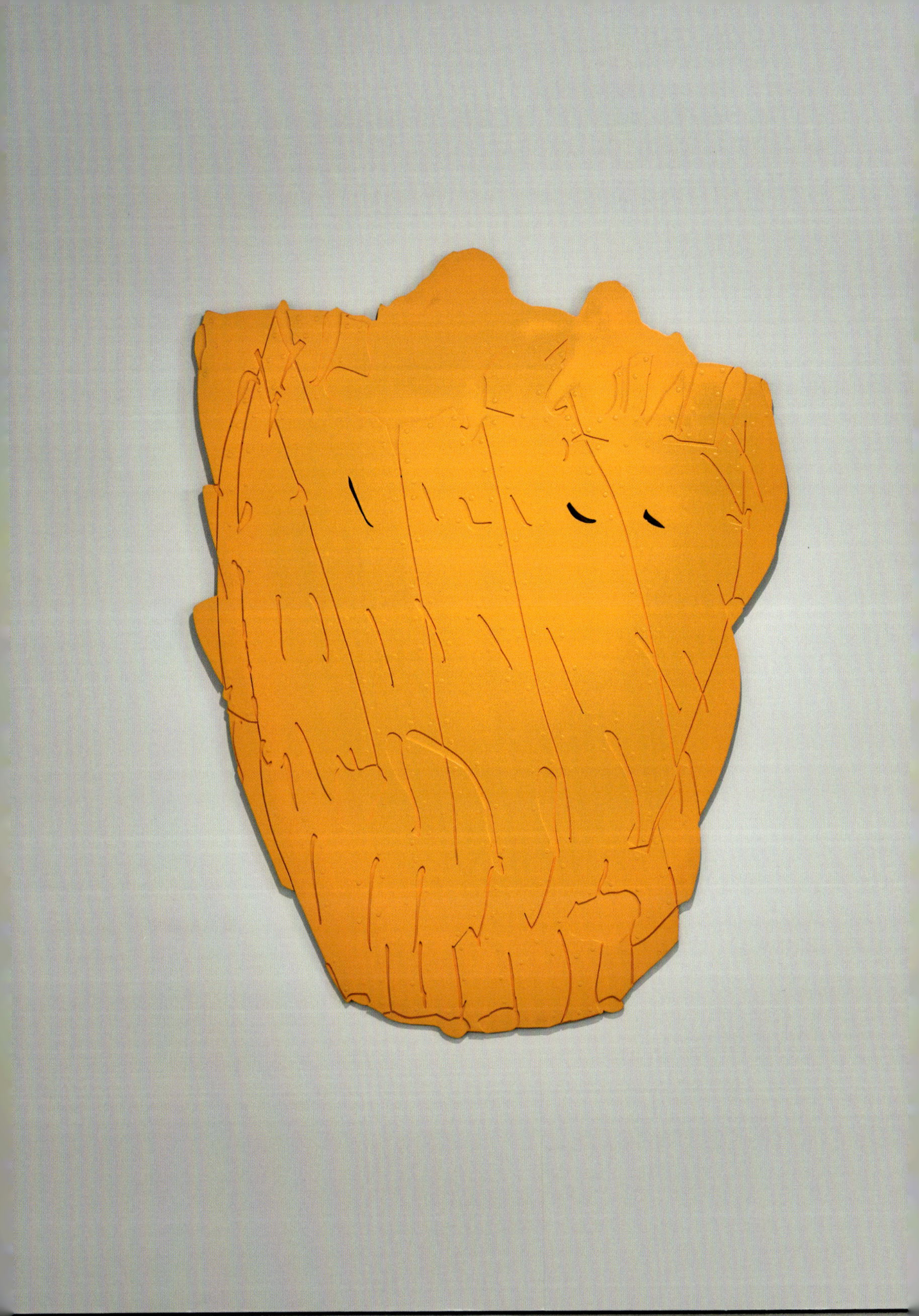

 Piano appeso Alluminio giallo, 1966–1967, *Piano appeso Alluminio celeste*, 1966–1967

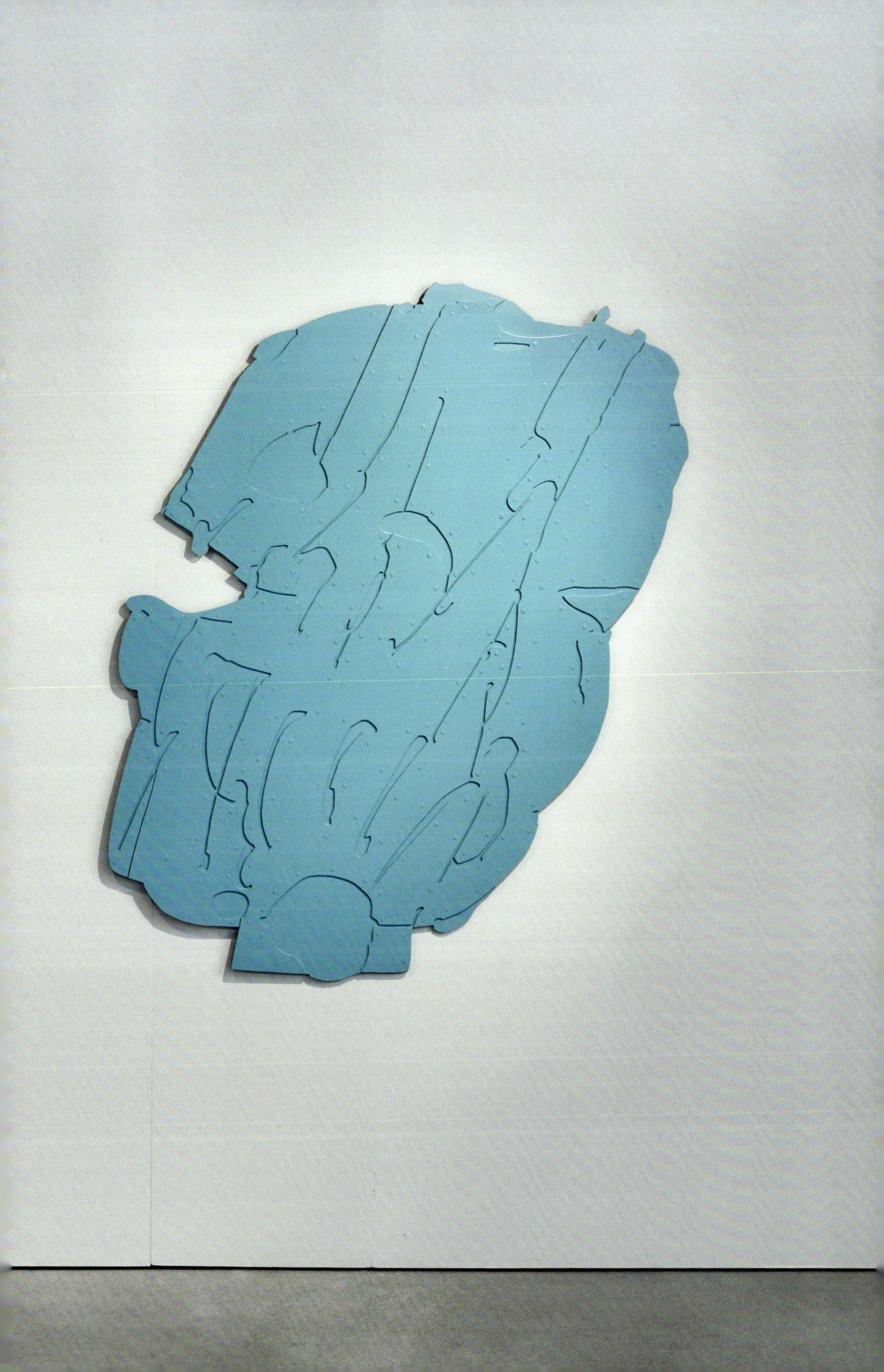

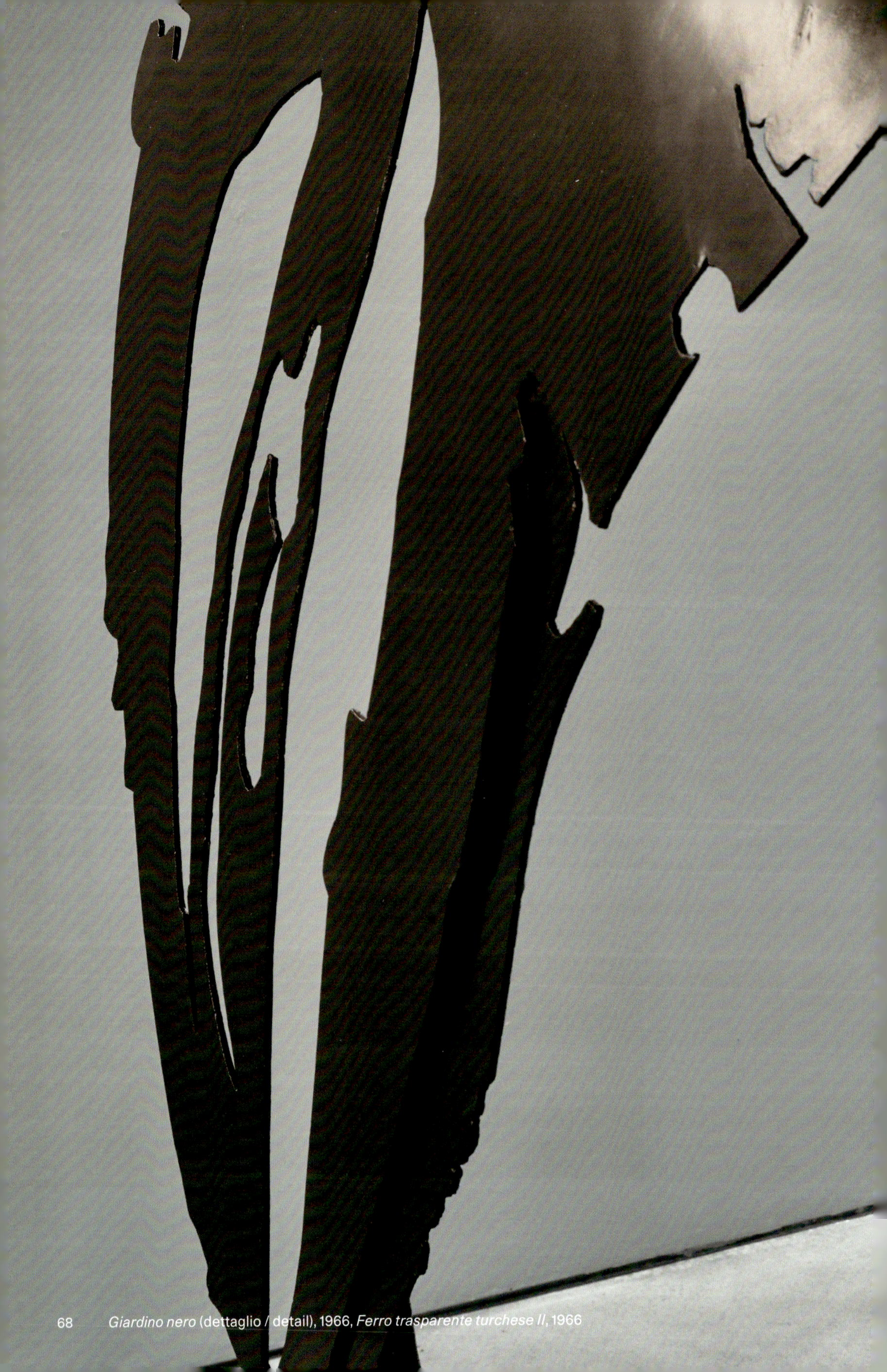

 Giardino nero (dettaglio / detail), 1966, *Ferro trasparente turchese II*, 1966

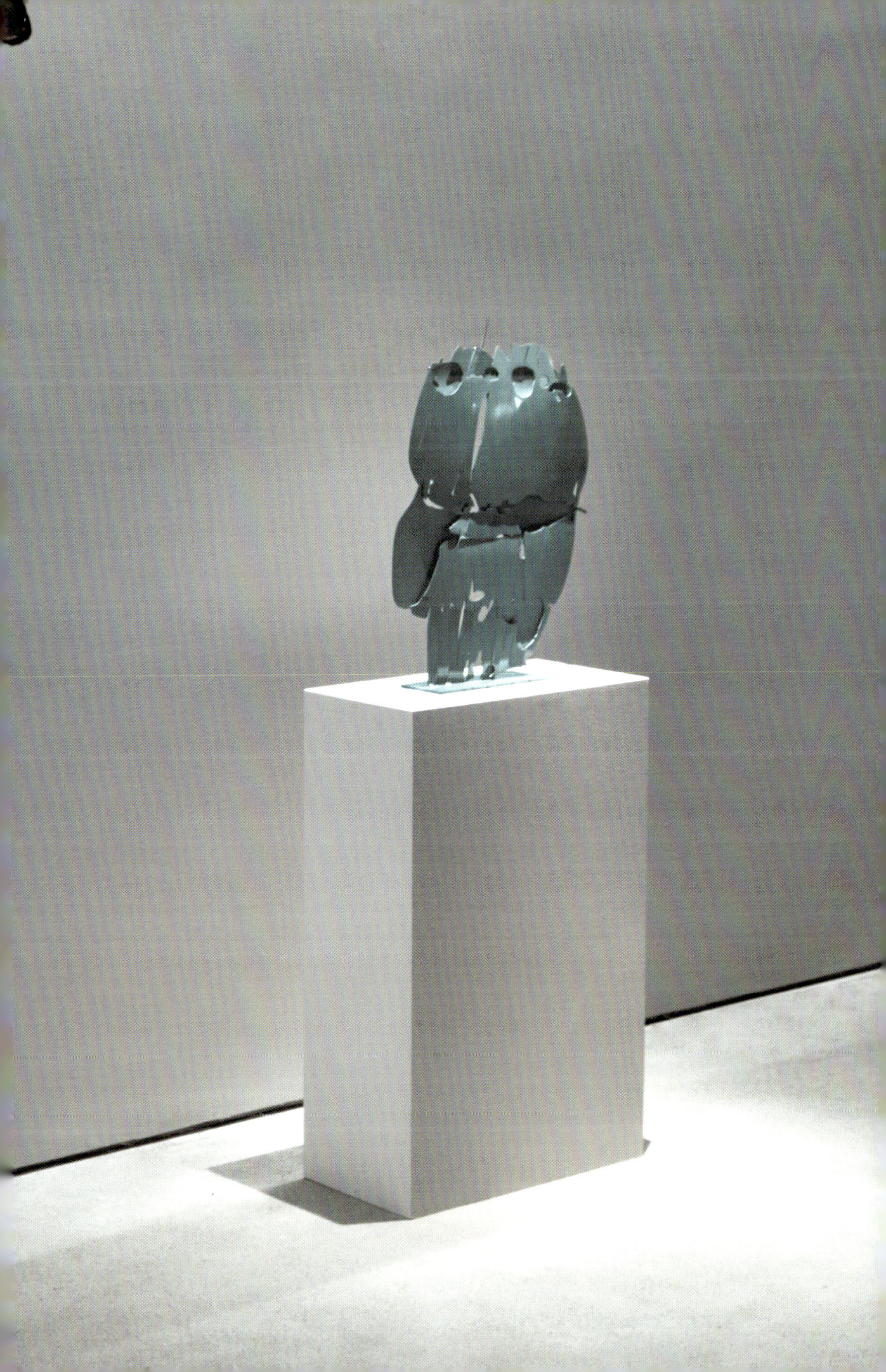

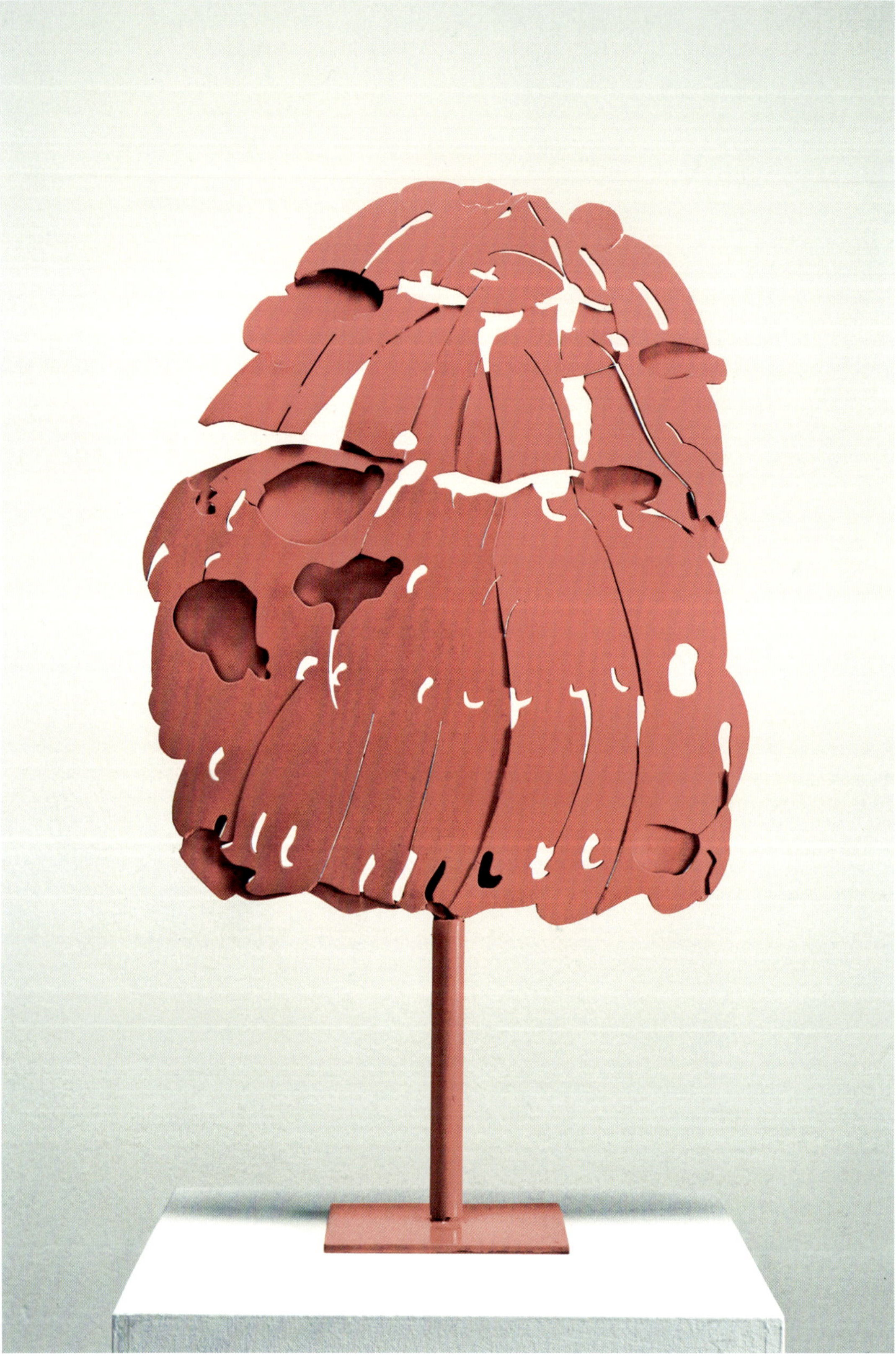

70 *Ferro trasparente rosa*, 1966

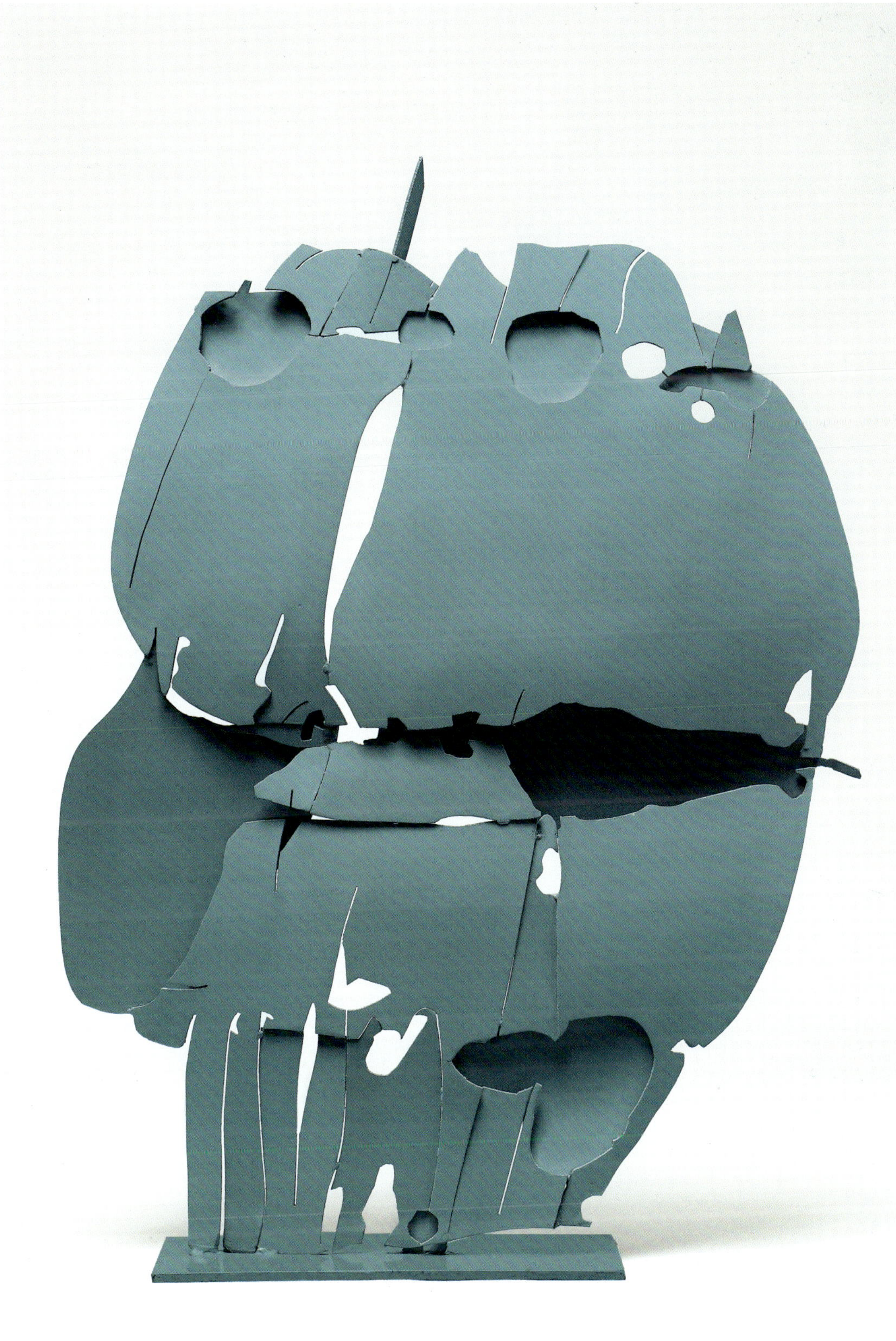

71 *Ferro trasparente turchese II*, 1966

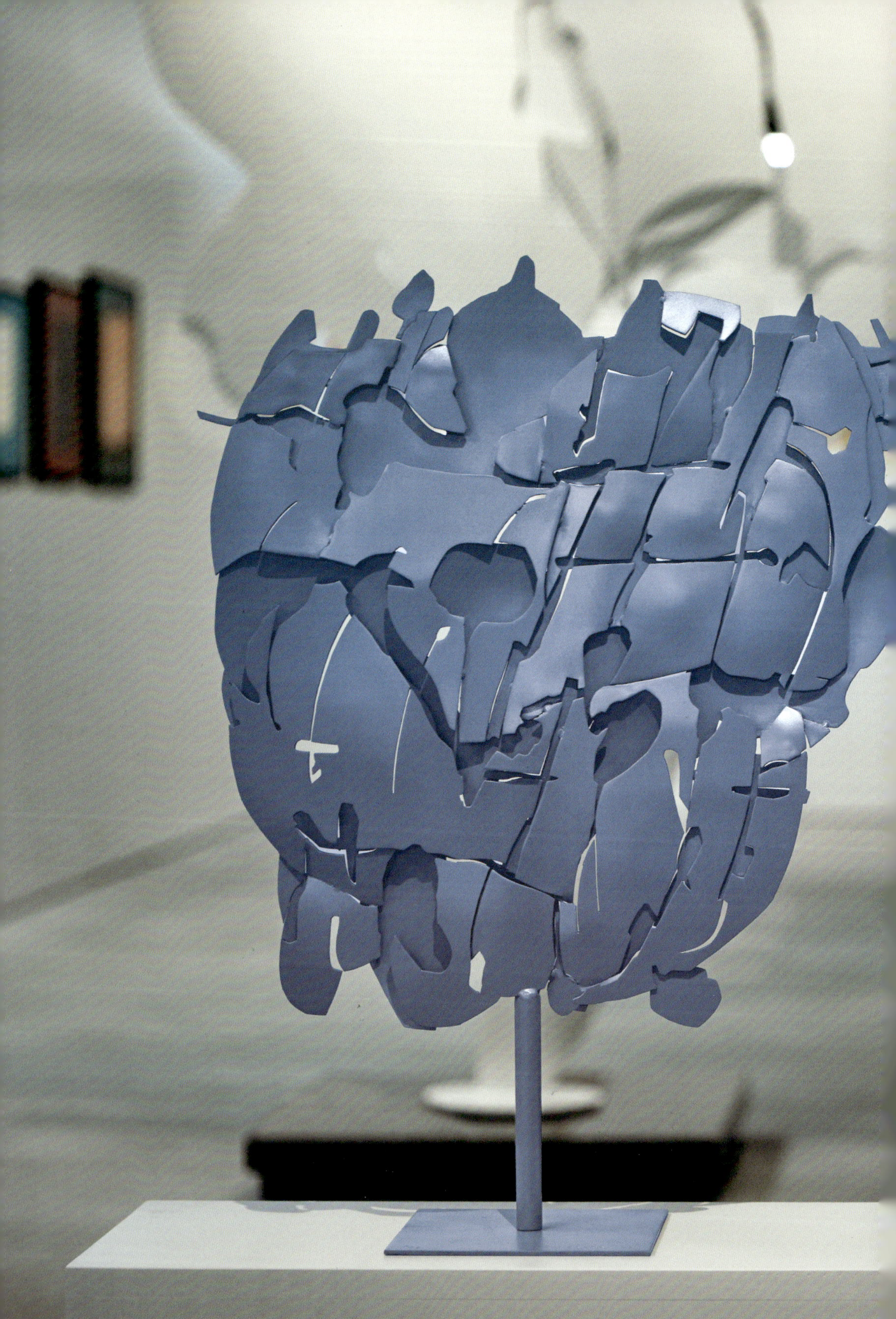

 Ferro trasparente blu "Addio Cimabue", 1966, *Ferro trasparente viola scuro*, 1966

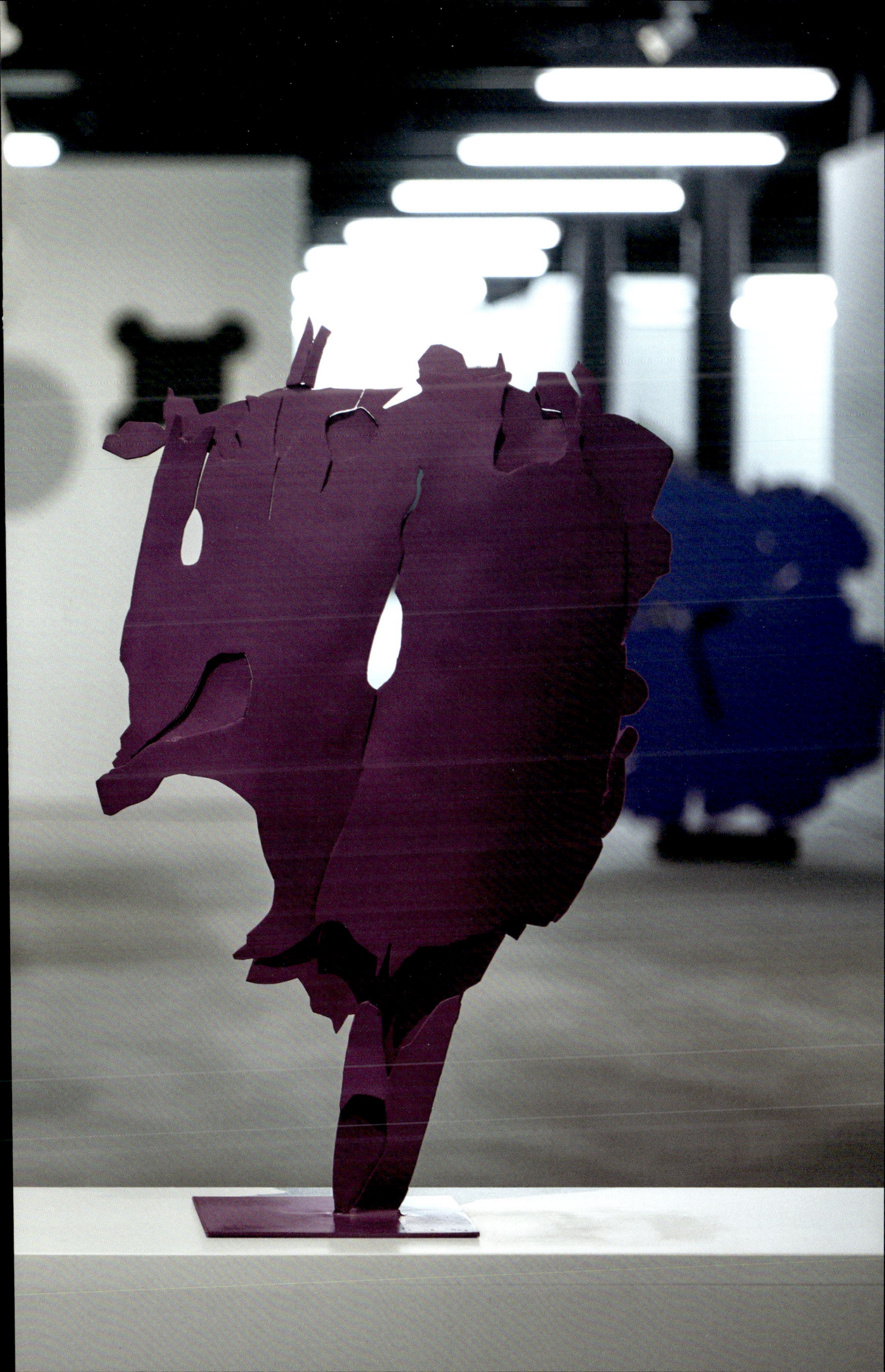

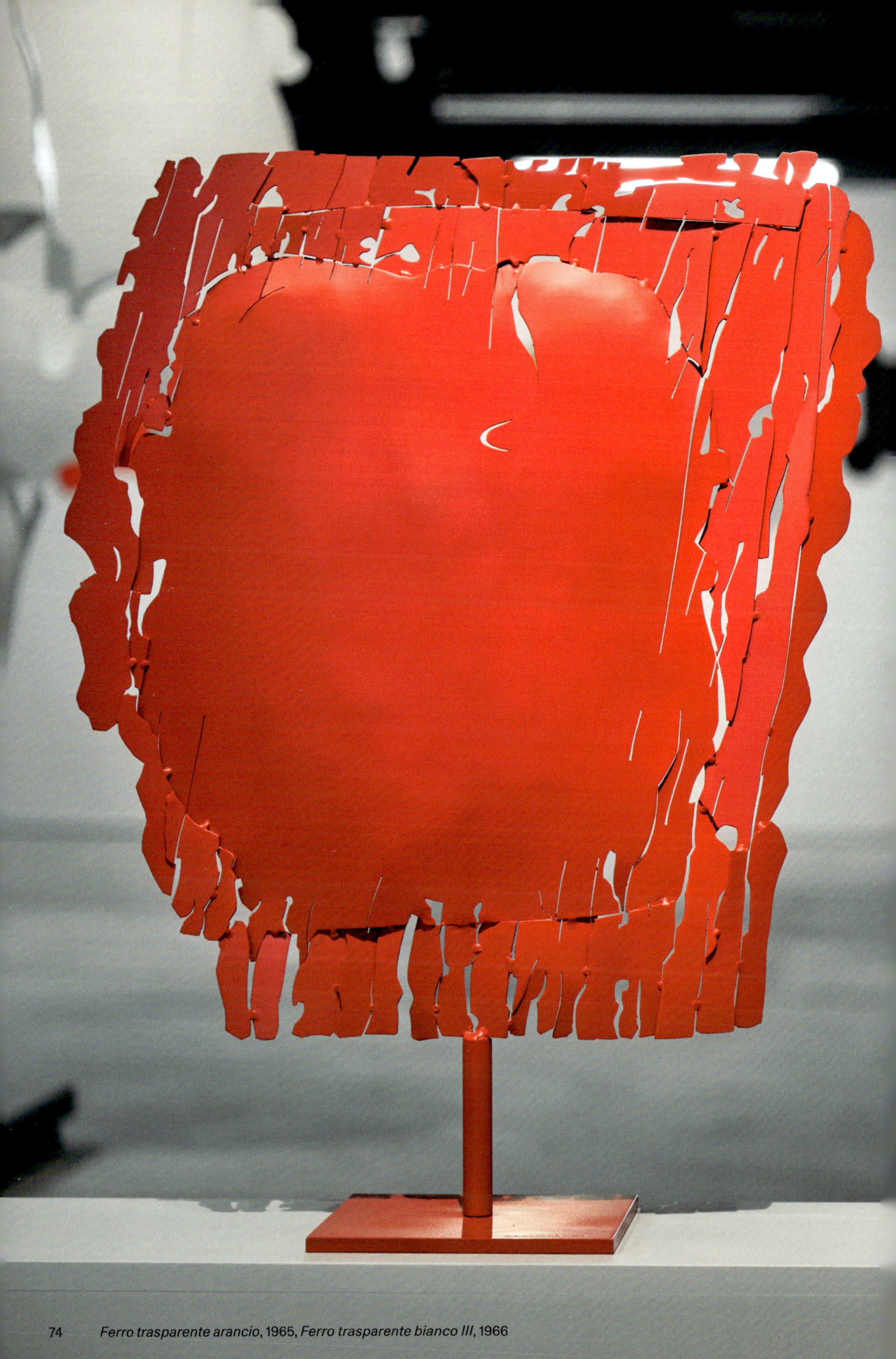

 Ferro trasparente arancio, 1965, *Ferro trasparente bianco III*, 1966

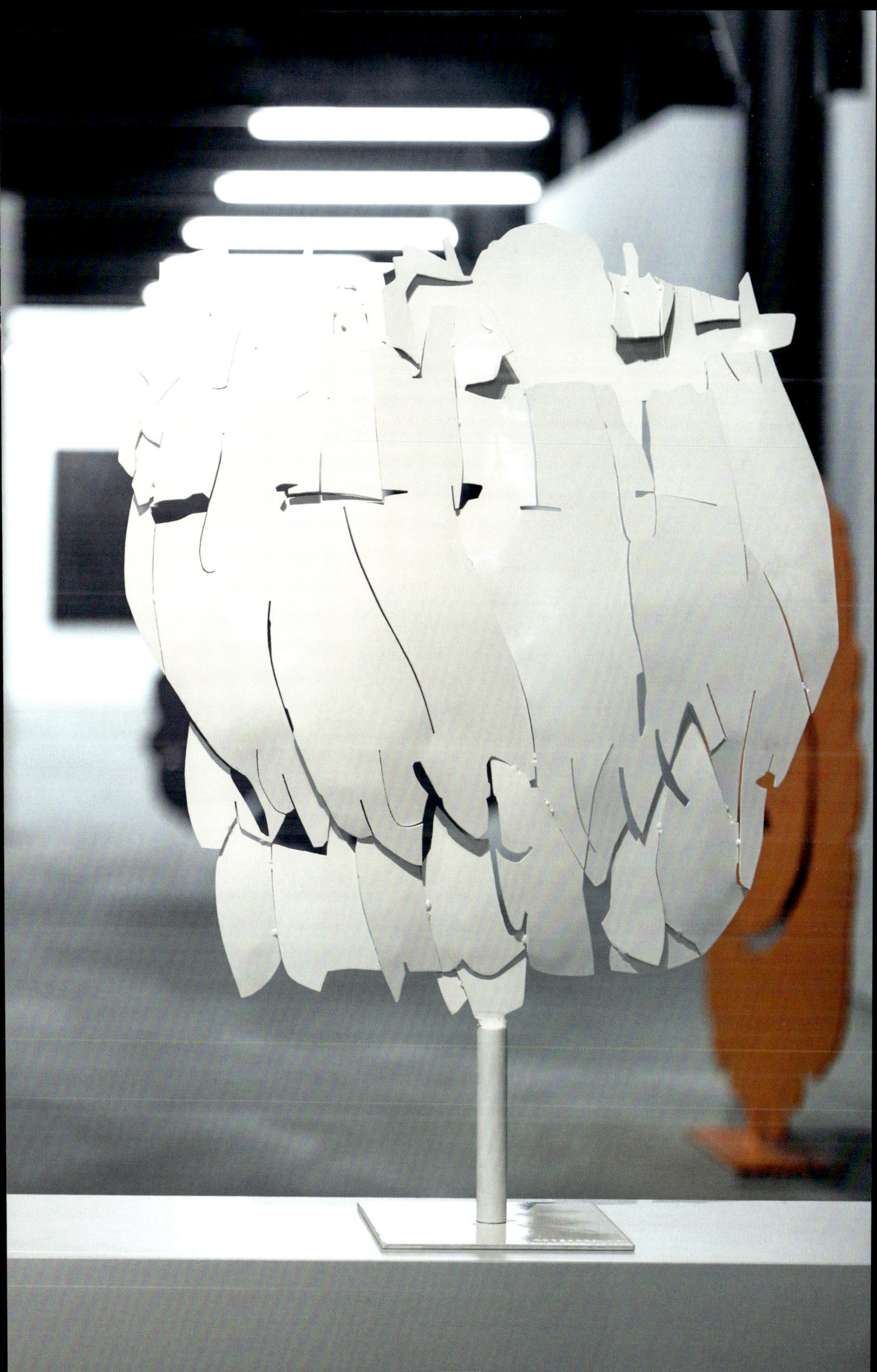

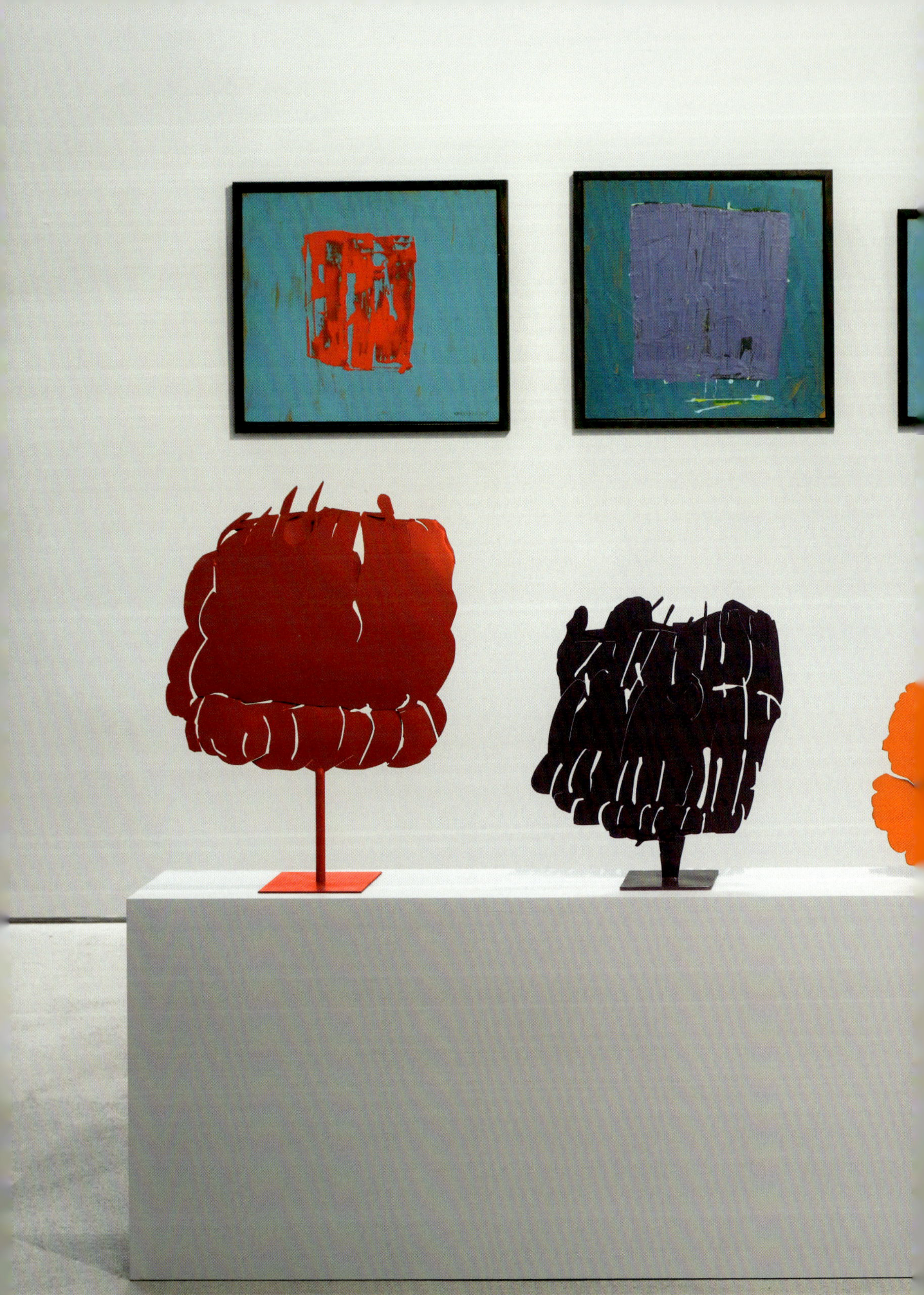

In primo piano / In the foreground: *Ferro trasparente carminio*, *Ferro trasparente violetto*, *Giardino arancio*, *Ferro trasparente bianco II*, *Ferro trasparente verde (Saluto alla pittura)*, 1966; sulla parete / on the wall: *Fondo turchese (Una immagine fucsia)*, *Fondo verde (Una immagine viola e blu)*, *Fondo turchese (Una immagine bianca)*, *Fondo rosso (Una immagine grigio antracite)*, *Fondo verde (Una immagine rosa)*, 1965

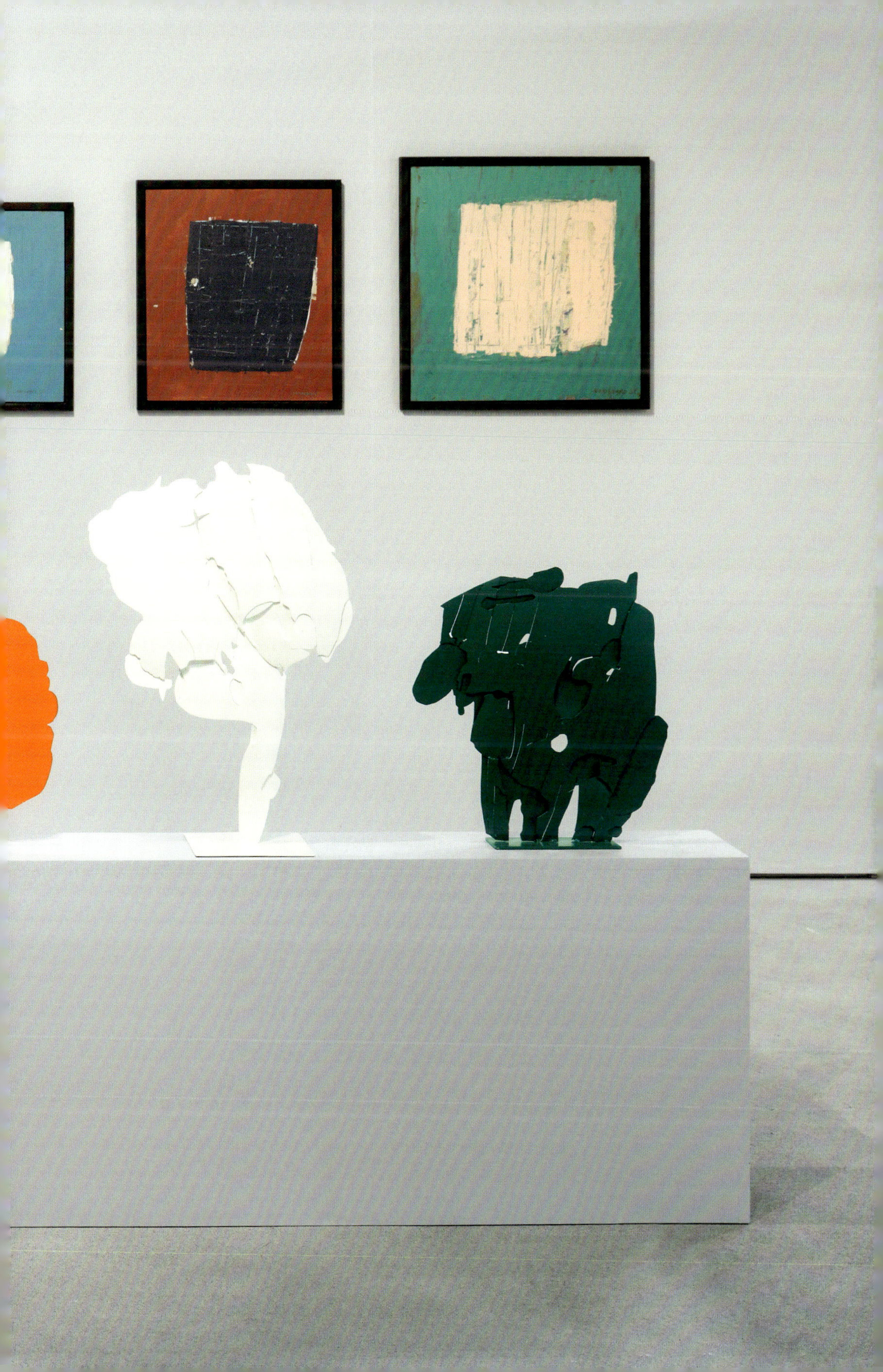

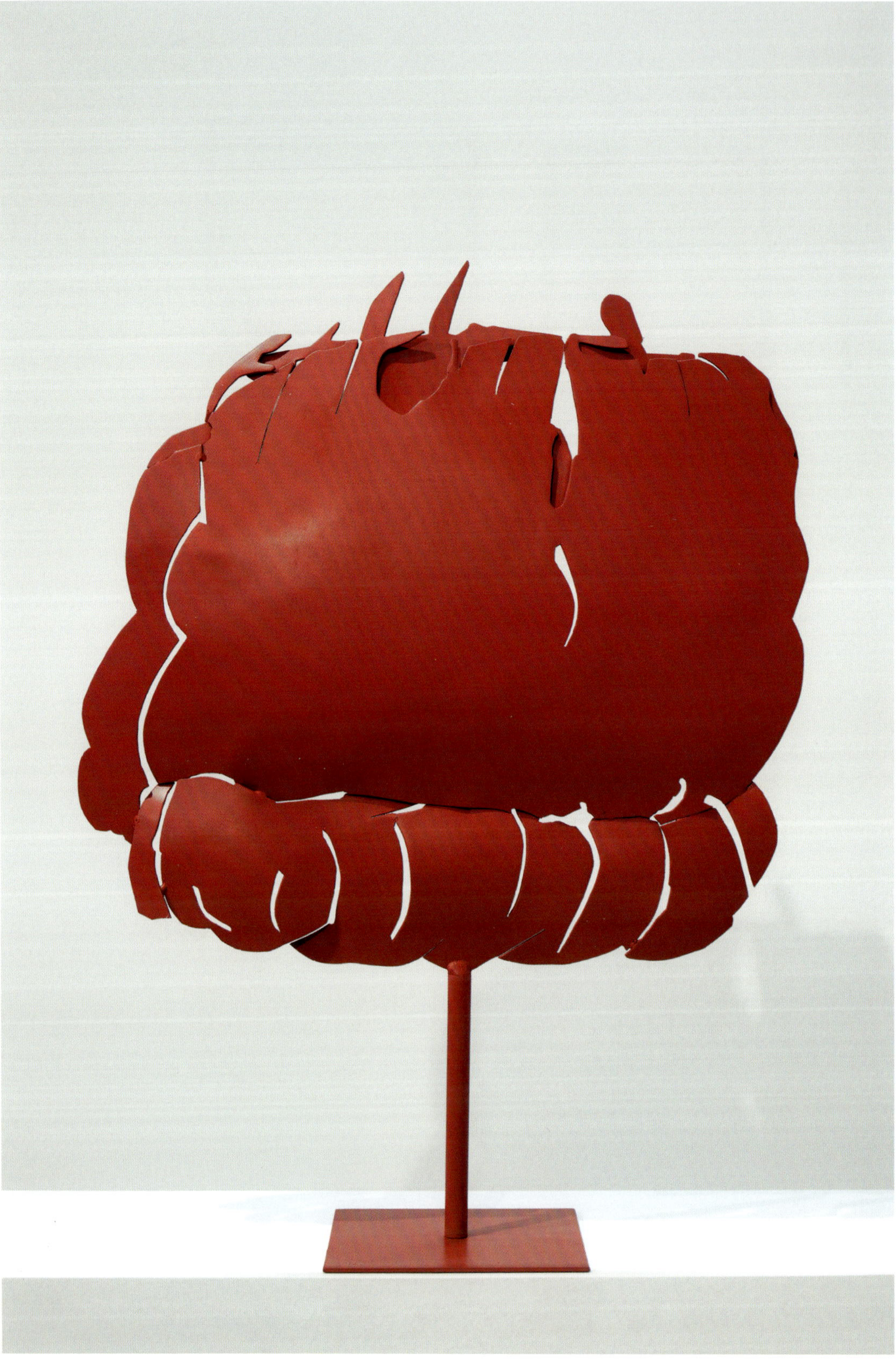

 Ferro trasparente carminio, 1966

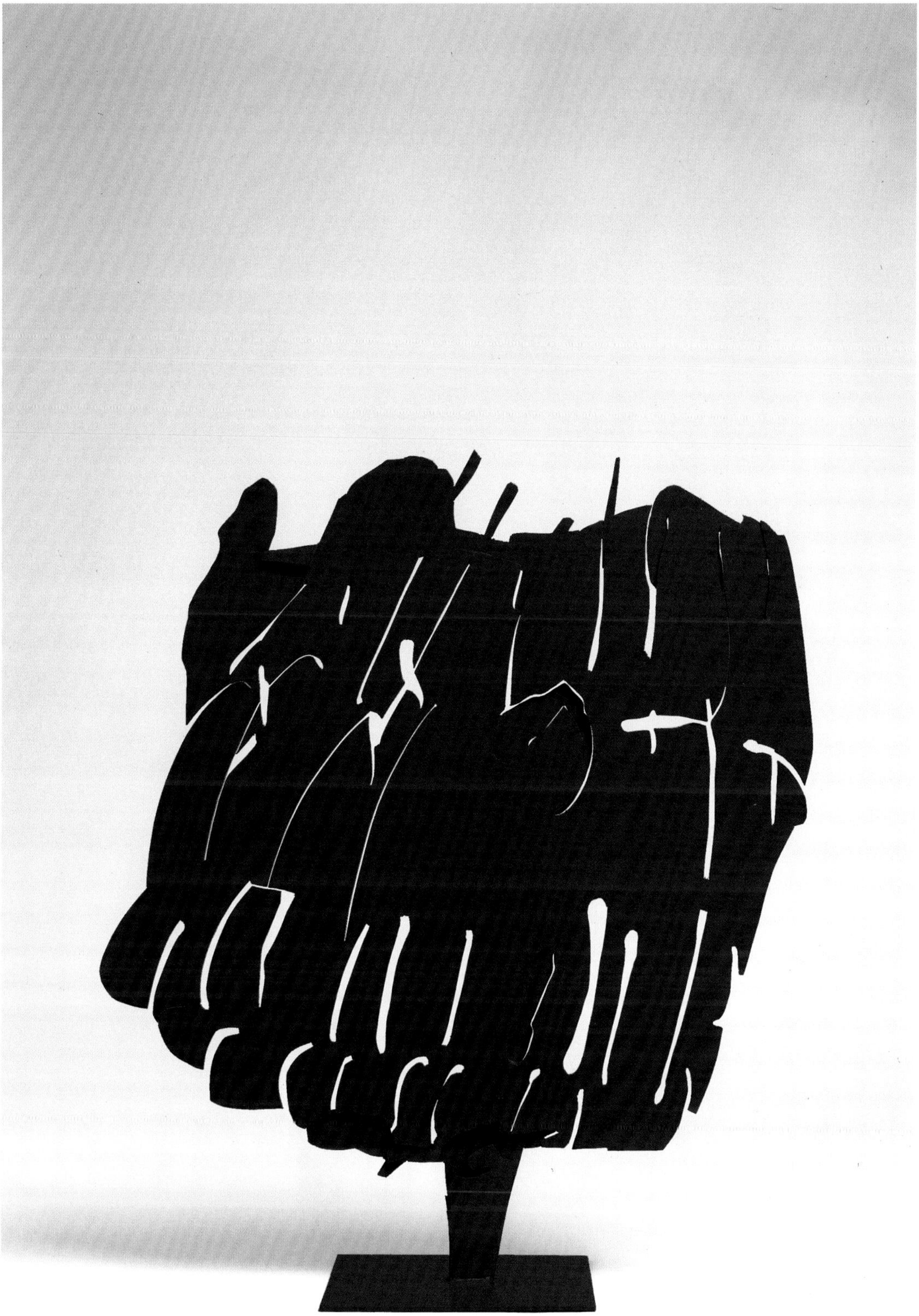

79 *Ferro trasparente violetto*, 1966

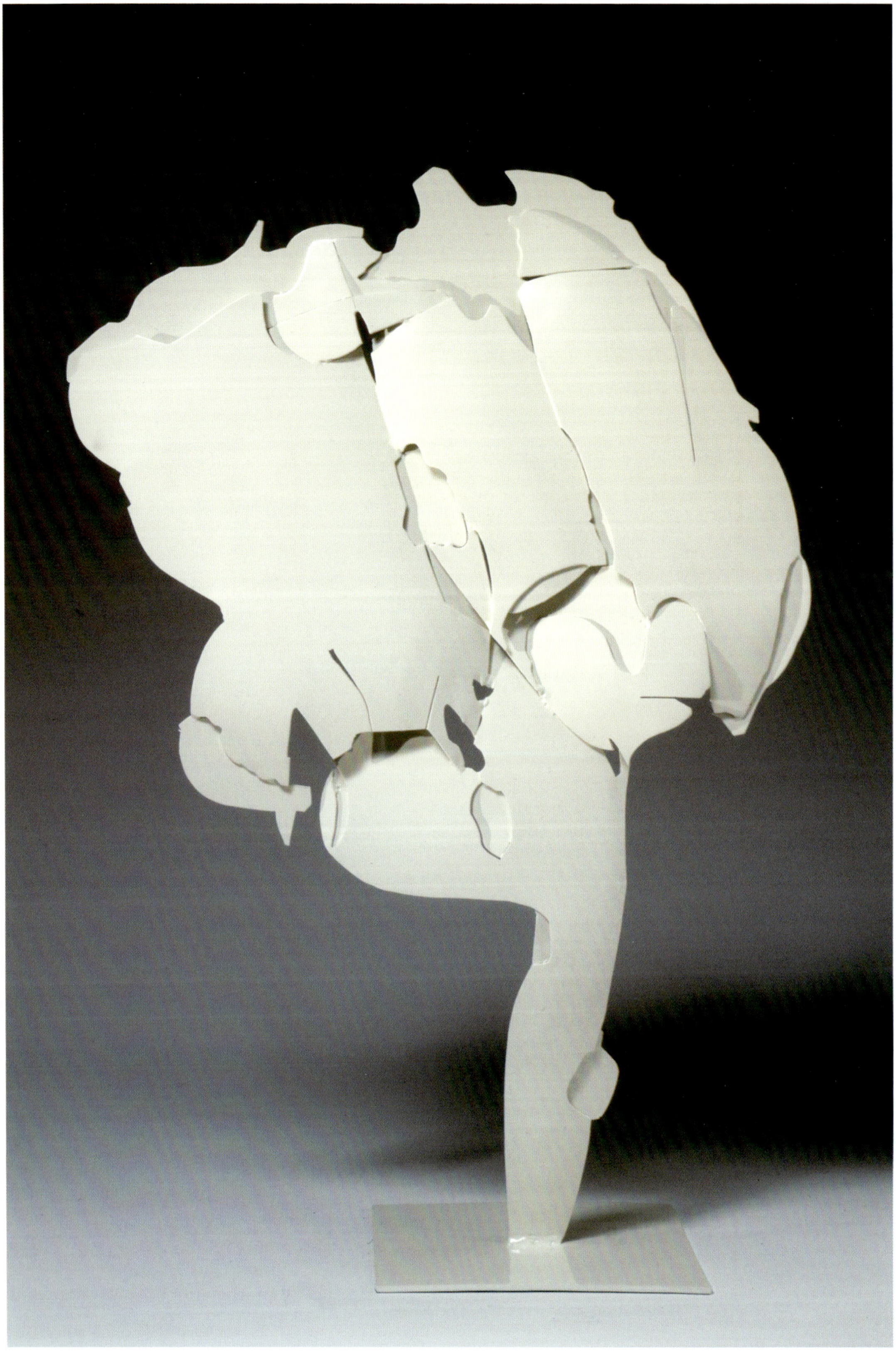

 Ferro trasparente bianco II, 1966

Colloqui duri, dissensi, piani sospesi Consagra che scrive

Andrea Cortellessa

Titolo curioso, quello dato nel 1989 da Vanni Scheiwiller alla raccolta della "quasi totalità degli scritti teorici e polemici dell'amico scultore": *Consagra che scrive*.[1] In copertina il nome dell'autore non precede il titolo del libro, ma ne fa parte. Più che il titolo di un libro, pare quello di un ritratto. O magari la didascalia di una foto: un'istantanea dell'autore nel pieno del suo sforzo creativo.

Non conosco fotografie di "Consagra che scrive"; in loro vece disponiamo però di una coppia di immagini che compongono un chiasmo eloquente. La prima è di Ugo Mulas (forse, fra tutti, il complice più stretto dell'artista),[2] una delle tante che documentano "il miracolo Carandente", come lo chiama Consagra nell'autobiografia *Vita mia*,[3] ossia la grande manifestazione *Sculture nella città* organizzata da Giovanni Carandente, a Spoleto, nell'estate del 1962. Una serie di foto davvero *miracolose* di Mulas ci presentano quello che, visto dal deserto dell'oggi, pare un altro pianeta: le sculture popolano la città, i bambini le persone i *cittadini* camminano fra loro con naturalezza – le *abitano*. Ma la foto più straordinaria è quella in cui si vede l'artista, issato in cima a una scala di legno nelle Officine Italsider di Savona, mentre lavora a uno dei cinque elementi del suo *Racconto del demonio* che, di lì a poco, verrà esposto appunto a Spoleto. A volto scoperto (a differenza di altre immagini della serie, nelle quali si protegge con una maschera da saldatore), diademato di scintille, vediamo Consagra che stringe gli occhi mentre, brandendo a mani nude il bruciatore di fiamma ossidrica, incide la lastra metallica appesa a un verricello davanti a lui. Ai suoi piedi un assistente lo osserva con un sorriso nervoso, non si capisce se più ammirato o preoccupato. Il piglio è epico, da Lenin che arringa il popolo; la foto è fra le più belle, a mia conoscenza, che ritraggano un artista al lavoro.

1 Prosegue la nota dell'editore nel risvolto di copertina di P. Consagra, *Consagra che scrive: Scritti teorici e polemici 1947–1989*, All'Insegna del Pesce d'Oro, Milano 1989: "con l'esclusione del volumetto *La Città Frontale* (De Donato, Bari 1969) che sarà ristampato a parte con altri scritti come pamphlet contro gli architetti". Ma non risulta che questa raccolta annunciata da Scheiwiller sia stata da lui pubblicata; parte del materiale si può leggere nel volume di Consagra, *Architetti mai più*, Prearo, Milano 1993.

2 P. Consagra, U. Mulas, *Fotografare l'arte*, prefazione di U. Eco, Fabbri, Milano 1973.

3 "Nel '62 tutto era felice nella vita dell'arte. [...] Il miracolo Carandente si era potuto verificare avendo suscitato l'interesse della cittadinanza, degli industriali e degli artisti", P. Consagra, *Vita mia* [1980], Skira, Milano 2017, p. 110.

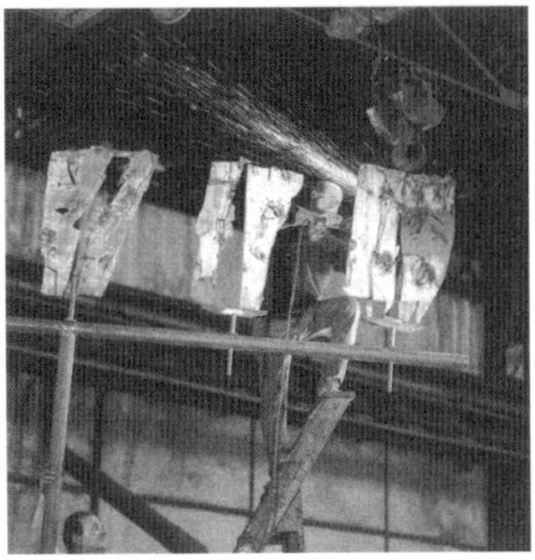

Consagra, Italsider, Savona, 1962

Agli antipodi la seconda immagine. Se quella di Consagra all'Italsider è una foto di battaglia, presa in prima linea *sul fronte dell'arte*, quest'altra fotografia è quotidiana, casalinga, in apparenza un'immagine *di pace* (le apparenze ingannano, si sa). Ritrae una giovane donna vestita alla buona, in maglioncino pantofole e calzettoni adolescenziali, seduta sul bordo della sedia come una scolaretta zelante; con la testa reclinata sul tavolo, concentratissima, scrive su un quaderno mentre ascolta il voluminoso registratore a bobine poggiato davanti a lei. La donna è Carla Lonzi, e chi la fotografa con ogni probabilità è lo stesso Consagra, all'epoca suo compagno (sullo sfondo occhieggiano due *Ferri trasparenti* e altre sue piccole sculture).

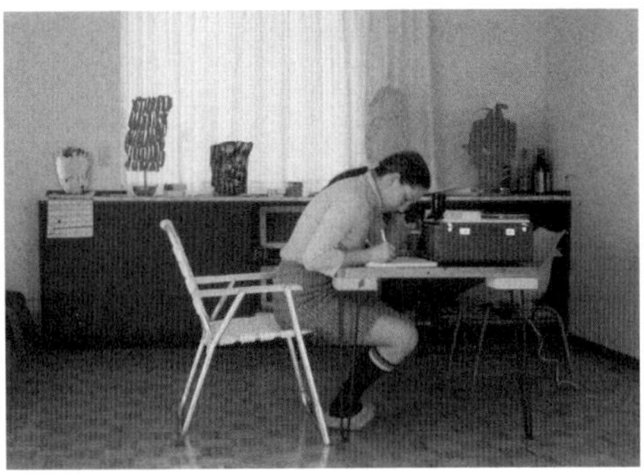

Carla Lonzi, Minneapolis, 1967

L'immagine è riportata nel libro che a Lonzi ha dato la fama, quel testo-chiave della critica italiana del secondo Novecento che è *Autoritratto*, dove reca la didascalia "Carla Lonzi col registratore a Minneapolis".[4] Se il titolo del libro allude alla volontà dell'autrice di lasciare la parola agli artisti, affidando a loro la presentazione del proprio lavoro e della propria personalità (così rifuggendo dal feticcio dell'*interpretazione*, contro la quale Susan Sontag aveva lanciato il suo "manifesto", *Against Interpretation* appunto, qualche anno dopo ripreso dal Germano Celant della *Critica acritica*),[5] almeno questa immagine consente a noi di *interpretarlo*, *Autoritratto*, anche quale presa in carico in prima persona, da parte dell'autrice, del discorso che vi viene svolto.

4 C. Lonzi, *Autoritratto: Accardi, Alviani, Castellani, Consagra, Fabro, Fontana, Kounellis, Nigro, Paolini, Pascali, Rotella, Scarpitta, Turcato, Twombly* [1969], et al., Milano 2010, p. 29, 307.

5 S. Sontag, "Contro l'interpretazione" [1964], in *Contro l'interpretazione* [1966], trad. di E. Capriolo, Mondadori, Milano 1967; G. Celant, "Per una critica acritica", *NAC Notiziario Arte Contemporanea*, 1 ottobre 1970, p. 29–30 (https://www.quodlibet.it/letture/germano-celant-per-una-critica-acritica). Il riferimento a Sontag di Celant è a p. XIII della sua "Introduzione critico-storica" alla riedizione di *Precronistoria 1966–1969* [1976], Quodlibet, Macerata 2017.

Lonzi che scrive, insomma: perché, come ha ricostruito Laura Iamurri, la fotografia risale ai mesi di pellegrinaggio da lei passati negli Stati Uniti, nell'autunno del 1967, al seguito del compagno artista (che lì ha la maggior parte dei suoi referenti nel mercato dell'arte, ma anche i quattro figli avuti dalla precedente unione con l'americana Sofia, sposata a Roma nel 1953; alla School of Arts di Minneapolis, inoltre, è titolare di un contratto d'insegnamento) che in quei mesi ha una personale alla Marlborough-Gerson Gallery di New York e partecipa a una prestigiosa collettiva, *Guggenheim International Exhibition 1967: Sculpture from Twenty Nations*, al Solomon R. Guggenheim Museum.

"Sradicata e nomade", "isolata in una fredda città americana del Mid West", di lì a poco si ammalerà e dovrà ricoverarsi in un ospedale di Boston; ma intanto "portando con sé le bobine registrate, Lonzi si assicurava per così dire una presenza sonora, una riserva di voci amiche con le quali proseguire e approfondire, in un contesto straniato e straniante, un dialogo avviato in altre circostanze".[6] La *solitudine* di Lonzi, effettiva quanto simbolica, si fa almeno rumorosa grazie alle voci degli artisti registrate negli anni precedenti, e che in questi mesi va laboriosamente convertendo in scrittura. Se oggi ci appare ovvio che la *critica acritica* si valga anzitutto del dialogo con gli artisti, lo stesso non si poteva dire a metà anni Sessanta, quando Lonzi prende a registrare i suoi *colloqui*; allora anzi è una novità lo stesso uso del magnetofono "entrato in letteratura", nel 1958, con *L'ultimo nastro di Krapp* di Samuel Beckett.

Prende allusivo valore di nemesi, allora, che quell'unione fra l'arte e la critica, che *Autoritratto* aveva celebrato in effigie e per iscritto, in un secondo libro-conversazione trovi il suo polemico, emblematico scioglimento. Alla fine del 1980 Lonzi pubblica infatti *Vai pure* per la sigla Rivolta Femminile, fondata dieci anni prima insieme a Carla Accardi ed Elvira Banotti: presentando le registrazioni di quattro giorni di aspre discussioni, il testo mette impietosamente in scena la fine di una relazione iniziata nel 1963. Il titolo, geniale, ne riprende l'ultima frase: la donna ribadisce che per la loro unione non c'è futuro e all'uomo sconsolata dice "io non so più che fare di diverso. Capisci?" Lui, grave, risponde: "Certo". Allora lei conclude recisa: "Beh, adesso vai pure".[7]

È il come volevasi dimostrare di due traiettorie esemplari: a suo tempo esemplarmente congiuntesi quanto, infine, esemplarmente disgiuntesi. Il punto d'incontro fra loro consisteva infatti nell'ideologia, oltre che nella prassi, precisamente del *colloquio*, che da tempo avevano posto al centro dei rispettivi cantieri. E che sia stata soprattutto Lonzi a influenzare intellettualmente Consagra lo mostra la dedica, "a Carla Lonzi" appunto, che a nove anni dal *discidium* il primo appone a *Consagra che scrive*: cioè il libro che più compiutamente espone il suo pensiero.

Dal 1966 Lonzi ha preso a pubblicare sulla rivista *Marcatré* le registrazioni dei suoi *Discorsi* con gli artisti, come li chiama, che poi remixerà in *Autoritratto*, nella cui premessa dichiara di aver preso a considerare l'opera d'arte "come una possibilità d'incontro, come un invito a partecipare rivolto dagli artisti direttamente a ciascuno di noi".[8] Proprio le figure dell'"incontro" e del

6 L. Iamurri, *Un margine che sfugge: Carla Lonzi e l'arte in Italia 1955–1970*, Quodlibet, Macerata 2016, p. 175.

7 C. Lonzi, *Vai pure: Dialogo con Pietro Consagra* [1980], et al., Milano 2011, p. 133. In questa edizione in copertina c'è un'ultima foto, di Jacqueline Vodoz, che ritrae Consagra e Lonzi insieme: i due sono seduti ai lati opposti di un tavolo, l'artista legge a voce alta da alcuni fogli che tiene in mano, la sua compagna lo ascolta con sguardo serio e non troppo promettente; sullo sfondo, al solito, incombono le sculture di Consagra.

8 C. Lonzi, *Autoritratto*, p. 3.

"rapporto" accomunano le sue "due vite": quella della scrittrice decisa a evadere dalla postura giudicante tipica della critica tradizionale, ma che nell'arte in quanto tale finirà per riconoscere un'"espressione di potere";[9] e quella della militante femminista che dal mondo dell'arte sceglie di prendere radicalmente le distanze: e con esso dall'uomo che ne aveva rappresentato l'epitome.

Già alla fine del 1963, del resto, quella che era stata l'allieva più promettente di Roberto Longhi aveva messo a fuoco *la solitudine del critico*: denunciando l'involuzione della critica nel "ruolo, tutto formale, di una supervisione" di fatto "smentendo [...] quell'assoluta mancanza di gerarchie e di ruoli direttivi che costituisce il portato liberatore della ricerca degli artisti"; al contrario la critica deve farsi "un'esperienza di vita in qualche modo parallela a quella presa di possesso della libertà che determina le opere d'arte a noi contemporanee". Ipostasi dell'"assolutezza idealistica veramente controtempo" della critica improntata all'"ufficialità" è additata da Lonzi nell'"insigne storico dell'arte" Giulio Carlo Argan (quell'anno già contestato, al convegno di Verucchio, da un gruppo di artisti fra i quali, a dispetto della riconoscenza per chi sino ad allora sempre lo aveva appoggiato, figurava eminente proprio Consagra);[10] mentre un solo esempio dell'"operazione di verità" dell'arte indica in Marcel Duchamp.[11]Anche questo modello di *comportamento* può oggi apparire scontato ma così non era, in Italia, nel 1963. A maggio di quell'anno cruciale, a Roma alla Tartaruga di Plinio De Martiis, s'era tenuta una personale di Gianfranco Baruchello alla quale Duchamp era stato fotografato in compagnia, fra gli altri, della coppia Argan-Bucarelli ma anche di Consagra.[12] Sicché non è peregrino ipotizzare che appunto nel nome di Duchamp si siano svolti l'*incontro*, e il primo *colloquio*, fra Lonzi e l'artista col quale dividerà la sua vita negli anni successivi.

Colloqui, proprio, aveva intitolato Consagra le sue sculture a due o tre elementi, che alla fine degli anni Cinquanta gli avevano guadagnato i consensi più prestigiosi e promettenti ("il contatto con la realtà", aveva scritto Argan nel 1958, "per Consagra, non è né subordinazione né possesso. È dialogo e, non di rado, contesa"; l'anno dopo precisa Lionello Venturi: "giustappone due masse di metallo o di ferro, affinché tra loro facciano l'amore o combattano. Che sia l'una o l'altra, è sempre un dramma";[13] l'anno ancora seguente, alla Biennale del 1960, l'artista consegue il Premio per la Scultura, insuperato apice delle sue fortune critiche). Una di esse reca un titolo, *Colloquio duro*, che a posteriori prefigura con amara ironia l'ordalia di *Vai pure*.

9 "A me sembra che il dialogo sia il tipico caso di potere dell'espressione, mentre l'arte è il caso tipico dell'espressione di potere", si legge in un breve testo inedito datato 24 maggio 1980 (all'indomani dunque delle registrazioni riportate in *Vai pure*) e conservato a Milano presso il Fondo Rivolta Femminile, in G. Zapperi, *Carla Lonzi: Un'arte della vita*, DeriveApprodi, Roma 2017, p. 250.

10 F. Boragina, "Il convegno di Verucchio del 1963 e il dibattito critico nel mondo dell'arte contemporanea", in *Arte italiana 1960–1964: Identità culturale, confronti internazionali, modelli americani*, atti della giornata di studi di Milano, 25 ottobre 2013, a cura di F. Fergonzi, F. Tedeschi, Scalpendi, Milano 2017, p. 151–164.

11 C. Lonzi, "La solitudine del critico" [1963], in *Scritti sull'arte*, a cura di L. Conte, L. Iamurri, V. Martini, et al., Milano 2012, p. 355–356; M. Dantini, "Una polemica situata e da situare. Dicembre 1963: Lonzi vs Argan", in *Arte italiana 1960–1964*, p. 105–120.

12 La pagina che riporta le foto del primo numero della rivista di P. De Martiis *Catalogo*, pubblicata l'anno seguente, è riprodotta a p. 105 del libro di L. Iamurri.

13 G. C. Argan, *Consagra Sculptures*, catalogo della mostra (Bruxelles: Palais des Beaux-Arts, 1958), Editions de la Connaissance S. A., Bruxelles 1958; L. Venturi, "Sculptures frontales de Consagra", *XXe siècle*, 13 dicembre 1959; entrambi in F. Pola, "Frontal Sculpture: Pietro Consagra's Civil Alternative", in *Pietro Consagra: Frontal Sculpture*, catalogo della mostra (Londra, Robilant+Voena, 2018), a cura di F. Pola, Marsilio, Venezia 2018, p. 53.

Al di là del titolo *colloqui duri*, sempre, sono quelli teatralizzati da Consagra fra le sue amate lastre di metallo "frontali": in quella che, prima di una scelta di poetica, è una sua *forma mentis*. Così sintetizza lui stesso il senso delle sue diverse stagioni: "Volevo riportare sulla materia il rapporto che avevo con la società, un risentimento politico per come le cose andavano".[14] L'ipostasi della *frontalità* rappresenta in primo luogo, per l'artista, l'assunzione in prima persona di una responsabilità e, per l'uomo, la presa di una parte (soprattutto in senso politico). Ma il teatro del *colloquio* rimette in scena ogni volta, pure, l'archetipo "polemico" della poesia d'amore in italiano, un archetipo siciliano: il duecentesco *Contrasto* di Cielo d'Alcamo.

Colloqui duri sono pure le testimonianze di *Consagra che scrive*. Emblematico il nome della collana "Dissensi", dell'editore barese De Donato per il quale escono, nello stesso 1969, due libri tanto "gemelli" che "diversi": *Autoritratto* di Lonzi e *La Città Frontale* di Consagra. "La Città Frontale, come una scultura, come un'opera d'arte è una forma di opinione del mondo";[15] ma anche scrivere, per Consagra, significa ribadire a viso aperto – *frontalmente* – le sue posizioni. Dai primi interventi ai tempi di Forma 1, nei quali polemizza col "Realismo" dei dettami ufficiali di Partito, alle vendette tardive nei confronti del loro alfiere – quel Renato Guttuso che al suo arrivo a Roma lo aveva accolto e a lungo ospitato nel suo studio –, mai dismette Consagra un *habitus* spavaldo, combattivo, appunto *polemico*: frutto, si direbbe, prima di un temperamento che di una scelta ideologica. Caratteristica la conduzione asseverativa, assiomatica e didascalica, di diversi suoi scritti teorici (in particolare, sin dal titolo, *Una lezione di scultura* del 1970). Se ne compiace, Consagra, in un sapido frammento di autobiografia (solo in parte rifuso in *Vita mia*): "Tenevo lo studio più ingombro possibile di sculture veramente pericolose come le mie di ferro che fanno paura solo a guardarle, figuriamoci a dormirci vicino".[16]

In tal senso *frontali* sono pure i suoi rari ma significativi componimenti in versi, che infatti Consagra concepisce quali forme di accompagnamento percussivo, diciamo brechtiano, a propri cataloghi o libri d'artista (come *Euforia*, pubblicato nel 1973, o l'*Omaggio a Serpotta* pubblicato a cura di Giuseppe Appella nel 1981), o per essere messi in "musica frontale" (come lo spettacolo *Approssimativamente*, alla Biennale di Venezia del 1977). Il complice Scheiwiller nel 1985 li raccoglie in un polito volumetto dei suoi All'Insegna del Pesce d'Oro, col titolo così "visivamente" scomposto, tanto in copertina che al frontespizio:

ci

pensi
amo

La scomposizione consente una doppia lettura: alla prima plurale, "ci pensiamo" (anche questi versi sono, il più delle volte, ragionamenti di poetica), oppure in "dialogo": "ci pensi, amo" (che si leggerebbe, così, quale risposta allusiva al titolo – a sua volta "dialogico", ma meno affettuoso – della Lonzi di cinque anni prima, *Vai pure*). In tutte e due le letture, però, il soggetto lirico tradizionale è trasceso in una pluralità: sociale e politica (nella prima

14 P. Consagra, "Il percorso della mia scultura", in *Vita mia*, p. 159.
15 P. Consagra, "L'oggetto tridimensionale non è il nostro oggetto" [1969], in *Consagra che scrive*, p. 59.
16 P. Consagra, *Via Margutta 48* [1954], in *Consagra che scrive*, p. 30.

lettura) oppure relazionale, duale (nella seconda). Infatti sono testi dai quali l'"io", se non quale mera funzione grammaticale, è accuratamente resecato: in una temperie d'"avanguardia" che, se non guarda necessariamente alla "riduzione dell'io" predicata da Alfredo Giuliani nell'introduzione alla celebre antologia dei *Novissimi*[17] (ma forte è in ogni caso la sintonia con certi elenchi "oggettuali" della neoavanguardia più "polemica", come quella del Nanni Balestrini di *Ma noi facciamone un'altra*, 1968, o di Antonio Porta in *Cara*, 1969), pare memore del futurismo più "concreto", al quale non a caso ha guardato per tempo il Consagra artista[18] (quasi esplicita, nei suoi primi testi, la filiazione in particolare da Aldo Palazzeschi).[19] Un'asciugatura del sentimento che come quella futurista – aveva a suo tempo denunciato Gian Pietro Lucini – è dominata dalla "paura del dolore".[20] E infatti, senza conoscere questa *pointe*, così motiverà Consagra il proprio rifiuto di ogni ipotesi "lirica" di figurazione:[21] "Mi ripugnava usare il dolore mio e degli altri come linguaggio della vita e come merce di scambio. [...] La sofferenza mi atterrisce".[22]

Anche all'interno è curiosa l'impaginazione del libretto, con i testi composti in diversi colori, verso dopo verso trascolorando in genere da una minore a una maggiore saturazione cromatica, o dal più chiaro al più scuro – come a voler mimare un progressivo precisarsi del pensiero espresso. Emblematica la poesia intitolata *razionalizzare l'irrazionale*,[23] esplicitamente dedicata alla volontà di Consagra di "organizzare i sogni" sino a una condizione di lucidità assoluta, assimilata a quella di "Dio/con il compasso". La parte più consistente di questo esile corpus poetico viene anticipata, sempre da Scheiwiller, in una *plaquette* pubblicata nel 1973 col titolo – a questo punto prevedibile – di *Poema frontale*, i cui episodi sono riproposti in più occasioni (per esempio nel 1976 in un'altra *plaquette* intitolata *La ruota quadrata*). La "frontalità" in questo caso consiste nell'elencazione percussiva di singole parole, prive di qualsiasi connettore semantico: "afferra/strappa/torci/accavalla/schiaccia/stringi/lascia/tira".[24] Oppure nella loro, ancor più martellan-

17 A. Giuliani, "Introduzione", in *I Novissimi: Poesie per gli anni '60* [1961], Einaudi, Torino 2003, p. 21.

18 Frequenti sono, specie all'inizio della sua parabola, i riferimenti di Consagra a Umberto Boccioni (per esempio il suo primo "manifesto", *Necessità della scultura* [1952], in *Consagra che scrive*, p. 17–23). Significativo l'incoraggiamento caloroso provenuto a Consagra da Lucio Fontana, nella lettera del 4 luglio 1948 pubblicata in *Pietro Consagra. Necessità del colore. Sculture e dipinti 1964–2000*, catalogo della mostra (Verona: Galleria dello Scudo; Museo di Castelvecchio, 2008), a cura di L. M. Barbero, G. Di Milia, Skira, Milano 2007, p. 312, e riprodotta in *Pietro Consagra: Frontal sculpture*, p. 19.

19 Il primo componimento accolto in *ci pensi amo* (All'Insegna del Pesce d'Oro, Milano 1985, p. 11–12), pubblicato originariamente nella plaquette *L'agguato c'è*, Edizioni della Tartaruga, Roma 1960, ha per titolo "Mi voglio divertire (dritto e rovescio)"; A. Palazzeschi, "E lasciatemi divertire! (canzonetta)", in *L'Incendiario* [1910], ora in *Tutte le poesie*, a cura di A. Dei, Mondadori, Milano 2002, p. 236–238.

20 È la conclusione di una lunga lettera scritta da Gian Pietro Lucini a Filippo Marinetti il 14 febbraio 1909, dopo aver letto il *Manifesto di fondazione del futurismo* che verrà pubblicato sei giorni dopo dal quotidiano parigino *Le Figaro*, e che mette in luce una quantità di aporie destinate a infinite discussioni a venire. Si legge in G. P. Lucini, *Prose e canzoni amare*, a cura di I. Gherarducci Ghidetti, Vallecchi, Firenze 1971, p. 450–458. Rinvio al mio "Erostrato e i grandi Morti: Lucini, i futuristi e la tradizione", in *Il Futurismo nelle avanguardie*, atti del convegno di Milano, 4–6 febbraio 2010, a cura di W. Pedullà, Ponte Sisto, Roma 2010, p. 273–287. Lucini non poteva conoscere, a quell'altezza, il "manifesto futurista" di Palazzeschi, *Il controdolore*, del 1914 (in A. Palazzeschi, *Tutti i romanzi*, a cura di G. Tellini, Mondadori, Milano 2004, vol. I, p. 1221–1232),

21 Un rifiuto duro e senza equivoci, annunciato sin dall'inizio del suo percorso: P. Consagra, "È trascurabile esprimere se stessi" [1949], in *Consagra che scrive*, p. 12–13.

22 P. Consagra, *Vita mia*, p. 134.

23 P. Consagra, "razionalizzare l'irrazionale" [1977], in *ci pensi amo*, p. 67.

24 P. Consagra, "Euforia" [1973], in *ci pensi amo*, p. 35.

te, ripetizione ossessiva, come in questo caso eloquente (nel quale, si noti, il colore della stampa – magenta – resta invariato dal primo "verso" all'ultimo):

Carla Carla
Carla Carla
Carla Carla
Carla Carla

Carla Carla
Carla Carla
Carla
Carla Carla
Carla
Carla
Carla Carla
Carla Carla
Carla Carla
Carla Carla
Carla
Carla
Carla
Carla Carla
Carla Carla
Carla
Carla[25]

Dove si fa evidente come la volontaristica *frontalità* di Consagra, il suo piglio così "forte" e diciamo pure *macho*, intervenga in reazione a una componente, del suo temperamento, complementare e quasi opposta: una fragilità emotiva da lui sempre tenuta a bada[26] ma che lo ha indotto a cercarsi, di volta in volta, nuovi punti di riferimento da tenere per solidi e incrollabili (il Partito prima, Carla poi)[27], il cui improvviso venir meno produce crisi profonde.[28] Lo confessa un inciso lampeggiante di *Vita mia*: "Sostengo la necessità dell'arte perché ho paura".[29] Questa *paura* ha le sue origini nell'*inferiority complex* delle origini provinciali e socialmente umili di Mazara del Vallo ("ho fatto la mia scultura astratta per vivere da falco sulle cime di un orgoglio da povero")[30] che la prima parte di *Vita mia* racconta con esemplare asciuttezza, ma senza celare le ferite che quelle condizioni di partenza hanno lasciato nell'uomo maturo e "di successo" "ero così magro, così rabberciato, così teso di nervi che reagivo a tutto senza misura").[31]

25 P. Consagra, "III Poema frontale" [1973], in *ci pensi amo*, p. 48–49.

26 Un altro sintomo è da ravvisarsi forse nella balbuzie, Consagra ne parla nell'intervista a Umberto Allemandi, "Non deve dirmelo Togliatti come fare le sculture" [1973], in *Pietro Consagra: Necessità del colore*, p. 387: "balbetto, e questo è il segno che qualcosa non è a posto: significa probabilmente che la mia intelligenza è oltre la mia capacità di dire, cioè che il mio cervello corre più veloce".

27 "Mi ero innamorato di Carla, mi ero aggrappato a Carla. [...] Oltre che per il suo fascino personale io la desideravo per la mia salvezza. Avevo bisogno di sentire che esisteva una continuazione, volevo capire dove mi ero fermato", in P. Consagra, *Vita mia*, p. 121.

28 "L'assenza di Carla dalle mie mostre ha pesato sulla mia confusione. Mi sono sentito un ladro che ruba nelle proprie tasche, un carceriere che imprigiona se stesso. Sta per uscire il suo diario: nove anni di vita vissuta nel suo gruppo femminista. Nove anni struggenti di vita infilzata nella mia. Non posso parlarne". Ibid., p. 152.

29 Ibid., p. 149.

30 Ibid., p. 134.

31 Ibid., p. 21.

In particolare il temperamento *polemico* di Consagra trova le sue origini nel trauma della guerra: che investe la Sicilia quando lui ha già più di vent'anni, ma gli lascia un condizionamento evidente. In un articolo firmato con uno pseudonimo, così parla di sé: "ecco cosa mi suggerisce la scultura di Consagra: l'agitazione della materia tormentata dall'uomo nella guerra".[32] In *Vita mia* si legge un episodio eloquente (siamo nell'estate del 1943 e l'artista, in condizioni di salute cagionevoli, si è da poco trasferito a Palermo):

> noi pensionanti stavamo sul terrazzo la notte a vederci l'intreccio dei colorati proiettili traccianti della contraerea e dei fari tesi a individuare gli attaccanti. Tutto avveniva sul porto. Era molto eccitante. Speravamo che nessun aereo venisse colpito perché ci sarebbe stato il caso che ci cascasse addosso magari con le bombe. Si sperava che ogni attacco si risolvesse in spettacolo. [...][33]

Quello del guardare come a uno "spettacolo" perfettamente "astratto" i tracciati in cielo degli incursori e della contraerea è *tòpos* della memorialistica di guerra (ci si ricorda delle pagine incredibili di Elias Canetti, transfuga in Inghilterra durante il *blitz* della Luftwaffe).[34] Ma non è che un esorcismo della tragedia in corso. E infatti presto la musica cambia:

> Poi la guerra prese una tragica piega per Palermo. Sembrava una città di nessuno martoriata da tutti, una città di poveri sgretolata dagli dèi della bestialità. Dalle alture della Conca d'Oro, dal sanatorio noi ammalati sulle terrazze vedevamo arrivare di giorno la massa luccicante e terrificante delle fortezze volanti che bombardavano a tappeto la città. [...] In città vidi solo un morto, un soldato tedesco, giovane e biondo, con gli occhi celesti aperti e il cranio trapassato. Era disteso a terra dietro l'edicola di giornali in un angolo di via Ruggero Settimo. Si era nascosto e aveva tirato una bomba a mano contro una moto americana in avanscoperta, ma l'arma non era esplosa e così mitragliarono lui.[35]

Ce n'è in abbondanza per diagnosticare a Consagra una "nevrosi di guerra in tempo di pace"[36] che lo accomuna ad altri artisti e scrittori della sua generazione, e di quella immediatamente seguente, che videro attraversata la loro giovinezza, o la loro infanzia, dalla sottile linea rossa della guerra. Senon-

32 V. Buffa (ma P. Consagra), *Le sculture di Consagra* [1954], in *Consagra che scrive*, p. 28.
33 P. Consagra, *Vita mia*.
34 E. Canetti, *Party sotto le bombe: Gli anni inglesi* [2003], a cura di K. Wachinger, trad. di A. Vigliani, Adelphi, Milano 2005.
35 P. Consagra, *Vita mia*, p. 29–31.
36 Vedi S. Finzi, *Nevrosi di guerra in tempo di pace*, Dedalo, Bari 1989. Per questo paradigma rinvio al mio "Sugli Schermi: Burri Ballard Cronenberg", in *Ipso Facto*, I, 2 (settembre–dicembre 1998), p. 97–110; I, 3 (gennaio–aprile 1999), p. 107–129; II, 3 (maggio–agosto 1999), p. 115–134; e a "Solo la terra oscura (su Claudio Parmiggiani)", in *Senzamargine*, catalogo della mostra (MAXXI – Museo nazionale delle arti del XXI secolo, Roma 2020), a cura di B. Pietromarchi, Quodlibet, Macerata 2021.

ché *a posteriori*, proprio all'*incipit* dell'autobiografia, Consagra allude a un trauma, a una fascinazione ancora precedente: "mio nonno leggeva sempre l'unico libro che aveva: *I Paladini di Francia*. [...] La prima volta all'Opera dei Pupi mi portò lui e io ero piccolissimo ma non ho mai perduto quella visione delle armi scintillanti".[37]

Sia come sia, date queste premesse, non stupisce che Consagra si sia lasciato conquistare senza riserve, in seguito, dall'utopia di Ludovico Corrao: che all'indomani del terremoto del Belice, nel gennaio 1968, concepì una ricostruzione *nell'arte*, e *con l'arte*, della città di Gibellina rasa al suolo dal sisma. Per Consagra era quella, semplicemente, un'allegoria della sua vita: della figura ritornante della *caduta* cui doveva rispondere, ogni volta, una *rinascita*. Infatti tutto è straordinariamente allusivo nei tanti lavori da lui concepiti per Gibellina a partire dal 1972. Lo è il *Teatro Frontale* destinato alle Orestiadi (festival teatrale fondato nel 1981 e assurto, negli anni, a *venue* di richiamo internazionale), iniziato nel 1991 ma mai completato, anche se nel 2018 ha ospitato una cerimonia aperta al pubblico.

Suona ironico che prima della crisi cui andò incontro il progetto di Corrao – quando vennero meno le linee di credito che sino a quel momento sembrava rendessero realizzabile l'utopia di Gibellina – Consagra abbia pubblicato quello che è forse il suo libro più curioso: *L'Italia non finita*. Le immagini da lui raccolte non riguardano le tante opere civili che, soprattutto nel Meridione d'Italia, ci parlano oggi dell'incuria decennale di amministratori pubblici e ditte appaltatrici. L'interesse di Consagra si rivolge invece a una serie di capolavori dell'architettura del passato (dal Tempio di Segesta alla Porta Maggiore a Roma, dalla chiesa di San Petronio a Bologna a quella di San Lorenzo a Firenze) nei cui più o meno evidenti elementi d'incompiutezza vede qualcosa di *positivo*: "la grandiosità dell'immagine di un edificio va oltre il visibile, negli spazi che copre e nasconde, nelle sue strutture segrete e nell'evidenza del suo tempo scaduto".[38]

Anche le tante opere da lui concepite per Gibellina ci parlano oggi di un *tempo scaduto*, e di una tensione – etica, sociale, politica – che nonostante questo, o magari proprio per questo, *va oltre il visibile*. Consagra non si nasconde gli aspetti problematici dell'avventura di Corrao; eppure resta convinto che "Gibellina *sia* riuscita dove nessun'altra città ha saputo mirare", per il legame intrinseco con la "creatività continua dell'arte che esprime fiducia", per la capacità di "vivere la sensazione spirituale che proviene dall'ornamento come aiuto a stare al mondo".[39] Eloquenti i due cancelli da lui realizzati nel 1977 per il cimitero della città, *Riferimento all'irripetibile* e *Riferimento all'unicità*, le cui ante sono realizzate con forme e materiali diversi, in modo che i loro battenti non possano combaciare ("ciò per puntare, proprio all'ingresso fra i morti, sul meraviglioso significato di essere unici e irripetibili in tutta l'immensità di individui dell'esistenza passata e futura").[40] Il che ha per conseguenza che queste porte, in effetti, non sono mai davvero chiuse. Alla sua morte, nel 2005, è qui che Consagra ha voluto essere sepolto:

37 P. Consagra, *Vita mia*, p. 9–10.

38 P. Consagra, *L'Italia non finita*, Scheiwiller, Milano 1987. Il solo testo introduttivo è compreso in *Consagra che scrive*, p. 171–172.

39 P. Consagra, "Gibellina Gibellina" [1988], in *Architetti mai più*, p. 25.

40 P. Consagra, "Terremoto e oggetto", in *Gibellina, ideologia e utopia*, a cura di G. La Monica, La Palma, Palermo 1981, in F. Pola, "Vorrei rivivere la vita a volontà: Il percorso multifrontale di Pietro Consagra", in *Pietro Consagra: Necessità del colore*, p. 263.

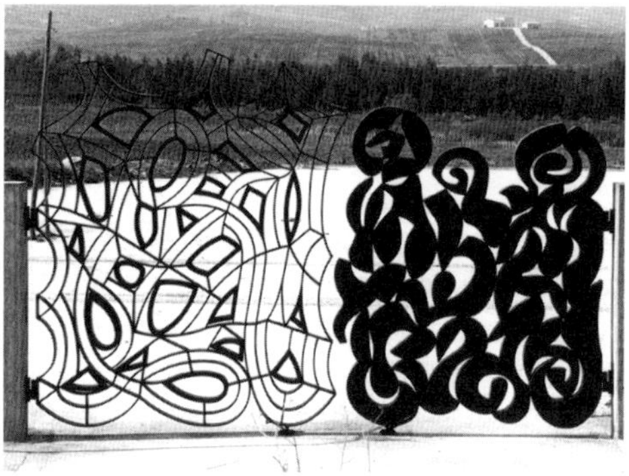

Riferimento all'irripetibile, Cimitero di Gibellina, 1977

È significativo che in qualche modo tutto il percorso artistico e umano di Consagra sia incorniciato dalla figura simbolica della porta, la quale – ha spiegato Georg Simmel in pagine classiche – ci dice come "separazione e congiunzione non siano altro che le due facce di una medesima azione": "la mobilità della porta rende sensibile" la "possibilità di muovere in ogni istante da questa delimitazione verso la libertà".[41] Racconta *Vita mia* che la prima grande opera pubblica al cui concorso volle partecipare, Consagra, fu il fregio sulla facciata della nuova Stazione Termini, a Roma, poi inaugurata nel 1950 con la decorazione di Imre Toth:[42] porta trascendentale che poco tempo prima aveva accolto lo stesso giovane artista all'inizio della sua avventura. E uno dei suoi ultimi grandi progetti, del pari irrealizzato, è quello delle *Dodici porte del Cremlino*.[43] Consagra lo commenta così:

> Di tutti i luoghi delle tensioni il più vulnerabile, il più protettivo tra i più deboli, il più preparato a sospettare gli altri, è la porta.
> I romani di porte appartenenti ad altri se ne intendevano per quante ne avevano violate e il pensiero di quelle proprie era un assillo fisso come un chiodo. L'orgoglio di tanta storia sulle spalle era fatto anche dalla paura di un futuro che si elaborava da sé autonomo e al buio. I romani perciò erano spinti a diffidare e allo stesso tempo a voler governare la continuità: l'impossibile dovevano tentarlo. Cercarono un supporto e lo inventarono.
> Un dio, Giano, a due facce contrapposte, che oltre a custodire le loro porte e osservare chi entrava e chi usciva potesse guardare contemporaneamente passato e futuro.[44]

Alla figura archetipica di Giano fa in effetti pensare il ritrovato linguistico che Consagra introduce con i *Piani sospesi* del 1964–1966: senza rinunciare al partito preso della *frontalità*, le superfici sottili sono tagliate su entrambi i lati,

41 G. Simmel, "Ponte e porta" [1909], in *Ponte e porta: Saggi di estetica*, a cura di A. Borsari, C. Bronzino, Archetipolibri, Bologna 2012, p. 4, 6.

42 P. Consagra, *Vita mia*, p. 53–54.

43 I dodici bozzetti in legno dipinto, progettati nel 1990 per essere tradotti in marmo, vennero esposti all'Ermitage di San Pietroburgo, in una mostra curata da G. Di Milia, alla fine del 1991.

44 P. Consagra, "Giano alle porte del Cremlino" [1991], in *Architetti mai più*, p. 86.

e traforate in modo da lasciar passare la luce e l'aria. Consagra ha inventato una figura di pensiero, prima che di materia, che al passaggio si frappone ma può essere attraversata, sempre, in entrambi i sensi: e la chiama *bifrontalità*. Tanto tempo prima, in fondo, il mentore segreto Duchamp non aveva fatto nulla di diverso con la sua enigmatica porta sempre-aperta e sempre-chiusa – quella all'*11 rue Larrey*.

Di nuovo porte sono gli edifici più straordinari che Consagra riesce a realizzare a Gibellina. Tale è il *Meeting*, magnifico insieme curvilineo dalle facciate trasparenti, completato nel 1984 come centro d'incontro e stazione per le corriere. Ma tale è soprattutto quello che di Gibellina – *Grande Cretto* (1984–1989) di Alberto Burri a parte – è diventato il simbolo: la grande *Stella del Belice* d'acciaio, di ben 28 metri d'altezza, che dal 1982 nella Città Risorta accoglie chi arriva – e saluta chi ne parte. La *Stella* è insieme antica (il suo disegno è ispirato alle tradizionali luminarie di paese) e modernissima, è custode del passato e annuncio del futuro, è ovviamente celeste quanto terrena e inossidabile, è insieme stella del mattino e della sera. *Piano sospeso* di una modernità per definizione incompiuta, oggetto del desiderio costitutivamente irraggiungibile, la Stella è quella cosa che, per guardarla, dobbiamo alzare la testa. E sollevare lo sguardo.

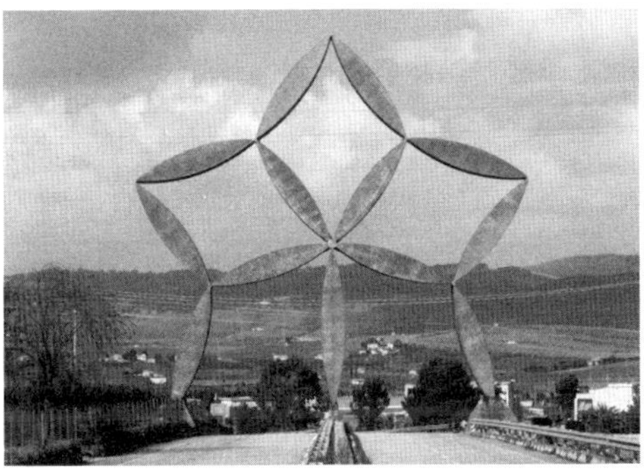

Stella, Gibellina, 1981

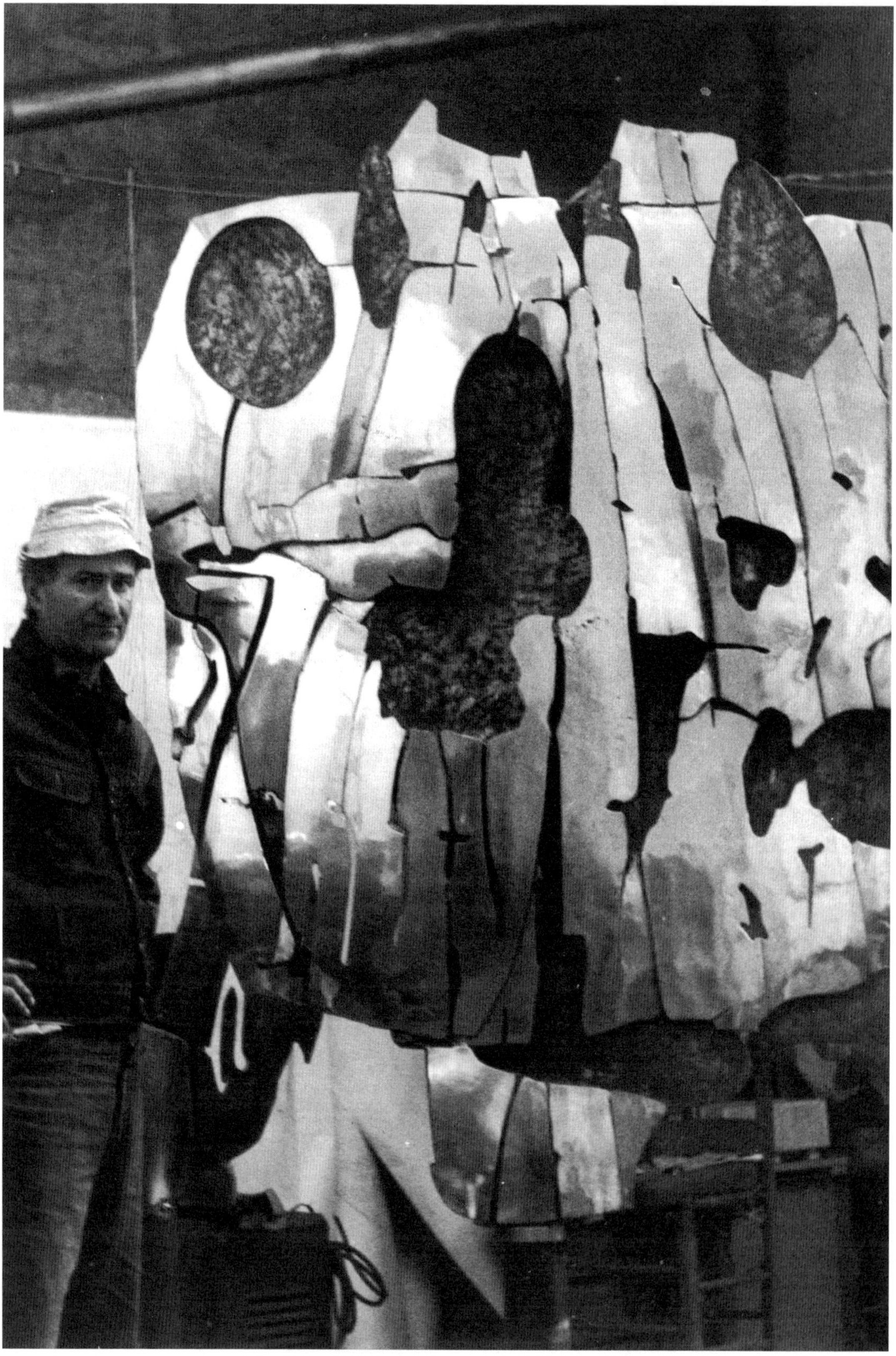

Consagra nello studio di via Cassia, Roma, 1964 / Consagra in the studio in via Cassia, Rome, 1964

Tough Conversations, Discordances, Suspended Planes Consagra Writing

Andrea Cortellessa

A curious title was given in 1989 by Vanni Scheiwiller to the collection of "almost all the theoretical and polemical writings of his friend the sculptor": *Consagra che scrive* [Consagra Writing].[1] On the cover, the author's name does not precede the title of the book, but is part of it. Rather than the title of a book, it sounds like that of a portrait. Or perhaps the caption of a photo: a snapshot of the author in the midst of his creative effort.

I do not know of any photographs of "Consagra writing". However, in their stead we have a couple of images that make up an eloquent chiasm. The first is by Ugo Mulas (perhaps the artist's closest accomplice),[2] one of the many documenting "the Carandente miracle", as Consagra calls it in his autobiography *Vita mia*[3]—namely the great event *Sculture nella città* [Sculptures in the City] organized by Giovanni Carandente in Spoleto in the summer of 1962. A series of truly *miraculous* photos by Mulas show us what, seen from the desert of today, looks like another planet: sculptures populate the city; children, people, *citizens* walk among them naturally—they *inhabit* them. But the most extraordinary photo is the one in which the artist can be seen hoisted to the top of a wooden staircase in the Officine Italsider in Savona, working on one of the five elements of his *Racconto del demonio* [Tale of the Devil], which would be exhibited in Spoleto shortly after. With his face uncovered (unlike other images in the series, in which he protects himself with a welder's mask), diademed in sparks, we see Consagra narrowing his eyes while, wielding a blowtorch burner with his bare hands, he etches the metal plate hanging from a winch in front of him. At his feet, an assistant observes him with a nervous smile, whether admiring or worried is hard to say. His manner is epic, not unlike Lenin haranguing the people. To my knowl-

1 The publisher's note continues on the book jacket of Pietro Consagra, *Consagra che scrive: Scritti teorici e polemici 1947–1989* (Milan: All'Insegna del Pesce d'Oro, 1989): "excluding the small volume *La Città Frontale* (Bari: De Donato, 1969) which will be reprinted along with other writings, as a pamphlet against architects." However, this collection announced by Scheiwiller was apparently never published. Part of the material can be read in the volume by Consagra, *Architetti mai più* (Milan: Prearo, 1993). Unless otherwise noted, original texts are rendered here in English by the translator.

2 P. Consagra, U. Mulas, *Fotografare l'arte*, preface by U. Eco (Milan: Fabbri, 1973).

3 "In 1962 everything was happy in the life of art. [...] The Carandente miracle could happen because it had aroused the interest of citizens, industrialists and artists alike," P. Consagra, *Vita mia* [1980] (Milan, Skira: 2017), 110.

edge, this photo is one of the most beautiful portraits of an artist at work. The second image is at the polar opposite. Whereas Consagra's picture at Italsider is a battle photo, taken *on the front line of art*, this other picture is an everyday, home picture, apparently an image of *peace* (appearances can be deceiving, as we know). It portrays a young woman dressed in a simple style, in a sweater, slippers, and adolescent socks, sitting on the edge of a chair like a diligent schoolgirl. With her head reclined on the table, engrossed in the task, she writes in a notebook while listening to the bulky reel-to-reel tape recorder placed in front of her. The woman is Carla Lonzi, and the person photographing her is probably Consagra himself, who was her partner at the time (in the background we can see two *Ferri trasparenti*, or transparent irons, and other small sculptures of his).

The image is reproduced in the book that made Lonzi famous, a seminal text for Italian criticism in the second half of the twentieth century, *Autoritratto* [Self-portrait], where it is captioned "Carla Lonzi col registratore a Minneapolis" [Carla Lonzi with the tape recorder in Minneapolis].[4] While the title of the book alludes to the Lonzi's desire to let artists speak, and have them introduce their own work and personality (thus eschewing the fetish of *interpretation*, against which Susan Sontag had launched her "manifesto," *Against Interpretation*, later revisited by Germano Celant in his *Critica acritica*),[5] at least this image allows us to *interpret Autoritratto* as the author taking charge, in the first person, of the discourse that is developed there.

Lonzi writing, in short. As Laura Iamurri has reconstructed, the photograph was taken during the months of pilgrimage she spent in the United States, in the fall of 1967, following her partner Consagra. In the US he had most of his connections in the art market, but also four children he had from his previous relationship with an American, Sofia, whom he had married in Rome in 1953. He also held a teaching position at the School of Arts of Minneapolis. In those months, Consagra had a solo show at the Marlborough-Gerson Gallery in New York and participated in a prestigious collective exhibition, *Guggenheim International Exhibition 1967: Sculpture from Twenty Nations*, at the Solomon R. Guggenheim Museum.

"Uprooted and nomadic," "isolated in a cold American city of the Mid-West," she soon fell ill and had to be hospitalized in Boston. In the meantime, though, "by bringing the recorded reels with her, Lonzi made sure she had a resonating presence, so to speak, a collection of friendly voices with which to continue and develop, in an estranged and alienating context, a dialogue that had started in other circumstances."[6]

Lonzi's *loneliness*, as real as it was symbolic, was at least a noisy loneliness, thanks to the voices of artists she had recorded in previous years, which she was busily converting into writing in those months. Today it seems obvious to us that *critica acritica*, or uncritical criticism, should be primarily dependent on a dialogue with artists, but this was not true of the mid-Sixties,

4 C. Lonzi, *Autoritratto: Accardi, Alviani, Castellani, Consagra, Fabro, Fontana, Kounellis, Nigro, Paolini, Pascali, Rotella, Scarpitta, Turcato, Twombly* [1969] (Milan: et al., 2010), 29, 307.

5 S. Sontag, "Against Interpretation" [1966], in *Against Interpretation and Other Essays*, (New York: Picador, 2001), 3–14; G. Celant, "Per una critica acritica," *NAC Notiziario Arte Contemporanea*, October 1, 1970, 29–30 (https://www.quodlibet.it/letture/germano-celant-per-una-critica-acritica). Celant's reference to Sontag is on p. XIII of his "Introduzione critico-storica" to the new edition of *Precronistoria 1966–1969* [1976] (Macerata: Quodlibet, 2017).

6 L. Iamurri, *Un margine che sfugge: Carla Lonzi e l'arte in Italia 1955–1970* (Macerata: Quodlibet, 2016), 175.

when Lonzi began to record her conversations. On the contrary, the use of the tape recorder was a novelty: it had "entered literature" as late as 1958, with Samuel Beckett's *Krapp's Last Tape*.

In light of this, the fact that the union between art and criticism, which *Autoritratto* had celebrated in images and writing, saw a polemical, emblematic break-up in a second conversation-book, evokes a sense of nemesis. At the end of 1980 Lonzi actually published *Vai pure* [You Can Go] for the Rivolta Femminile [Female Revolt] group, which she had founded ten years earlier along with Carla Accardi and Elvira Banotti: introducing the audio recordings of four days of bitter discussion, the text mercilessly stages the end of a relationship that had begun in 1963. The brilliant title mirrors the last sentence—the woman reiterates that their union has no future, and says to the despondent man, "I do not know what to do differently. Do you understand?" He replies, "Of course." Then she concludes, "Well, you can go now."[7]

This is a demonstration of two exemplary trajectories: back then, the couple had been exemplarily joined and, finally, exemplarily separated. The point of convergence between them lays precisely in the ideology, as well as the praxis, of *conversation*, which they had long placed at the center of their respective open projects. And the fact that it was mainly Lonzi who intellectually influenced Consagra is shown by the dedication "to Carla Lonzi" that, nine years after the *discidium*, the artist added to *Consagra scrive*, the book that contains the most extensive description of his thought.

From 1966, in the magazine *Marcatré*, Lonzi began to publish the recordings of her *Discorsi* [Talks] with artists, as she called them, which she would later remix in her *Autoritratto*. In the introduction to the book, she declares that she had taken to considering the work of art "as a possibility of encounter, as an invitation to participate addressed by the artists directly to each of us."[8] It is precisely the figures of the "encounter" and of the "relationship" that unite her "two lives": that of a writer determined to reject the judgmental attitude typical of traditional criticism, but who ended up recognizing art, in and of itself, as an "expression of power";[9] and that of a feminist militant who chose to radically distance herself from the art world—and hence from the man who had been the epitome of it.

Already at the end of 1963, Roberto Longhi's most promising student had narrowed the focus of her reflection on *the loneliness of the critic*, exposing the regression of criticism to a "purely formal role of supervision", which involved "denying [...] the absolute lack of hierarchy and managing roles that constitutes the liberating outcome of an artist's research." On the contrary, criticism should become "a life experience somehow parallel to the act of reclaiming freedom, which defines our contemporary artworks." Lonzi pointed to Giulio Carlo Argan as the embodiment of the "truly anachronistic, idealistic absoluteness" of "officially" established criticism. The "eminent art historian", as Lonzi described him, had already been the target of protest at

7 C. Lonzi, *Vai pure: Dialogo con Pietro Consagra* [1980] (Milan: et al., 2011), 133. In the cover of this edition is one last photo, by Jacqueline Vodoz, portraying Consagra and Lonzi together: the two are sitting on opposite sides of a table, the artist is reading aloud from some papers he is holding in his hand, his partner is listening to him with a serious and not too promising look. Consagra's sculptures are looming in the background, as usual.

8 C. Lonzi, *Autoritratto*, 3.

9 "It seems to me that dialogue is the typical case of power of expression, while art is the typical case of the expression of power," we read in a short unpublished text dated May 24, 1980 (the day after the recordings reported in *Vai pure*) and kept in Milan at Fondo Rivolta Femminile, in G. Zapperi, *Carla Lonzi: Un'arte della vita* (Rome: DeriveApprodi, 2017), 250.

the Verucchio conference, by a group of artists, among whom Consagra figured prominently, in spite of his gratitude for someone who had always supported him until then.[10] On the other hand, Lonzi mentions only one example of "operation truth" in art, namely Marcel Duchamp.[11] This *behavior* model can also appear obvious today, but this was not the case in Italy in 1963. In May of that crucial year, in Rome at Plinio De Martiis' La Tartaruga, there was a personal exhibition of Gianfranco Baruchello at which Duchamp was photographed in the company, among others, of the couple Argan-Bucarelli but also of Consagra.[12] Therefore, it is not so far-fetched to imagine that the *meeting* and the first *conversation* between Lonzi and the artist she would share her life with in the following years took place in the name of Duchamp.

Colloqui [Conversations] was in fact Consagra's title for his sculptures with two or three elements, which at the end of the 1950s had earned him the most prestigious and promising consensus: "being in touch with reality", Argan wrote in 1958, "for Consagra, means neither subordination nor possession. It means dialogue and, not infrequently, dispute." The following year Lionello Venturi explained, "he juxtaposes two masses of metal or iron, so that they make love, or fight. Whether it is one or the other, it is always a drama."[13] A year later, at the 1960 Biennale, the artist was awarded the Prize for Sculpture, the highest point of his critical acclaim. One of these works bears a title, *Colloquio duro* [Tough Conversation], which in retrospect foreshadows the ordeal of *Vai pure* with bitter irony.

Apart from their title, those theatralized by Consagra among his much-loved "frontal" metal plates are always *tough conversations*, embodying what is more than an aesthetic choice, but a true mindset. This is how he captures the sense of his different seasons: "I wanted to transfer on matter the relationship I had with society, a political resentment for how things were going."[14] For Consagra the artist, the embodiment of *frontality* entailed first and foremost being personally accountable and, for the man, taking a side (especially in a political sense). But the theater of the *conversation* also stages, over and over again, the "polemical" archetype of love poetry in Italian, a Sicilian archetype: the thirteenth century *Contrasto* by Cielo d'Alcamo.

Tough conversations are also the writings of *Consagra che scrive*. The name of the series "Dissensi" by the Bari publisher De Donato is emblematic. In the same year, 1969, two books that were both "twins" and "different" came out: Lonzi's *Autoritratto* [Self-portrait] and Consagra's *La Città Frontale* [The Frontal City]. "The Frontal City, like a sculpture, like a work of art, is a form of opinion about the world."[15]

10 F. Boragina, "Il convegno di Verucchio del 1963 e il dibattito critico nel mondo dell'arte contemporanea," in *Arte italiana 1960–1964: Identità culturale, confronti internazionali, modelli americani*, proceedings of the study day held in Milan October 25, 2013, edited by F. Fergonzi, F. Tedeschi (Milan: Scalpendi, 2017), 151–164.

11 C. Lonzi, "La solitudine del critico" [1963], in *Scritti sull'arte*, edited by L. Conte, L. Iamurri, V. Martini (Milan: et al., 2012), 355–356; M. Dantini, "Una polemica situata e da situare. Dicembre 1963: Lonzi vs Argan," in *Arte italiana 1960–1964*, 105–120.

12 The page showing photos from the first issue of De Martiis' magazine *Catalogo*, published the following year, is reproduced on page 105 of L. Iamurri's book.

13 G. C. Argan, *Consagra Sculptures*, exhibition catalogue (Brussels: Palais des Beaux-Arts, 1958) (Brussels: Editions de la Connaissance S. A., 1958); L. Venturi, "Sculptures frontales de Consagra," *XXe siècle*, 13 dicembre 1959; both in F. Pola, "Frontal Sculpture: Pietro Consagra's Civil Alternative," in *Pietro Consagra: Frontal Sculpture*, exhibition catalogue (London: Robilant+Voena, 2018), edited by F. Pola (Venice: Marsilio, 2018), 53.

14 P. Consagra, "Il percorso della mia scultura," in *Vita mia*, 159.

15 P. Consagra, "L'oggetto tridimensionale non è il nostro oggetto" [1969], in *Consagra che scrive*, 59.

But for Consagra, writing, too, was a way to reaffirm his stance openly and *frontally*. From his early interventions at the time of Forma 1, in which he took issue with the "Realism" officially dictated by the Party, to his late revenge against their standard bearer—Renato Guttuso, who, upon his arrival in Rome, had welcomed him and put him up in his studio for a long time—, Consagra never gave up his bold, combative, and polemical *habitus*: the result, one would say, of temperament rather than ideological choice. The asseverative, axiomatic, and didactic approach of several of his theoretical writings is peculiar to him (in particular his aptly titled 1970 book *Una lezione di scultura* [A Sculpture Lesson]). Consagra expresses his delight about this in a witty autobiographical fragment (only partially recast in *Vita mia*): "I kept my studio as cluttered as possible with really dangerous sculptures like my iron ones, which are scary just to look at, let alone sleep near."[16]

In this respect, his few but significant verse compositions are also *frontal*. Consagra actually conceived them as a form of percussive accompaniment, in Brechtian style, to his own catalogues or artist's books (such as *Euforia*, published in 1973, or *Omaggio a Serpotta*, edited by Giuseppe Appella and published in 1981), or as texts to be set to "frontal music" (such as the performance *Approssimativamente* [Approximately] at the Venice Biennale in 1977). In 1985, his accomplice Scheiwiller collected them in one of his polished little All'Insegna del Pesce d'Oro volumes, with their title "visually" broken down as follows, both on the cover and on the title page:

ci

pensi
amo

This breakdown allows for a double reading: in the first person plural "ci pensiamo" ("we think of it," and these lines too are, most of the times, aesthetic reasonings), or as a "dialogue:" "ci pensi, amo" ("can you think of it, I love," and this would read as an allusive answer to the title—also "dialogical," but less affectionate—of Lonzi's work from five years earlier, *Vai pure* [You Can Go]). In both readings, however, the traditional lyrical subject is transcended into a plurality: social and political in the first reading, relational and dual in the second. In fact, in these texts the "I" is accurately cut off (apart from its grammatical function) following an "avant-garde" trend of the time. While it does not necessarily look for a "reduction of I" as practiced by Alfredo Giuliani in his introduction to the famous anthology *Novissimi*[17] (despite strong resonance with certain "objectual" lists of the more polemical part of Neoavanguardia, such as Nanni Balestrini in *Ma noi facciamone un'altra*, 1968, or Antonio Porta in *Cara*, 1969), this sensibility seems to be mindful of the more "concrete" side of Futurism, which Consagra effec-

16 P. Consagra, "Via Margutta 48" [1954], in *Consagra che scrive*, 30.
17 A. Giuliani, "Introduzione," in *I Novissimi: Poesie per gli anni '60* [1961] (Turin: Einaudi, 2003), 21.

tively looked to very early on as an artist[18] (in his early texts the filiation of many of his ideas from Aldo Palazzeschi, in particular, was almost overtly stated)[19]: a drying up of feeling that, just like in Futurism—as Gian Pietro Lucini had in time explained—was dominated by "fear of pain."[20] And indeed, without being aware of this *pointe*, this is how Consagra motivated his own refusal of any "lyrical" hypothesis in figuration:[21] "I was repulsed by using my own and other people's pain as the language of life and as a bargaining chip. [...] Suffering terrifies me."[22]

Inside the booklet, too, the layout is peculiar, with the texts composed in different colors, line by line, generally shifting from lower to higher chromatic saturation, or from lighter to darker—as if to mimic a progressive clarification of the thought expressed. A highly representative poem is "razionalizzare l'irrazionale" [Rationalising the Irrational],[23] explicitly dealing with Consagra's will to "organize dreams" up to a level of absolute lucidity, equivalent to that of "God/with a compass." The bulk of this slim corpus of poems is anticipated, again by Scheiwiller, in a *plaquette* published in 1973 under the—by now predictable—title *Poema frontale* [Frontal Poem], whose episodes were reproduced on several occasions (for instance in 1976 in another *plaquette* entitled *La ruota quadrata* [The Square Wheel]). In this case "frontality" lies in a percussive listing of individual words, devoid of any semantic connector: "grab/tear/twist/cross/crush/tighten/let loose/pull."[24] Or in their even more hammering, obsessive repetition, as in this eloquent case (where it should be noted that the color of the print—magenta—remains unchanged from the first "line" to the last):

Carla Carla
Carla Carla
Carla Carla
Carla Carla

Carla Carla
Carla Carla

18 Especially at the beginning of his artistic journey, Consagra made frequent references to Umberto Boccioni (for instance in his first "manifesto," *Necessità della scultura* [Necessity of Sculpture, 1952], in *Consagra che scrive*, 17–23). Also significant are the warm words of encouragement Consagra received from Lucio Fontana, in his letter of July 4, 1948, published in *Pietro Consagra: Necessità del colore. Sculture e dipinti 1964–2000*, exhibition catalogue (Verona: Galleria dello Scudo; Museo di Castelvecchio, 2008), edited by L. M. Barbero, G. Di Milia (Milan: Skira, 2007), 312, and reproduced in *Pietro Consagra: Frontal sculpture*, 19.

19 The first composition included in *ci pensi amo* (Milan: All'Insegna del Pesce d'Oro, 1985), 11–12, originally published in the plaquette *L'agguato c'è* (Rome: Edizioni della Tartaruga, 1960), is entitled "Mi voglio divertire (dritto e rovescio)" [I want to have fun (right and back side)]; see A. Palazzeschi, "E lasciatemi divertire! (canzonetta)" [Just let me have fun! (tune)], in *L'Incendiario* [1910], now in *Tutte le poesie*, edited by A. Dei (Milan: Mondadori, 2002), 236–238.

20 This is the end of a long letter written by Gian Pietro Lucini to Filippo Marinetti on February 14, 1909, after reading the *Manifesto di fondazione del futurismo* which would be published six days later by the Parisian daily newspaper *Le Figaro*. Lucini points out a number of contradictions that were destined to fuel endless debate in the future. The letter can be read in G. P. Lucini, *Prose e canzoni amare*, edited by I. Gherarducci Ghidetti (Florence: Vallecchi, 1971), 450–458. Readers can refer to my "Erostrato e i grandi Morti. Lucini, i futuristi e la tradizione," in *Il Futurismo nelle avanguardie*, proceedings of the conference held in Milan, February 4–6, 2010, edited by W. Pedullà (Rome: Ponte Sisto, 2010), 273–287. At that point in time, Lucini could not be aware of Palazzeschi's "Futurist manifesto," *Il controdolore*, dating to 1914, in A. Palazzeschi, *Tutti i romanzi*, edited by G. Tellini (Milan: Mondadori, 2004), vol. I, 1221–1232.

21 A harsh and unambiguous refusal, announced from the beginning of his journey: P. Consagra, "It is negligible to express oneself" [1949], in *Consagra che scrive*, 12–13.

22 P. Consagra, *Vita mia*, 134.

23 P. Consagra., "razionalizzare l'irrazionale" [1977], in *ci pensi amo*, 67.

24 P. Consagra, "Euforia" [1973], in *ci pensi amo*, 35.

Carla
Carla Carla
Carla
Carla
Carla Carla
Carla Carla
Carla Carla
Carla Carla
Carla
Carla
Carla
Carla Carla
Carla Carla
Carla
Carla[25]

This is where it becomes evident how Consagra's intentional *frontality*, his "strong," even macho attitude, is a reaction to a part of his temperament that is complementary and almost opposite: an emotional fragility that he always kept at bay,[26] but that led him to look for new reference points to hold on to, solid and unshakable (first the Party, then Carla),[27] and the sudden loss of which caused a deep crisis.[28] He confesses this in an illuminating aside to *Vita mia*: "I support the need for art because I am afraid."[29]

This *fear* had its roots in an *inferiority complex* associated with Consagra's provincial, socially humble origins in Mazara del Vallo ("I made my sculpture abstract to be able to live as a hawk, perched on the peaks of a poor man's pride,")[30] which he describes with exemplary dryness in the first part of *Vita mia*, without concealing the wounds that those initial conditions had left in his adult, "successful" self: "I was so thin, so ragged, such a bundle of nerves that I reacted to everything without measure.")[31]

In particular, Consagra's *polemical* temperament can be traced back to the trauma of WWII, which hit Sicily when he was already over twenty, but nonetheless left him with an evident conditioning. In an article published under a pseudonym, he speaks of himself as follows: "this is what Consagra's sculpture suggests to me: the agitation of matter tormented by man in the war". In *Vita mia* we read an eloquent episode (it was the summer of 1943 and the artist, in poor health, had just moved to Palermo):

> We boarders would stand on the terrace at night and watch the intertwining of colorful anti-aircraft tracer

25 P. Consagra, "III Poema frontale" [1973], in *ci pensi amo*, 48–49.

26 Another symptom of this is perhaps stuttering. Consagra mentions it in his interview with Umberto Allemandi, "Non deve dirmelo Togliatti come fare le sculture" [1973], in *Pietro Consagra: Necessità del colore*, 387: "I stutter, and this means that something is not right: it probably means that my intelligence is beyond my ability to say, that is, that my brain runs faster."

27 "I had fallen in love with Carla, I had clung to Carla. [...] I desired her not only for her personal charm, but for my salvation. I needed to feel that there was a continuation, I wanted to understand where I had stopped," in P. Consagra, *Vita mia*, 121.

28 "Carla's absence from my shows had a part in my confusion. I felt like a thief stealing from his own pocket, a jailer imprisoning himself. Her diary is about to be published: nine years of life lived in her feminist group. Nine poignant years of life threaded through mine. I can't talk about it." Ibid., 152.

29 Ibid., 149.

30 Ibid., 134.

31 Ibid., 21.

> bullets and headlights aimed at spotting the attackers. Everything was happening on the harbor. It was very exciting. We hoped that no aircraft would be hit because there would be a chance that they would fall on us maybe with bombs. The hope was that any attack would result in spectacle. [...][32]

The idea of looking at the sky for traces of the raiders and anti-aircraft as a perfectly "abstract spectacle" is a typical feature of war memoirs (just remember the incredible pages of Elias Canetti, who fled to England during the Luftwaffe *blitz*).[33] But it is only an exorcism of the ongoing tragedy. And indeed, the music soon changed:

> Then the war took a tragic turn for Palermo. It seemed like a city of nobodies tormented by all, a city of the poor crumbled by the gods of viciousness. From the heights of Conca d'Oro, from the sanatorium, we sick people on the terraces could see, during the day, the shining, terrifying mass of the flying fortresses that carpet-bombed the city. [...] In the city I saw only one dead man, a German soldier, young and blond, with open blue eyes and a pierced skull. He was lying on the ground behind the newspaper kiosk on the corner of Via Ruggero Settimo. He had been hiding and had thrown a hand grenade at an advancing American motorcycle, but the weapon had not exploded and so they machine-gunned him.[34]

There is plenty to diagnose Consagra with a "wartime neurosis in peacetime,"[35] something he has in common with other artists and writers of his generation, and the one immediately following, who saw their youth or childhood crossed by the thin red line of war. Looking back, however, at the very beginning of his autobiography Consagra alludes to a traumatic event that took place even earlier, and exerted a deep fascination on him: "my grandfather always read the only book he had: *The Paladins of France*. [...] He took me to the puppet theater, the Opera dei Pupi, for the first time, and I was very young, but I have never lost that vision of the glittering weapons."[36]

Be that as it may, given these premises it is not surprising that later on Consagra unreservedly embraced the utopia of Ludovico Corrao. After the earthquake of Belice, in January 1968, Corrao conceived a reconstruction *in*

32 "Noi pensionanti stavamo sul terrazzo la notte a vederci l'intreccio dei colorati proiettili traccianti della contraerea e dei fari tesi a individuare gli attaccanti. Tutto avveniva sul porto. Era molto eccitante. Speravamo che nessun aereo venisse colpito perché ci sarebbe stato il caso che ci cascasse addosso magari con le bombe. Si sperava che ogni attacco si risolvesse in spettacolo," in P. Consagra, *Vita mia.*

33 E. Canetti, *Party in the Blitz: The English Years*, trans. M. Hofman (New York: New Directions Publishing, 2010).

34 P. Consagra, *Vita mia*, 29–31.

35 See S. Finzi, *Nevrosi di guerra in tempo di pace* (Bari: Dedalo, 1989). For this paradigm readers can refer to "Sugli Schermi: Burri Ballard Cronenberg," in *Ipso Facto*, I, 2 (September–December 1998), 97–110; I, 3 (January–April 1999), 107–29; II, 3 (May–August 1999), 115–134; and to "Solo la terra oscura (on Claudio Parmiggiani)," in *Senzamargine*, catalogue of the exhibition (Rome: MAXXI – Museo Nazionale delle Arti del XXI secolo, October 2, 2020–October 10, 2021), edited by B. Pietromarchi (Macerata: Quodlibet, 2021).

36 P. Consagra, *Vita mia*, 9–10.

art, and *with art*, of the city of Gibellina, which had been razed to the ground. For Consagra, this was simply an allegory of his life: the returning figure of the *fall*, to which he had to respond, each time, with a *rebirth*. And indeed, everything is extraordinarily allusive in the many works he conceived for Gibellina from 1972 onwards. So is *Teatro Frontale* [Frontal Theatre] designed for the Orestiadi (a theater festival founded in 1981 which, over the years, became a venue of international appeal), begun in 1991 but never completed, although in 2018 it hosted a public ceremony.

Corrao's project went through a crisis when the credit lines that until then seemed to make the Gibellina utopia possible were cut off. Thus it sounds all the more ironic that, even before this, Consagra should publish what is perhaps his most peculiar book, entitled *L'Italia non finita* [Unfinished Italy]. The images he collected here do not capture the many civil works that, especially in the South of Italy, speak to us today of the decades-long neglect of public administrators and contractors. Consagra's interest focused instead on a series of architectural masterpieces of the past (from the Temple of Segesta to the Porta Maggiore in Rome, from the church of San Petronio in Bologna to that of San Lorenzo in Florence) in whose more or less evident elements of incompleteness he sees something *positive*: "the grandeur of the image of a building goes beyond the visible, in the spaces it covers and hides, in its secret structures and in the evidence of its expired time."[37]

Even the many works he conceived for Gibellina speak to us today of an *expired time*, of a tension—ethical, social, political—that despite this, or perhaps because of this, *goes beyond the visible*. Consagra does not hide the problematic aspects of Corrao's adventure, but remains convinced that "Gibellina has succeeded where no other city has been able to aim", for its intrinsic connection with the "continuous creativity of art that expresses trust," for its ability to "experience the spiritual sensation that comes from ornamentation as an aid to being in the world."[38] An eloquent example are the two gates he made in 1977 for the city's cemetery, *Riferimento all'irripetibile* and *Riferimento all'unicità* (Reference to the Unrepeatable, Reference to Uniqueness), whose wings are made with different shapes and materials, so that their doors cannot match ("this is to point, just at the entrance among the dead, to the wonderful meaning of being unique and unrepeatable in all the immensity of individuals of past and future existence").[39] Which has as a consequence that these doors are never really closed. When Consagra died in 2005, it was here that he wanted to be buried:

> It is significant that Consagra's entire artistic and human journey was somehow underpinned by the symbolic figure of the door, which—as Georg Simmel explained in his classical pages—reveals how "separation and conjunction are nothing but the two sides of the same action": "the mobility of the door illustrates" the "possibility at any trice of stepping out of

37 P. Consagra, *L'Italia non finita* (Milan: Scheiwiller, 1987). The introductory text is included in *Consagra che scrive*, 171–172.

38 P. Consagra, *Gibellina Gibellina* [1988], in *Architetti mai più*, 25.

39 P. Consagra, *Terremoto e oggetto*, in *Gibellina, ideologia e utopia*, edited by G. La Monica (Palermo: La Palma, 1981), in F. Pola, *"Vorrei rivivere la vita a volontà:" Il percorso multifrontale di Pietro Consagra*, in *Pietro Consagra: Necessità del colore*, 263.

this limitation into freedom."[40] In *Vita mia* we learn that the first great public work that Consagra wanted to participate in was the frieze on the façade of the new Termini Station in Rome, which was inaugurated in 1950 with Imre Toth's decoration:[41] a transcendental door which, a short time before, had welcomed him as a young artist at the beginning of his adventure. And one of his last great projects, also unfinished, is the *Dodici porte del Cremlino* [Twelve Doors of the Kremlin].[42] This is what Consagra has to say about it:

Of all the places of tension, the most vulnerable, the most protective among the weakest, the most prepared to mistrust others, is the door.

The Romans knew something about the doors of others, having breached so many, and the thought of their own doors was a nagging thought.

The pride of having so much history on their shoulders was also fed by the fear of a future that they worked out on their own, autonomously and in the dark. Therefore, the Romans were driven at the same time by mistrust of continuity and the will to govern it: they had to attempt the impossible. They looked for support, and invented it.

A god, Janus, with two opposing faces who, besides guarding their doors and observing who was coming and going, could simultaneously look at the past and a the future.[43]

The archetypal figure of Janus is in fact reminiscent of the linguistic discovery that Consagra introduced with his *Piani sospesi* [Suspended Planes] in 1964–1966: without giving up the parti pris of *frontality*, the thin surfaces are cut on both sides, and perforated in such a way as to allow light and air to filter through. Consagra invented a figure of thought, more than matter, which stands in our way but can always be crossed in both directions: he calls it *bi-frontality*. After all, a long time before, his secret mentor Duchamp had done something quite similar with his enigmatic always-open and always-closed door—the one at *11 rue Larrey*.

And doors are, again, the most extraordinary buildings that Consagra managed to create in Gibellina. Such is his *Meeting*, a magnificent curvilinear ensemble with transparent facades, completed in 1984 as a meeting center and bus station. But such is, above all, what has become the symbol of Gibellina—apart from Alberto Burri's *Grande Cretto* (1984–1989): the great 28-metre-high steel *Stella del Belice* [Star of Belice] which, since 1982, has been welcoming those who arrive in the Città Risorta [Risen City], and greeting those who leave. The *Star* is both ancient (its design is inspired by the traditional village illuminations) and very modern, it is the guardian of the past and the herald of the future, it is obviously heavenly as well as earthly and stainless, it is at the same time morning and evening star. The *Suspended plane* of a modernity that is by definition unfinished, an intrinsically unreachable object of desire, the *Star* is that thing that, to look at it, we must raise our heads. And lift our gaze.

40 G. Simmel, "Bridge and Door" [1909], in *Rethinking Architecture*, edited by N. Leach (London: Routledge, 1997), 67.
41 P. Consagra, *Vita mia*, 53–54.
42 The twelve sketches in painted wood, designed in 1990 to be transposed into marble, were displayed at the Hermitage in St. Petersburg, in an exhibition curated by G. Di Milia, at the end of 1991.
43 P. Consagra, "Giano alle porte del Cremlino" [1991], in *Architetti mai più*, 86.

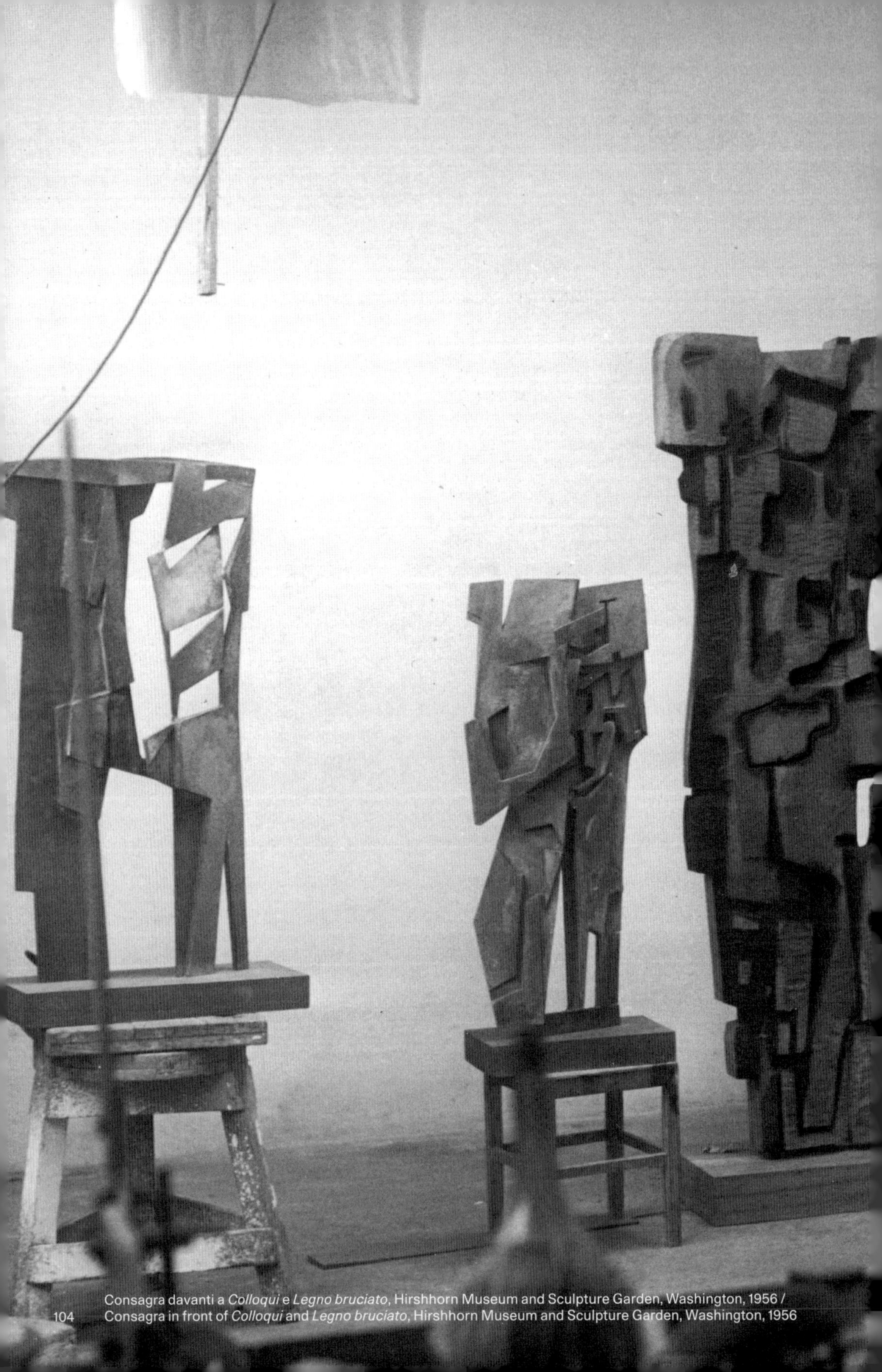

Consagra davanti a *Colloqui* e *Legno bruciato*, Hirshhorn Museum and Sculpture Garden, Washington, 1956 /
Consagra in front of *Colloqui* and *Legno bruciato*, Hirshhorn Museum and Sculpture Garden, Washington, 1956

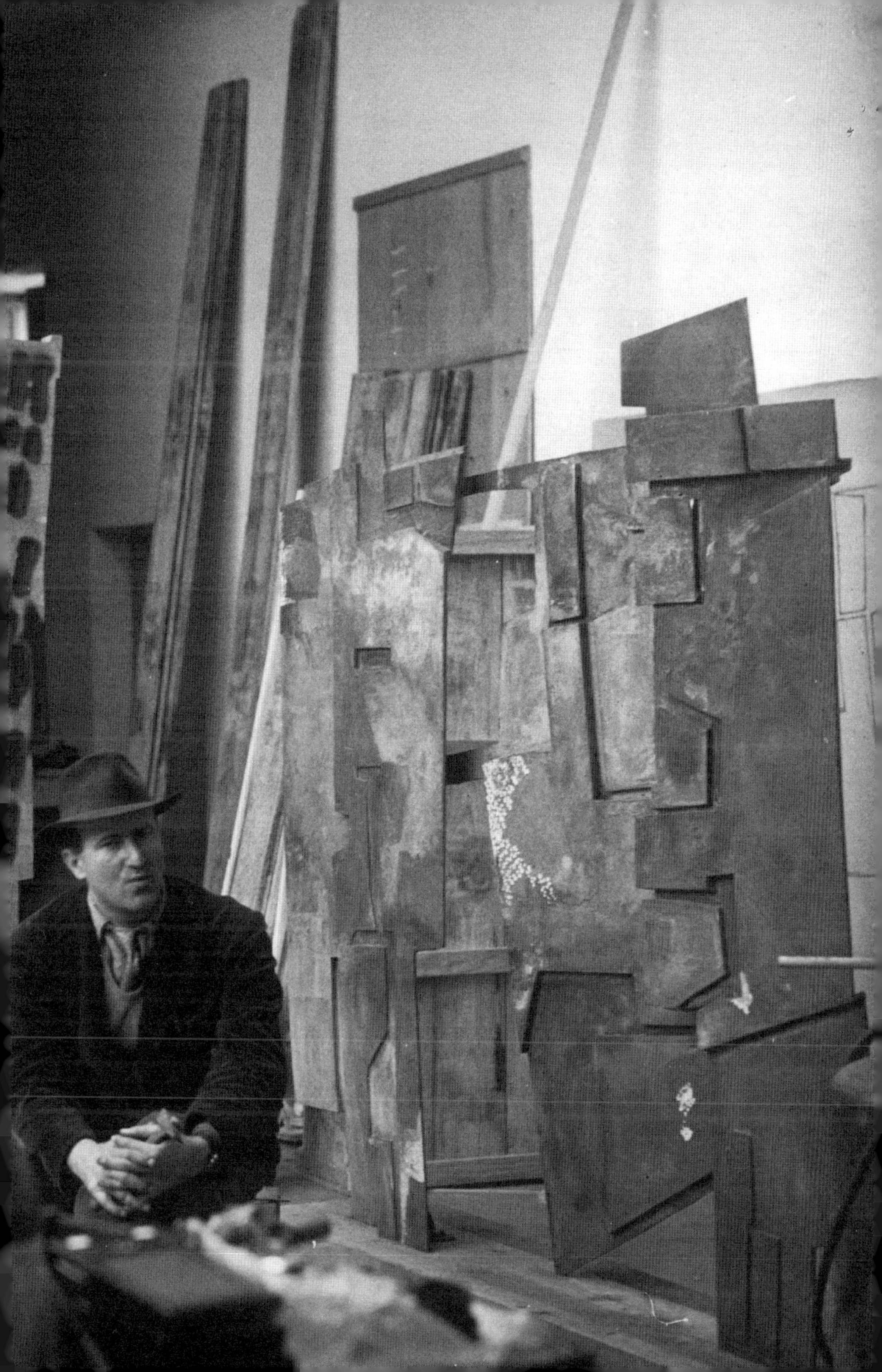

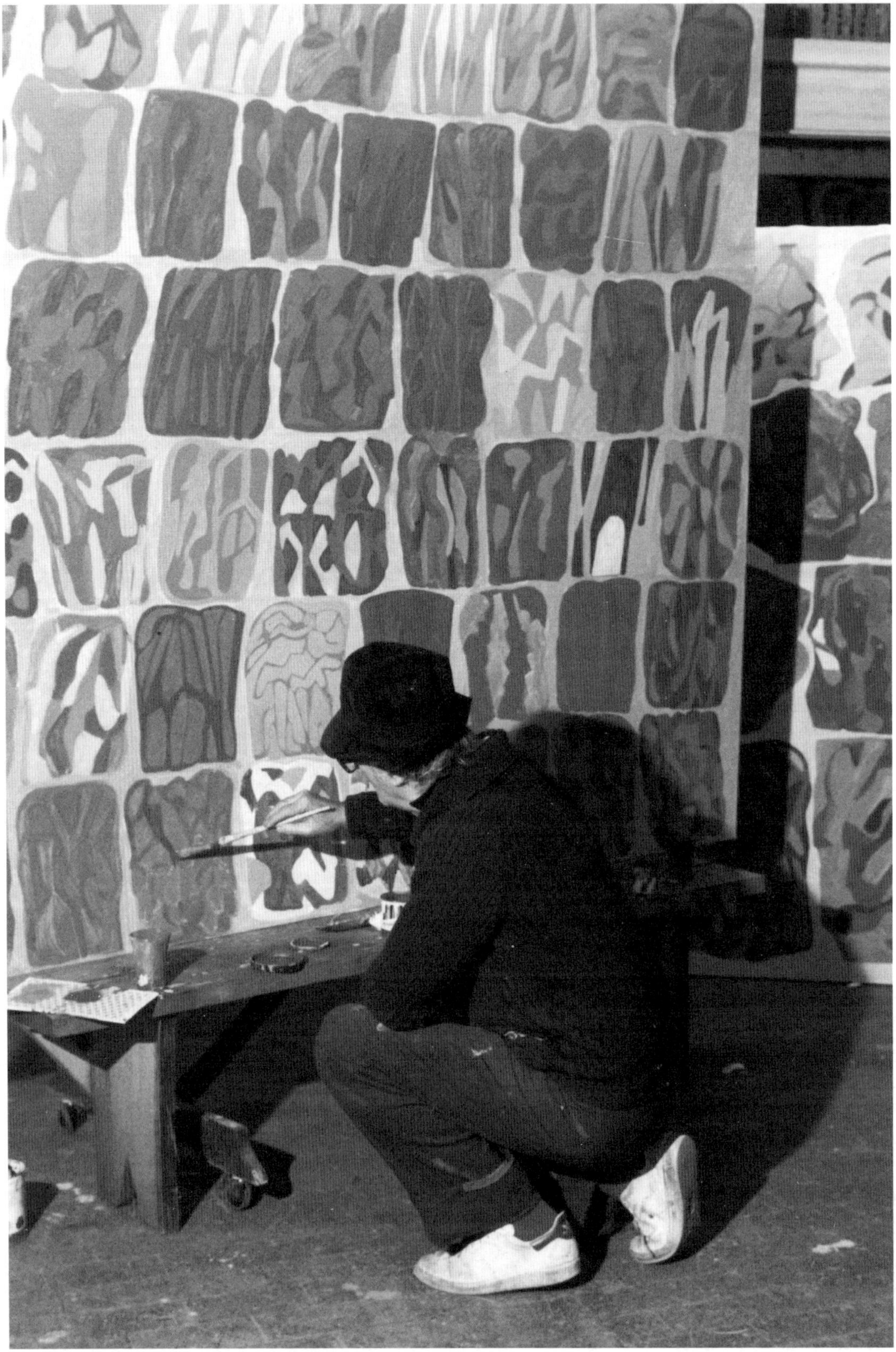

Consagra nello studio di via Cassia, Roma, 1984 / Consagra at the studio in via Cassia, Rome, 1984

"Una mostra delicata come un velo" Per una genesi dei *Lenzuoli* di Pietro Consagra

Paola Nicolin

"Per stare più vicino a loro un lungo periodo, nel '67 accettai l'invito a insegnare a Minneapolis e anche perché ero agli estremi di una depressione psichica ed economica. Quell'anno mentre ero in USA la Galleria Marlbourough di New York organizzò una mia mostra personale. Esponevo i ferri colorati di Roma, i piani appesi e i piani sospesi colorati. Una mostra delicata come un velo [...]".[1]

All'interno di quell'autobiografia ampia e accorata che Pietro Consagra intitola *Vita mia* – e che tuttavia varca i confini del diario biografico per disegnare un personale affresco di un'epoca storica – l'artista descrive in questi termini il clima culturale oltre che psicologico che lo vede protagonista la sera del 20 ottobre del 1967 di due esposizioni. Si tratta da un lato della sua mostra personale alla Marlborough-Gerson Gallery di New York, dove venivano presentati per la prima volta negli Stati Uniti i nuovi lavori colorati realizzati tra il 1964 e il 1966 – *Piani sospesi*, *Ferri trasparenti* e *Giardini*[2] –, dall'altro della sua partecipazione con l'opera *Ferro trasparente turchese I* (1966) alla collettiva sulla scultura contemporanea *Guggenheim International Exhibition 1967: Sculpture from Twenty Nations* al Solomon R. Guggenheim Museum di New York. In relazione alla fervida attività espositiva che vedeva Consagra protagonista di un decennio – gli anni Sessanta – ricco di trasformazioni e ripensamenti sulla natura dell'opera artistica, questo testo desidera tracciare delle prime possibili note sulla genesi di un corpo di lavori pittorici dell'artista, meglio noti come *Lenzuoli,* dipinti con colori lavabili e realizzati dall'artista a partire da quel medesimo 1967. L'intento, iscritto all'interno di un percorso tracciato dalla storia delle mostre dell'artista, è leggere le intuizioni, le temperature e i cambi di passo che, parallelamente alla messa a punto di un discorso teorico e pratico sul tema dello spessore nella scultura, hanno portato Consagra a trovare nella pittura dei *Lenzuoli* un campo di sperimentazione libero e liberatorio: quasi un flusso inconscio di immagini vaganti che facevano da contraltare alle istanze e ai manifesti sulla scelta radicale di una scul-

1 P. Consagra, *Vita mia*, Skira, Milano 2017, p. 124.
2 Per una puntuale ricostruzione della evoluzione del linguaggio della scultura in Consagra tra il 1962 e il 1966 si veda F. Pola, "Colore e bifrontalità: Scultura e città come argomento delle emozioni umane", in *Pietro Consagra: Frontal Sculpture*, catalogo della mostra (Londra: Robilant+Voena), Marsilio, Venezia 2018, p. 244–247.

tura frontale, non autoritaria in quanto priva di un centro e che lo aveva visto distinguersi con la serie dei *Colloqui*, lavori scultorei che prendono forma dal 1952 – anno di pubblicazione del pamphlet *Necessità della scultura* – e così nominati sia per "il rapporto diretto e frontale con l'osservatore sia perché lo svolgersi delle forme in relazione tra loro alludeva a una interdipendenza espressiva [...]".[3]

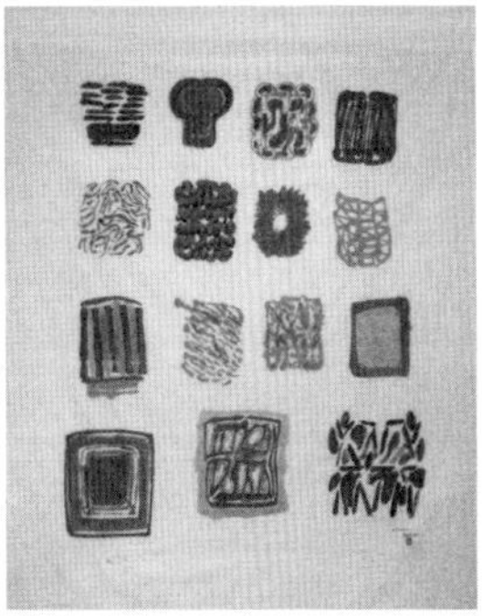

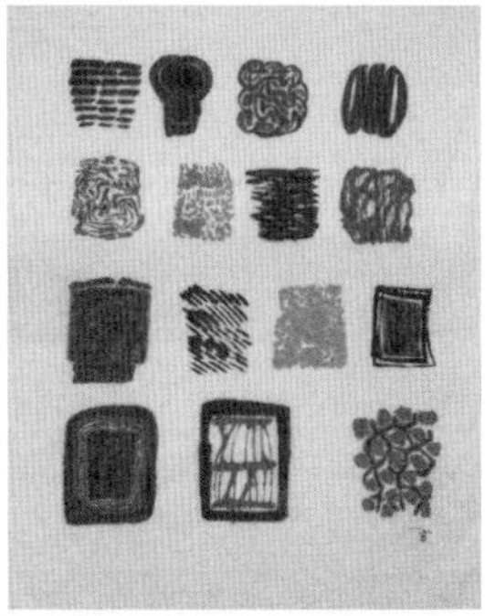

Variazione n.2. Lenzuolo rosa, 1974 (28/10/74)
Variazione n.2 Lenzuolo rosa, 1974 (10/10/74)

Espressioni quali "una mostra delicata come un velo" potrebbero allora legarsi a una più conscia trasformazione del fare scultoreo di Consagra, che proprio tra il 1966 e il 1967 si delinea attorno a una serie di esposizioni tra Roma e New York, allestite nelle sedi della Marlborough-Gerson Gallery, e a Milano, presso la Galleria dell'Ariete di Beatrice Monti. Se a Roma e New York le mostre sono accompagnate dal saggio di Maurizio Calvesi, a Milano Monti pubblica in catalogo una conversazione tra Consagra e Carla Lonzi, che lo incalza nel tentativo di farsi spiegare le motivazioni di questo cambio di passo che negli ultimi due, tre anni l'ha visto passare dai *Piani sospesi* ai *Ferri trasparenti* girevoli sino ai Piani in alluminio, appesi alle pareti "come se fossero quadri": "Si può notare come questi nuovi aspetti del tuo lavoro abbiano un carattere particolare che mi sembra in relazione a certe premesse di origine del tuo lavoro. Qual è questo legame?"[4] Dopo una premessa sul tema della frontalità e le sue implicazioni, Consagra risponde mettendo in relazione scultura e immagine: "Vedo che a me interessa condurre il lavoro in due modi: da un lato c'è la tendenza a un'immagine della scultura molto semplice che tu prevedi e ci speculi sopra come si specula sopra una struttura che si può programmare. Dall'altro c'è il senso dell'arricchimento partendo dall'esperienza stessa del tuo linguaggio, cioè della possibilità di pensare attraverso quegli elementi".[5] Entrambi gli atteggiamenti che vedono l'artista includere nel processo artistico il "fatto nuovo", vale a dire il colore, così come la scomposizione della iniziale dimensione quadrangolare dei piani verso la linea curva e le forme schematiche degli *Inventari* sono per Consagra un togliere, un alleggerire, un liberare (e liberarsi) dal peso della scultura.

Nell'anno della pubblicazione di questo testo Consagra si era già trasferito per un soggiorno di un anno negli Stati Uniti che ha senza dubbio contribuito a incentivare quel cambio di direzione del suo lavoro verso un'indagine più focalizzata sullo spessore in scultura. Gli Stati Uniti d'altra parte

3 P. Consagra, *Vita mia*, p. 141.
4 C. Lonzi, *Intervista a Pietro Consagra*, catalogo della mostra (Milano: Galleria dell'Ariete, giugno 1967), p. 130.
5 Ibid.

erano il paese di origine della sua prima moglie e luogo di residenza dei loro quattro figli, dunque termine di riferimento personale e professionale per l'artista da molti anni. Qui aveva accettato l'incarico di insegnamento della School of Arts di Minneapolis e in questa "ambiziosa" città, come la descrive lo stesso Consagra, egli risiederà con Lonzi. Per entrambi la residenza americana oltre che occasione di relazioni e scambi internazionali, è il posto della scrittura: celebre la fotografia della critica d'arte che trascrive nella casa americana le conversazioni con gli artisti pubblicate nel 1969 nel libro-montaggio *Autoritratto*; nota è anche la vicenda di Consagra, il quale, a tu per tu con l'immagine dell'architettura americana, puntualizza intuizioni sulla città come tema plastico e sull'evoluzione urbanistica di una idea di scultura frontale, poi sfociate nel libro *La Città Frontale*, pubblicato anch'esso nel 1969. Il costante dialogo tra l'artista e gli Stati Uniti – legato a ragioni familiari e professionali sin dal decennio precedente – coincideva d'altra parte con un momento di riflessione e transizione della sua pratica, successivo anche al delicato impatto della Pop art – "di lì a poco le orde della Pop art, rotto il cordone in USA, si sarebbero riversate in Europa creando lo scompiglio. [...] Nell'estate del '63 già serpeggiava l'anno zero: la crisi dell'informale, il post-informale".[6] La tensione verso la scultura dipinta aumenta così come l'istanza della mobilità, il respiro della scultura che passa attraverso le fessure tra i piani sovrapposti.

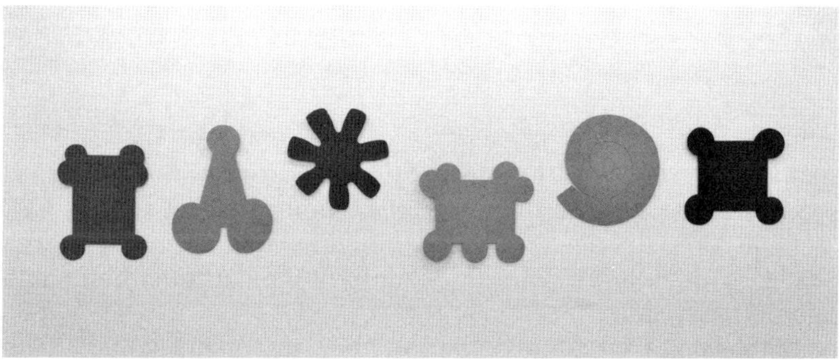

Inventario n.1, 1966–1967

Consagra era inoltre reduce da una esperienza formidabile di produzione e relazione umana con artisti quali David Smith e Alexander Calder, conosciuti nell'estate del 1962 in occasione di quell'avventura a cura di Giovanni Carandente, meglio nota con il nome di *Sculture nella città*, che aveva visto Spoleto accogliere testimonianze di artisti internazionali nello spazio pubblico (quasi una Skulptur Projekte in anticipo di più di dieci anni). Parallelamente allo spiegarsi dell'avventura artistica che individua tra il 1962 e il 1964 l'avvio di quella stagione del colore nella scultura e di quella rinnovata leggerezza e vitalità che caratterizzerà l'interno decennio,[7] emerge nella produzione dell'artista siciliano una pulsione dichiarata verso la pittura, che proprio in questo decennio sembra trovare nei *Lenzuoli* un terreno fertile di sperimentazione, analisi, verifica e inventario delle idee. In modo particolare la ricerca di Consagra sembra spingersi verso l'unità classica di scultura e pittura in una sua idea di architettura immaginaria, raggiunta per esempio in *Trama*

6 P. Consagra, *Vita mia*, p. 110.
7 F. D'Amico, "Disegno e colore nell'opera di Pietro Consagra", in *Pietro Consagra: Necessità del colore*, catalogo della mostra (Verona: Galleria dello Scudo, Museo di Castelvecchio, 2007–2008), a cura di L. M. Barbero, G. Di Milia, Skira, Milano 2007, n.p.

(1972) in cui le sette grandi figure in legno dipinto sono montate come pannelli sfalsati entro una pedana all'interno della quale il visitatore si muoveva come tra un corpo di lenzuoli appesi ai filari. Attraverso una serie di passaggi – vale a dire dai *Colloqui* ai *Piani sospesi*, ai *Ferri trasparenti*, ai *Giardini* e ai *Piani appesi* sino agli *Inventari* e gli *Spessori* in prospettiva – l'artista spinge fino al limite massimo la ricerca sullo spessore in scultura (nelle *Sottilissime* del 1968 tocca lo spessore minimo della scultura bifrontale con una superficie di due decimi di millimetro). Sono tutti esiti di una dichiarata rinuncia alla tridimensionalità che lo aveva portato a fare scultura attraverso la sovrapposizione di piani astratti colorati sino alla identità con la pittura come "mera superficie".[8]

Fino a che punto quella "Necessità della scultura" frontale, bidimensionale, dialogica e colloquiale, già indicata nel libro del 1952 e che annullava il carattere autoritario e maschile della scultura tridimensionale, passava anche dalla "necessità della pittura"?

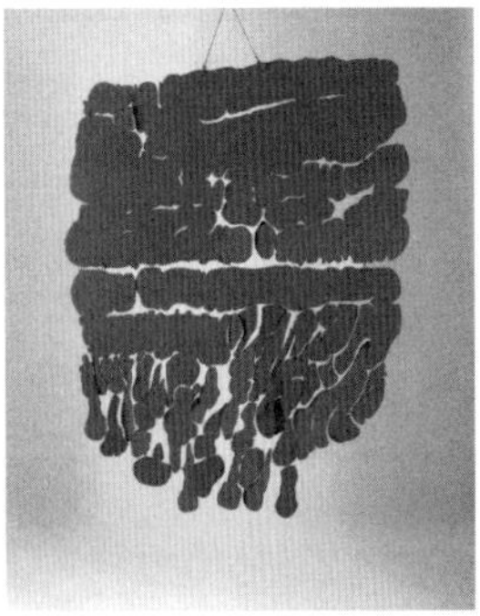

Piano sospeso viola, 1965

E che ruolo hanno i *Lenzuoli* in tutto questo? Che relazione si instaura tra la pittura dei *Lenzuoli* e l'evoluzione del linguaggio scultoreo dell'artista? Conosciamo il cruciale ruolo del disegno nell'iter ideativo dell'opera d'arte, ma come si colloca la produzione di "questi lenzuoli, nome comune di una tela che senza telaio non fa quadro"?[9]

I lenzuoli di Consagra appaiono come vele spiegate, pagine volanti di un personalissimo campionario di idee, un inventario della "sua" idea di pittura indissolubilmente legata alla relazione con lo spazio, ma svincolata in questo caso dalla natura oggettuale del supporto. I lenzuoli non sono oggetti ma sono "mille immagini vaganti sui muri", come scriverà egli stesso nella pubblicazione che accompagna la presentazione di una serie di quattro lenzuoli dipinti a mano per la galleria Multicenter Grafica di Milano nel 1974.

Osservando l'insieme dei *Lenzuoli,* oggi raccolti tra collezioni private e nel fondo dell'Archivio Pietro Consagra, appare anche più chiaro perché in una corrispondenza amara tra l'autore e Carla Accardi, sempre del 1974,[10] Consagra rivendicasse la paternità dell'idea di dipingere su un lenzuolo, puntando tanto sulla datazione quanto sulla diversa natura del suo lavoro rispetto all'unico altro artista italiano, Luciano Fabro, al quale implicitamente riconosceva l'intuizione della scelta del supporto in chiave concettuale: "Fabro ha appeso un lenzuolo come un oggetto da appendere e non da di-

8 S. Troisi, "Consagra: Seduzione e libertà della pittura".

9 T. Trini, in *Variazioni di Pietro Consagra: Quattro lenzuoli dipinti a mano*, pieghevole, Multicenter Grafica, Milano 1974.

10 Si tratta di uno scambio di lettere tra Consagra e Carla Accardi avvenuto tra il 5 e il 6 maggio del 1974 e legato alla titolazione della mostra di Accardi del medesimo anno *Sette lenzuoli*.

pingere", scriveva l'artista. Con diverso registro narrativo Consagra ribadiva lo statuto di immagine del lenzuolo dichiarandone la necessità combinatoria, quasi una forma di flusso di idee su tela a ruota libera, da produrre e appendere per modellare con esso i muri delle sue case. Emblematica in questo senso sarà proprio la mostra alla galleria Multicenter Grafica. Qui ci saranno lenzuoli dipinti, moltiplicati in 120 pezzi, ordinati in quattro serie di colori e formati per trenta esemplari ciascuno: grande rosa, grande celeste, bianco orizzontale, bianco verticale. È un campionario di forme su tela alle quali l'artista assegna il compito di restituire la dimensione esistenziale del vivere e dell'essere artista. Consagra dichiarava, nel medesimo piccolo e prezioso catalogo della galleria, che "La sola cosa che sono riuscito a fare per me, adatta al mio modo personale di vivere, per la mia casa, per le mie diverse case vuote, è stato di coprire i muri rintronanti di aridità e solitudine con stoffe, con lenzuoli su cui ritagliare o dipingere immagini. Le mie case sono state e sono provvisorie, in USA e qui, da emigrante, da viaggiatore sull'autostrada, sull'oceano. Piego i miei lenzuoli e parto [...]. Il lenzuolo dipinto: un ipotetico 'mio' status; le sculture, i quadri ecc., un ipotetico status 'per altri'".[11]

In questa prospettiva i *Lenzuoli* appaiono sulla scena come elementi privati, intimi, segreti, quasi di un fare artistico che tocca le sfere dell'inconscio – di uno "status" alternativo a quello assegnato alle opere in senso stretto; e questa appare dunque come una sceneggiatura fluida e parallela alla storia principale dell'artista che da Forma 1 passa al Gibellina. Sono lenzuoli organizzati per famiglie – singoli e matrimoniali –, per colori e forma, riprendono il rigore, la progettualità e la natura di piani appesi e/o sospesi, che si muovo e impediscono allo spettatore una visione unica e totemica perché agiscono come pannelli avvolgenti, elementi mobili di un'architettura dell'anima. Sono appunti personali, una costellazione di punti che si uniscono a formare figure diverse, note a margine del testo, doni e oggetti fortemente connotati dalla dimensione del domestico, della natura nomade del vivere che tuttavia non può esimersi dalla messa in scena, per quanto volatile e sottile, di una rappresentazione di uno spazio del sé all'interno del quale ritrovare un dialogo frontale, diretto, a tu per tu con le motivazioni del proprio lavoro e con il processo stesso del farsi opera.

Tommaso Trini è l'autore del breve e sempre definitivo testo relativo al corpo di lavori, capace di cristallizzare in poche parole scelte con cura, l'essenza dell'opera. "Le centinaia di disegni che in libere costellazioni si aggregano su questi lenzuoli, nome comune d'una tela che senza telaio non fa quadro. Pietro Consagra le ha segnate a mano. Fosse un pittore, le avrebbe forse riprodotte meccanicamente: bastava l'idea convertita in prototipo. È invece notoriamente e essenzialmente scultore, un inafferrabile scultore [...]; è interessante che Consagra ci faccia ripercorrere con lui ciò che nella creazione è più creativo, il processo: dal magma, il disegna (non il disegno costruttivo) che s'illimpidisce nell'immagine e si fa assoluto nella scultura".[12]

11 P. Consagra, in *Variazioni di Pietro Consagra: Quattro lenzuoli dipinti a mano.*

12 T. Trini, *Variazioni di Pietro Consagra: Quattro lenzuoli dipinti a mano.*

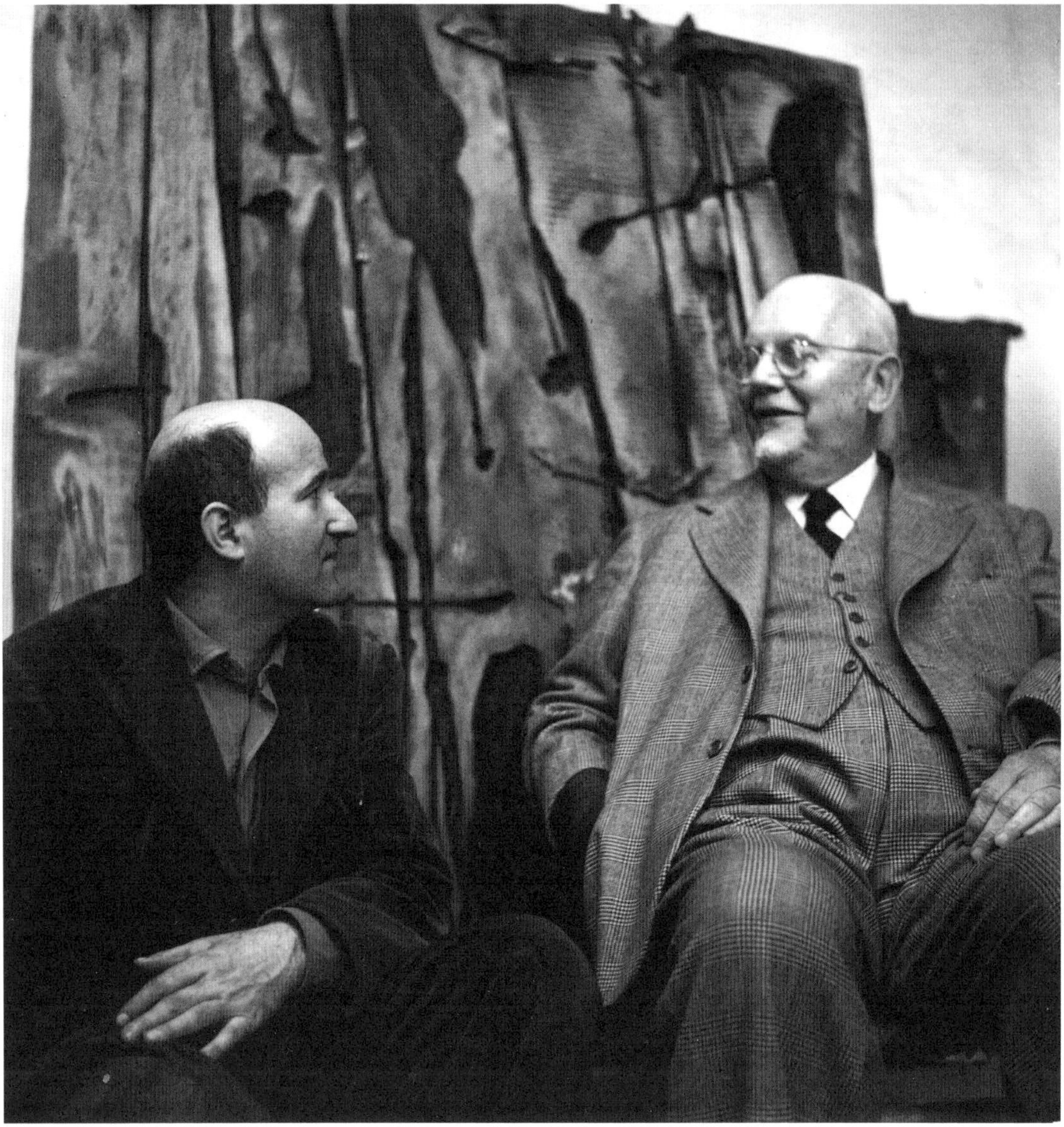

Consagra e Lionello Venturi nello studio dell'artista, Roma, 1960 / Consagra and Lionello Venturiin the artist's studio, Rome, 1960

"An Exhibition as Delicate as a Veil" For a Genesis of Pietro Consagra's *Lenzuoli*

Paola Nicolin

"In order to be closer to them for a longer time, in 1967 I accepted an invitation to teach in Minneapolis, partly because I was at the lowest point of a mental and economic depression. That year, while I was in the US, the Marlbourough Gallery of New York organized a solo show of my works. I displayed the colored irons from Rome, the hanging planes and the suspended colored planes. An exhibition as delicate as a veil [...]."[1]

In his extensive, passionate autobiography entitled *Vita mia*, Pietro Consagra goes beyond a mere biographical diary to paint his personal fresco of a historical period. The artist uses the above words to describe the cultural, as well as psychological, climate that saw him as the protagonist of two exhibitions in the evening of October 20, 1967.

One of them was his solo show at the Marlborough-Gerson Gallery in New York, where his new colored works made between 1964 and 1966—*Piani sospesi*, *Ferri trasparenti* and *Giardini* [Suspended Planes, Transparent Irons, Gardens][2]—were presented for the first time in the United States. The other event was his participation, with the work *Ferro trasparente turchese I* [Transparent Iron Turquoise I] (1966), in the collective exhibition of contemporary sculpture *Guggenheim International Exhibition 1967: Sculpture from Twenty Nations* at the Solomon R. Guggenheim Museum in New York.

Consagra's busy exhibition activity saw him as a protagonist in the 1960s, a decade full of transformations, when the nature of the artistic work itself underwent a rethinking. In relation to the exhibitions, this text aims at providing some tentative observations on the genesis of a body of paintings, better known as *Lenzuoli* [Bed Sheets], painted with washable colors and created by the artist beginning in that very year, 1967.

The aim of this examination is already inscribed within the path traced by the history of the artist's exhibitions: to read the Consagra's intuitions, moods, and changes in pace that, in parallel with the development of a theo-

1 P. Consagra, *Vita mia* (Milan: Skira, 2017), 124. Unless otherwise noted, original texts are rendered here in English by the translator.

2 For a detailed reconstruction of the sculpture of Consagra between 1962 and 1966 see F. Pola, "Colore e bifrontalità: Sculpture and City as Subjects of Human Emotions," in *Pietro Consagra: Frontal Sculpture*, exhibition catalogue (London: Robilant+Voena) (Venice: Marsilio, 2018), 244–247.

retical and practical discourse on the theme of thickness in sculpture, led the artist to a space of free and liberating experimentation in the painting of the *Lenzuoli*. They were almost an unconscious flow of wandering images that acted as a counterbalance to his propositions and manifestos on the radical choice of sculpture that was frontal, non-authoritarian since it lacked a center, which had seen him stand out in the art scene with his *Colloqui* [Conversations], a series of works that took shape starting from 1952—the year when he published his pamphlet *Necessità della Scultura* [Necessity of Sculpture]—and were so named both for "their direct and frontal relationship with the observer and because the development of forms in relation to each other alluded to an expressive interdependence [...]."[3]

Expressions such as "an exhibition as delicate as a veil" could therefore be linked to a more conscious transformation of sculpture-making in Consagra, which started to emerge precisely between 1966 and 1967 around a series of exhibitions between Rome and New York, in the space of the Marlborough-Gerson Gallery, and in Milan, at Beatrice Monti's Galleria dell'Ariete. While the Rome and New York exhibitions were accompanied by Maurizio Calvesi's essay, in the Milan catalogue Monti published a conversation between Consagra and Carla Lonzi, who pressed him with questions to get an explanation for his change of pace, which in the past two-three years had seen him move from the *Piani sospesi* to the rotating *Ferri trasparenti* down to the *Piani in alluminio* [Aluminum Planes], hanging on the walls "as if they were paintings": "We can notice how these new features of your work have a peculiar quality, which seems to me to be linked to some of the original premises of your work. What is this link?"[4] After an introduction on the theme of frontality and its implications, Consagra answered by establishing a relationship between sculpture and image: "I realize that I am interested in working in two ways: on the one hand I tend towards a very simple image of sculpture, which you can predict, and can speculate about, as you could speculate about a structure that can be programmed. On the other hand there is a sense of being enriched, starting from the very experience of your language, that is, from the very possibility of thinking with the help of those elements."[5] Both attitudes, which led the artist to include in the art-making process a "new fact," namely color, just as the resolution of the initial quadrangular dimension into a curved line and into the schematic forms of the *Inventari* [Inventories], are to Consagra the equivalent of subtracting, lightening, freeing sculpture from its weight, and freeing himself from the weight of sculpture.

In the year when this text was published, Consagra had already moved to the United States for a one-year stay, which undoubtedly played a part in the change of course that led his research to focus more on thickness in sculpture. Moreover, the United States was the home country of his first wife and where their four children lived, and therefore had been both a personal and professional point of reference for the artist for many years. Here he had accepted a teaching job at the Minneapolis School of Art, and in this "ambitious" city, as Consagra described it, he settled with Carla Lonzi. For both of them, the American residence was not only an opportunity for international connections and exchanges, but also a place for writing: there is a well-

3 P. Consagra, *Vita mia*, 141.
4 C. Lonzi, *Intervista a Pietro Consagra*, exhibition catalogue (Milan: Galleria dell'Ariete, June 1967), 130.
5 Ibid.

known photograph of the art critic in her American home transcribing her conversations with artists, which she published in 1969 in the montage-book *Autoritratto* [Self-portrait]. Another well-known story is when Consagra, face to face with images of the American architecture, described some of his intuitions on the city as a plastic theme, and on the city-planning evolution of an idea of frontal sculpture, which later resulted in the book *La Città Frontale* [The Frontal City], also published in 1969.

The constant dialogue between the artist and the United States also coincided with a time of reflection and transition in his practice, partly as a consequence of the critical impact of Pop art—"Soon the hordes of Pop art, having broken all the barriers in the USA, would pour into Europe, wreaking havoc. [...] In the summer of '63 the year zero was already in view: the crisis of informalism, the post-informal."[6] The tension towards painted sculpture thus began to grow, as did the need for mobility, the breath of sculpture filtering through the gaps between overlapping planes.

Consagra had also just returned from an extraordinary experience of production and human relationships with artists such as David Smith and Alexander Calder, whom he had met in the summer of 1962 during the adventure known as *Sculture nella città* [Sculptures in the City], a show curated by Giovanni Carandente that had seen Spoleto welcome the works of international artists in public spaces (almost a variant of Skulptur Projekte, more than ten years ahead of its time).

Parallel to the unfolding of the artistic adventure that, between 1962 and 1964, marked the beginning of the period of color in sculpture and of renewed lightness and vitality that would characterize the whole decade,[7] what emerged from the artist's production was an openly-declared impulse toward painting. In the same decade, this impulse seemed to find in the *Lenzuoli* a fertile ground for experimentation, analysis, testing and organization of ideas. In particular, the research of Consagra seemed to push towards the classical unity of sculpture and painting with his idea of imaginary architecture, which he applied for instance in *Trama* (Weave, 1972), where the seven big figures in painted wood are mounted as staggered panels within a platform where the visitor moved as if among a body of sheets hanging from the rows. Through a series of stages—from the *Colloqui* to the *Piani sospesi*, then the *Ferri trasparenti*, the *Giardini* and *Piani appesi* down to the *Inventari* and the *Spessori* [Depths] in perspective—the artist pushes his research on thickness in sculpture to the absolute limit: in the *Sottilissime* [Extremely Thins] series of 1968 he reaches the minimum thickness of bifrontal sculpture with a two-tenths-of-a-millimeter surface. All these are the product of an avowed rejection of three-dimensionality, which had led Consagra to make sculptures through the overlapping of abstract colored planes, until he reached full coincidence with painting as "mere surface."[8]

When we consider that *Necessità della scultura*—frontal, two-dimensional, dialogical and conversational, already outlined in his 1952 book, which cancelled the authoritarian, male quality of three-dimensional sculpture—, to what extent did it come about through a "necessity of painting"?

6 P. Consagra, *Vita mia*, 110.

7 F. D'Amico, "Disegno e colore nell'opera di Pietro Consagra," in *Pietro Consagra: Necessità del colore*, exhibition catalogue (Verona: Galleria dello Scudo, Museo di Castelvecchio, 2007–2008), edited by L. M. Barbero, G. Di Milia (Milan: Skira, 2007), n.p.

8 S. Troisi, "Consagra: Seduzione e libertà della pittura."

And what role did the *Lenzuoli* play in all this? What kind of relationship arises between the painting of the *Lenzuoli* and the evolution of the artist's sculptural language? We do know about the crucial role played by drawing in the artwork's conception process, but what is the place for the production of "these bed sheets, which is the common name for a canvas that does not qualify as a painting unless it has a frame?"[9]

Consagra's sheets look like unfurled sails, or loose pages from a highly personal collection of ideas, an inventory of "his" idea of painting, inextricably linked to his relationship with space, yet in this case freed from the nature of the support as object. The sheets are not objects but "a thousand images wandering on walls," as he himself later wrote in the companion publication for the display of a series of four sheets, hand-painted for Milan's Multicenter Grafica gallery in 1974.

Observing the whole set of the *Lenzuoli*, now kept in private collections and at the Archivio Pietro Consagra, it becomes even clearer why, in a bitter exchange of letters between the author and Carla Accardi, again from the year 1974,[10] Consagra claimed full authorship of the idea of painting on a sheet, invoking both the dating and the different nature of his work from the only other Italian artist, Luciano Fabro, whose intuition of the choice of this support in a conceptual key he implicitly acknowledged: "Fabro hung a bed sheet as an object to be hanged, not to be painted."

In a different narrative register, Consagra reiterated the status of the sheet as image, affirming its combinatorial necessity, almost as a form of free-wheeling flow of ideas on canvas, to be produced and hung for the purpose of modeling the walls of his houses with it. An emblematic example of this was precisely the exhibition at the Multicenter Grafica gallery. On display were painted sheets, multiplied by 120 pieces, ordered in four series of colors and sizes of thirty each: big pink, big blue, white horizontal, white vertical. It was a sampling of forms on canvas, to which the artist assigned the task of rendering the existential dimension of living as an artist, and being an artist. In the same small, precious gallery catalogue, Consagra stated that "The only thing I have been able to do for myself, suited to my personal way of living, to my house, my various empty houses, has been to cover those walls tinged with aridity and solitude with fabrics, with bed sheets on which to cut out or paint images. My homes have been and are temporary, in the US and here, as an immigrant, as a traveler on the highway, on the ocean. I fold my sheets and leave [...]. The painted sheet: a hypothetical status 'of mine'; the sculptures, paintings, etc., a hypothetical status 'for others'." [11]

In this perspective, the *Lenzuoli* enter the scene as private, intimate, secret elements, products of an art-making that almost touches on the sphere of the unconscious, of a "status" alternative to that assigned to the works in the narrow sense. They therefore appear as a fluid script that runs parallel to the main story of the artist who moved from Forma 1 to Gibellina. They are sheets organized by families—single and double–, by color and shape, echoing the hanging and/or suspended planes in their exactitude, degree of planning and nature. These works move, preventing the viewer from having a

9 T. Trini, in *Variazioni di Pietro Consagra: Quattro lenzuoli dipinti a mano*, foldout (Milan: Multicenter Grafica, 1974).

10 This is an exchange of letters between Consagra and Carla Accardi that took place between May 5 and 6, 1974, and is related to the title of Accardi's exhibition of the same year, *Sette lenzuoli*.

11 P. Consagra, in *Variazioni di Pietro Consagra: Quattro lenzuoli dipinti a mano*.

single, totemic vision of them: they act as wrapping panels, mobile elements of an architecture of the soul. They are personal notes, a constellation of dots connected to form different figures, marginal notes in a text, gifts and objects strongly marked by the home dimension, but also by the nomadic nature of life. Despite this, they cannot but stage a representation of the space of the self, however volatile and subtle, in which to find a frontal, direct dialogue, face to face with the motivations behind one's work, and with the very process of the work becoming art.

Tommaso Trini is the author of the short, but still definitive text on this body of works, which captures the essence of the work in a few, carefully selected words: "The hundreds of drawings which, in free constellations, aggregate on these bed sheets, which is the common name for a canvas which does not qualify as a painting unless it has a frame. Pietro Consagra marked them by hand. If he were a painter, he would reproduce them mechanically: converting the idea into a prototype would be enough. Instead he is prominently and essentially a sculptor, an elusive sculptor [...]; it is interesting that Consagra takes us with him on a journey through what is most creative in creation, the process: starting from the magma, the drawing (not the constructive drawing), which becomes limpid in the image and becomes absolute in sculpture."[12]

12 T. Trini, *Variazioni di Pietro Consagra: Quattro lenzuoli dipinti a mano.*

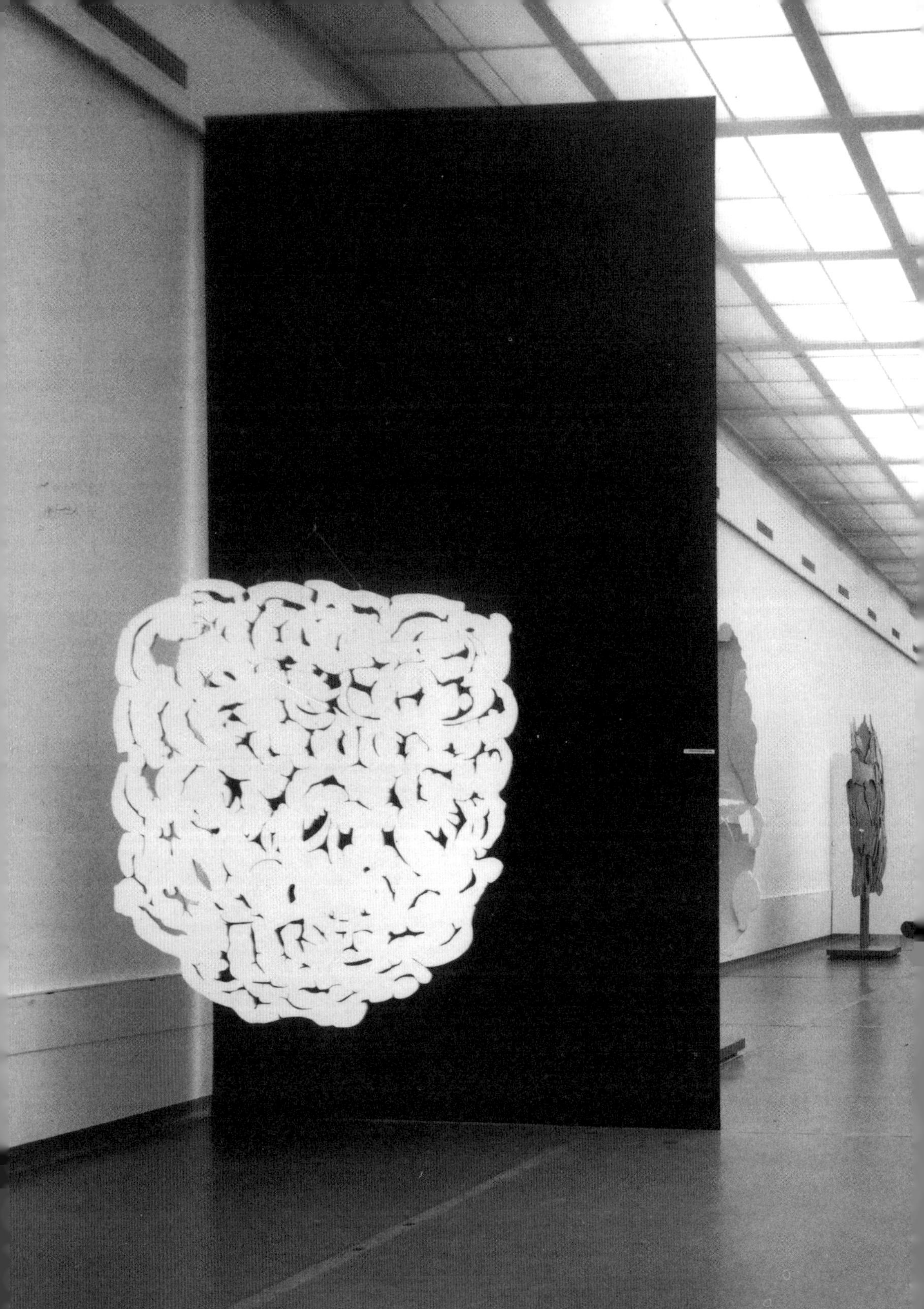

Pietro Consagra: Recente beeldhouwwerken met kleur, vista dell'installazione, Museum Boijmans Van Beuningen, Rotterdam, 1967 / *Pietro Consagra: Recente beeldhouwwerken met kleur*, installation view, Museum Boijmans Van Beuningen, Rotterdam, 1967

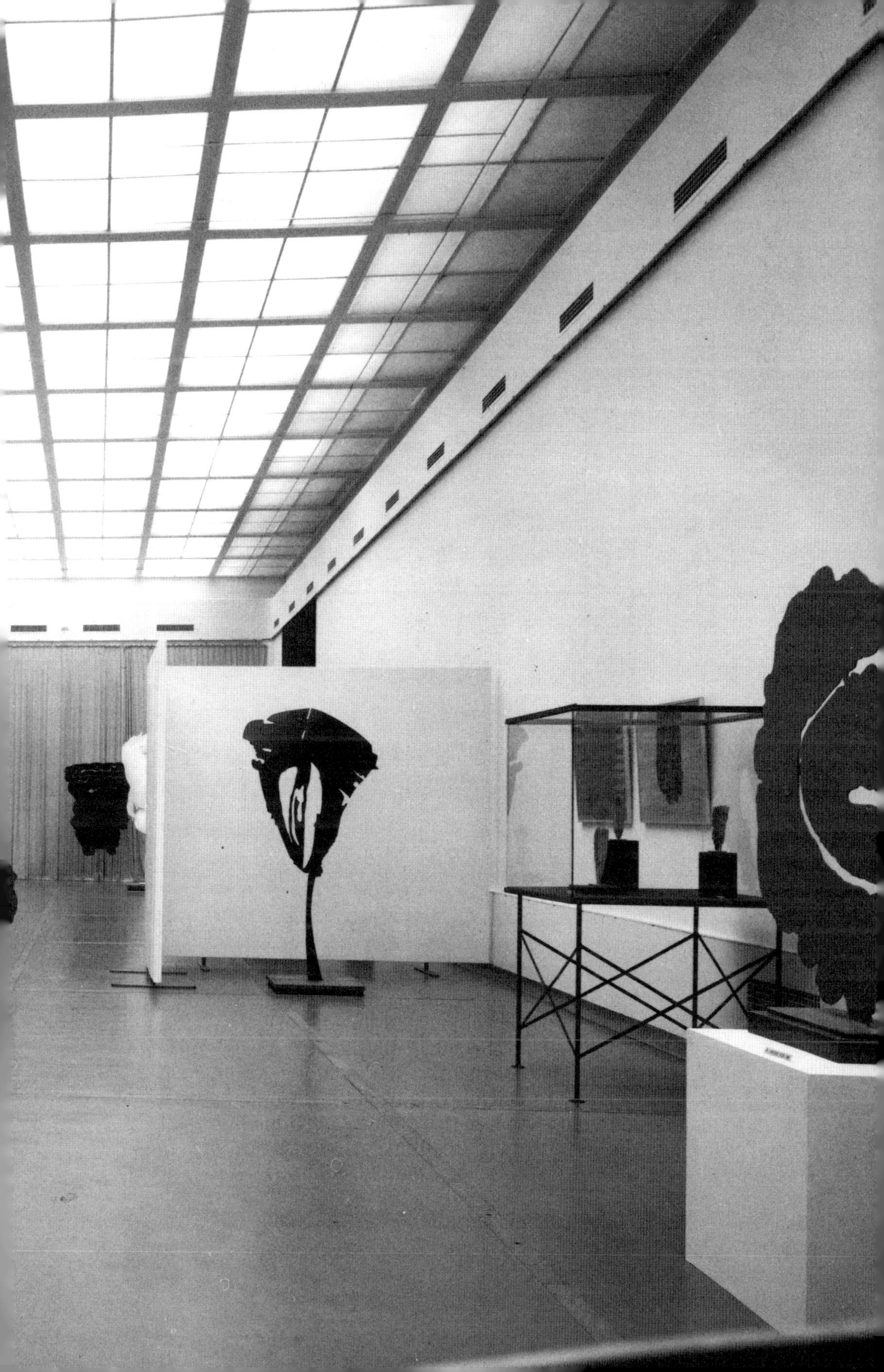

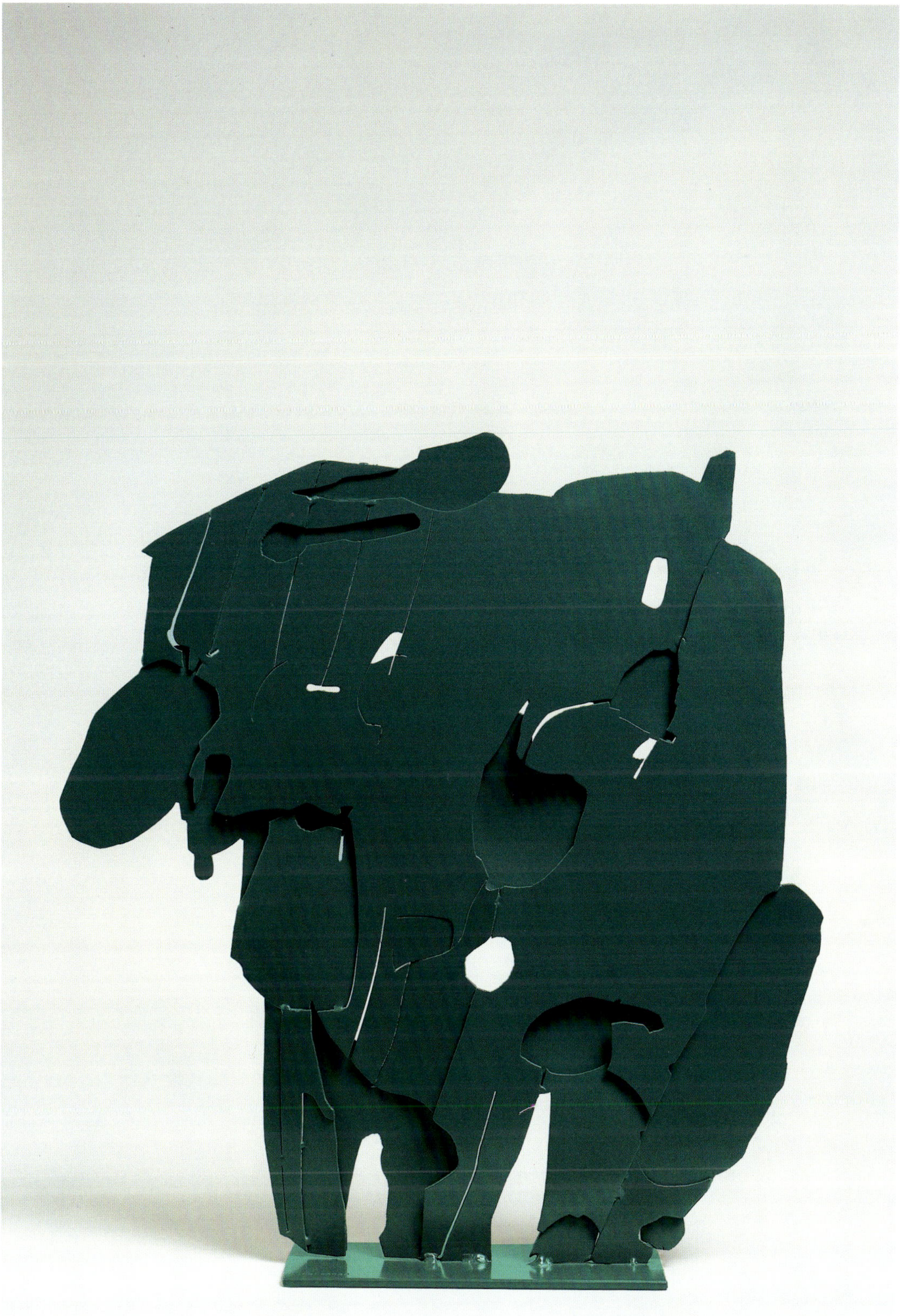

121 *Ferro trasparente verde (Saluto alla pittura)*, 1966

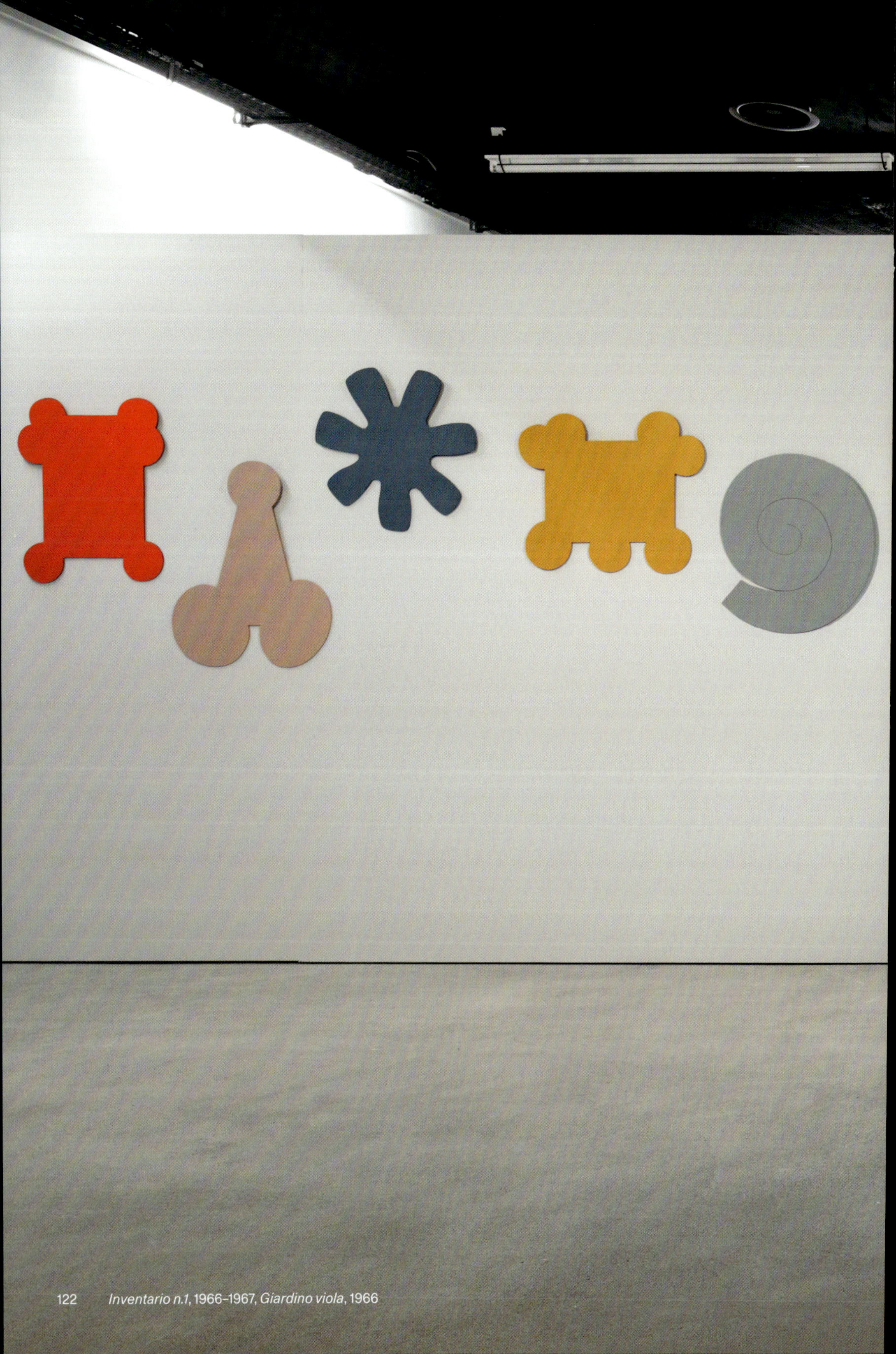

 Inventario n.1, 1966–1967, *Giardino viola*, 1966

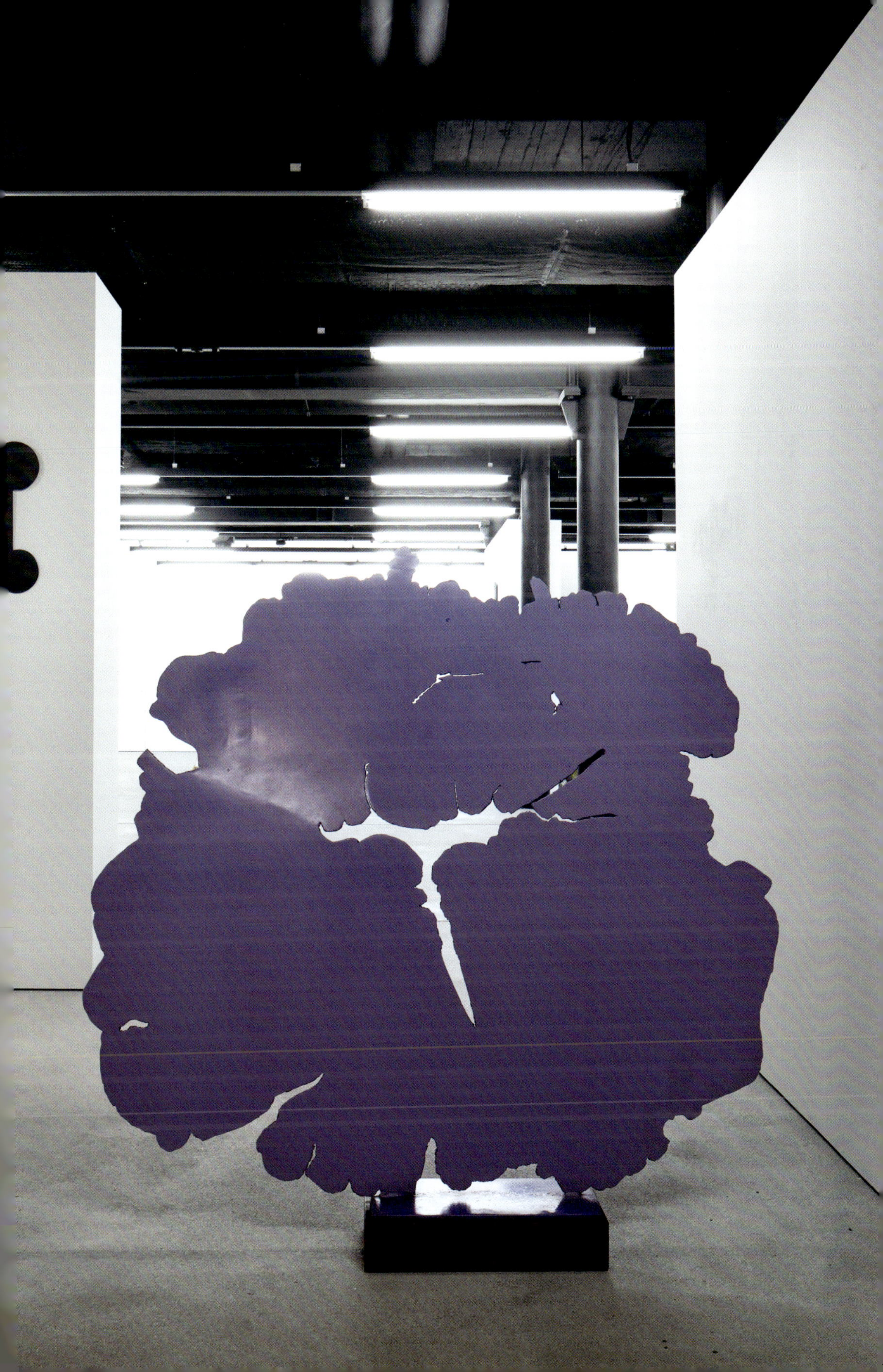

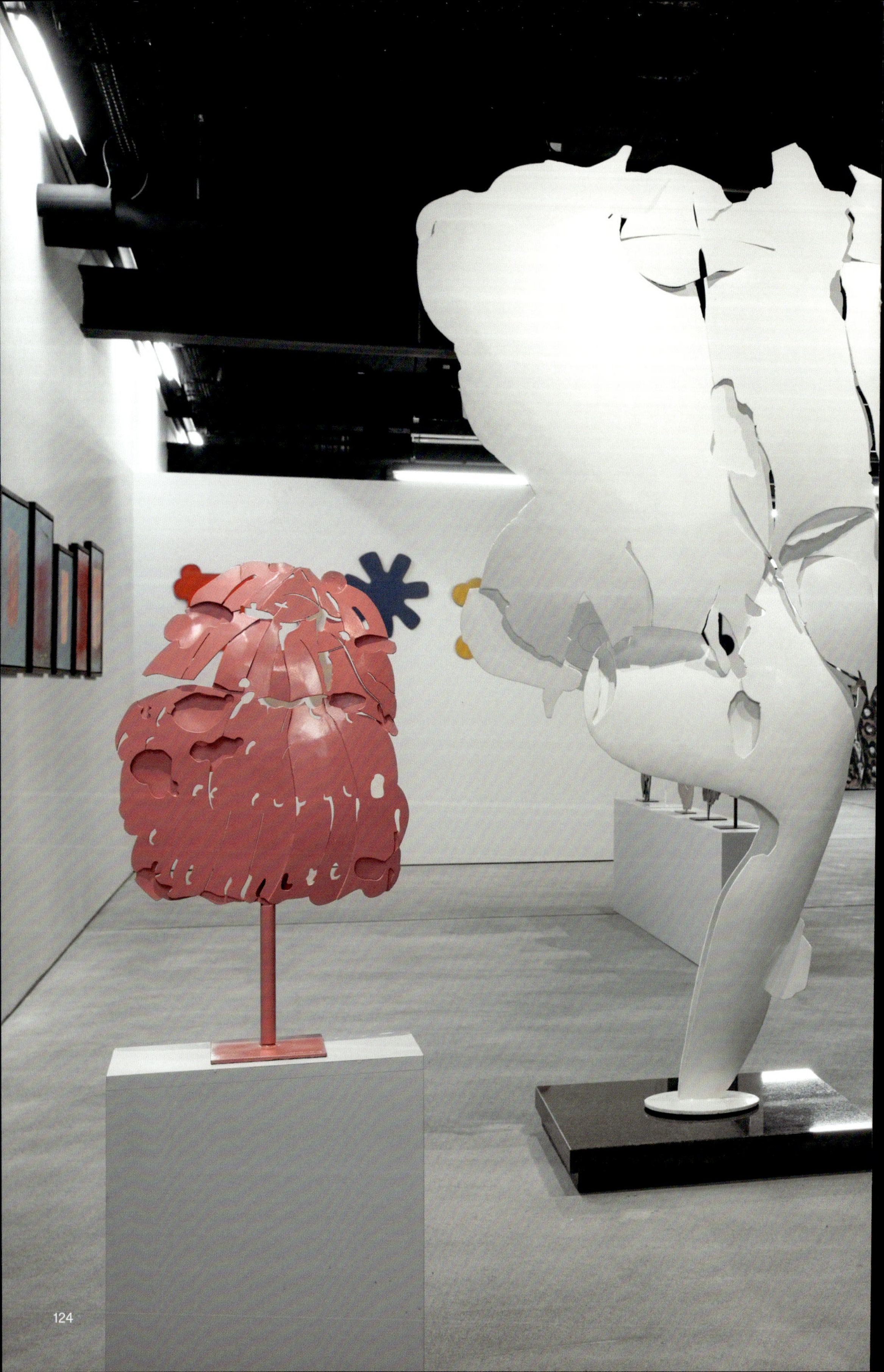

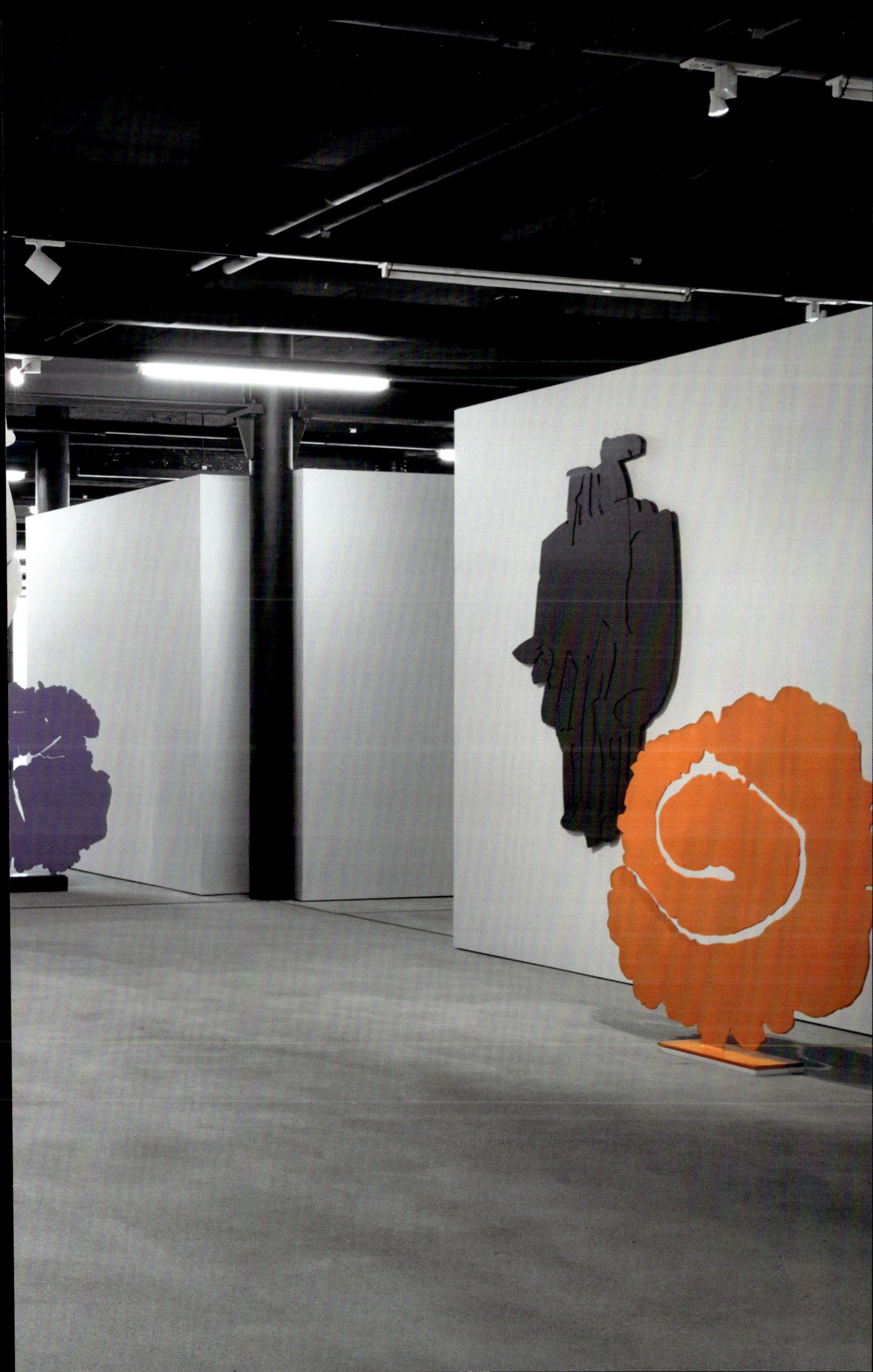

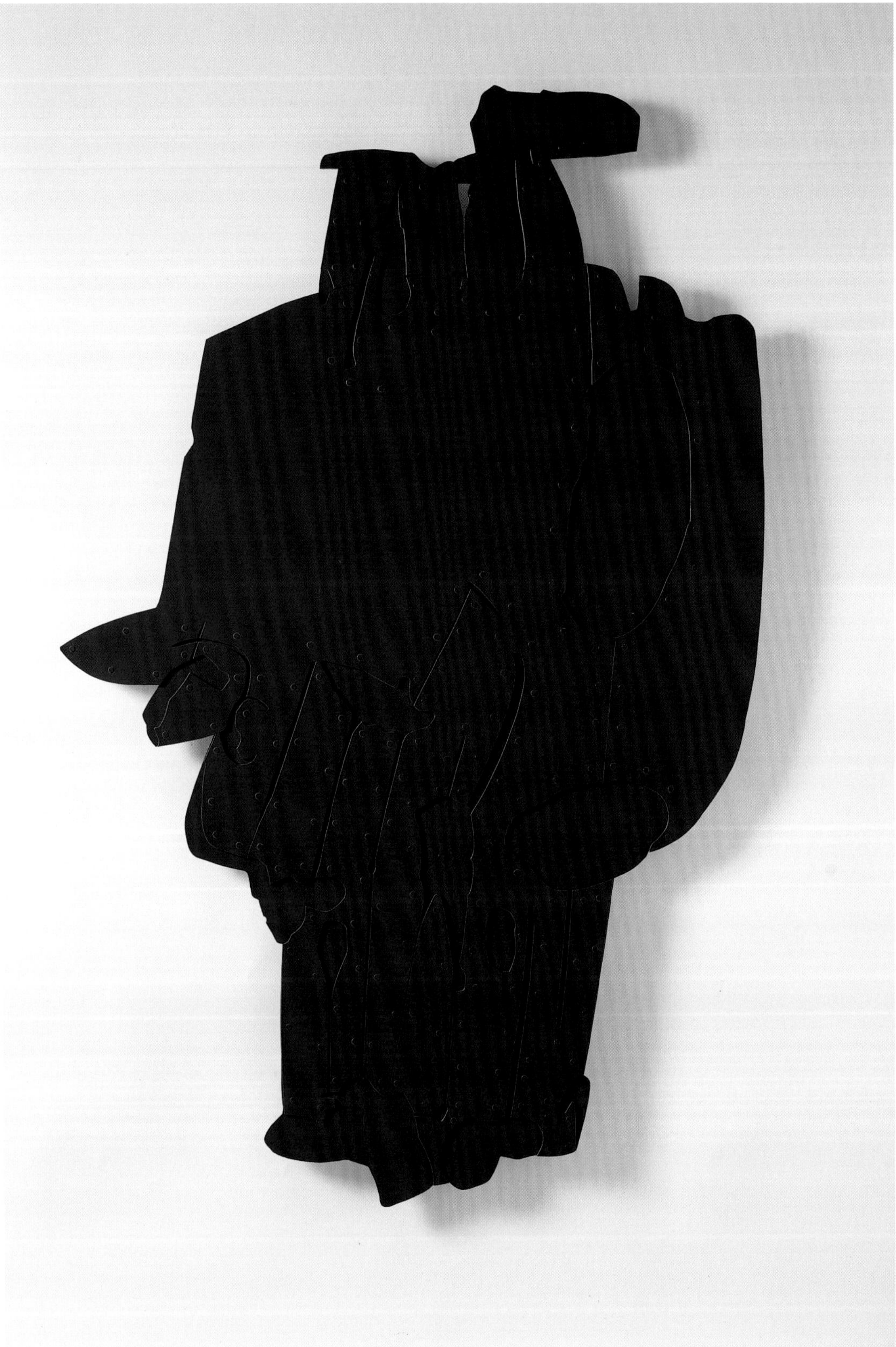

 Piano appeso Alluminio scuro, 1966–1967

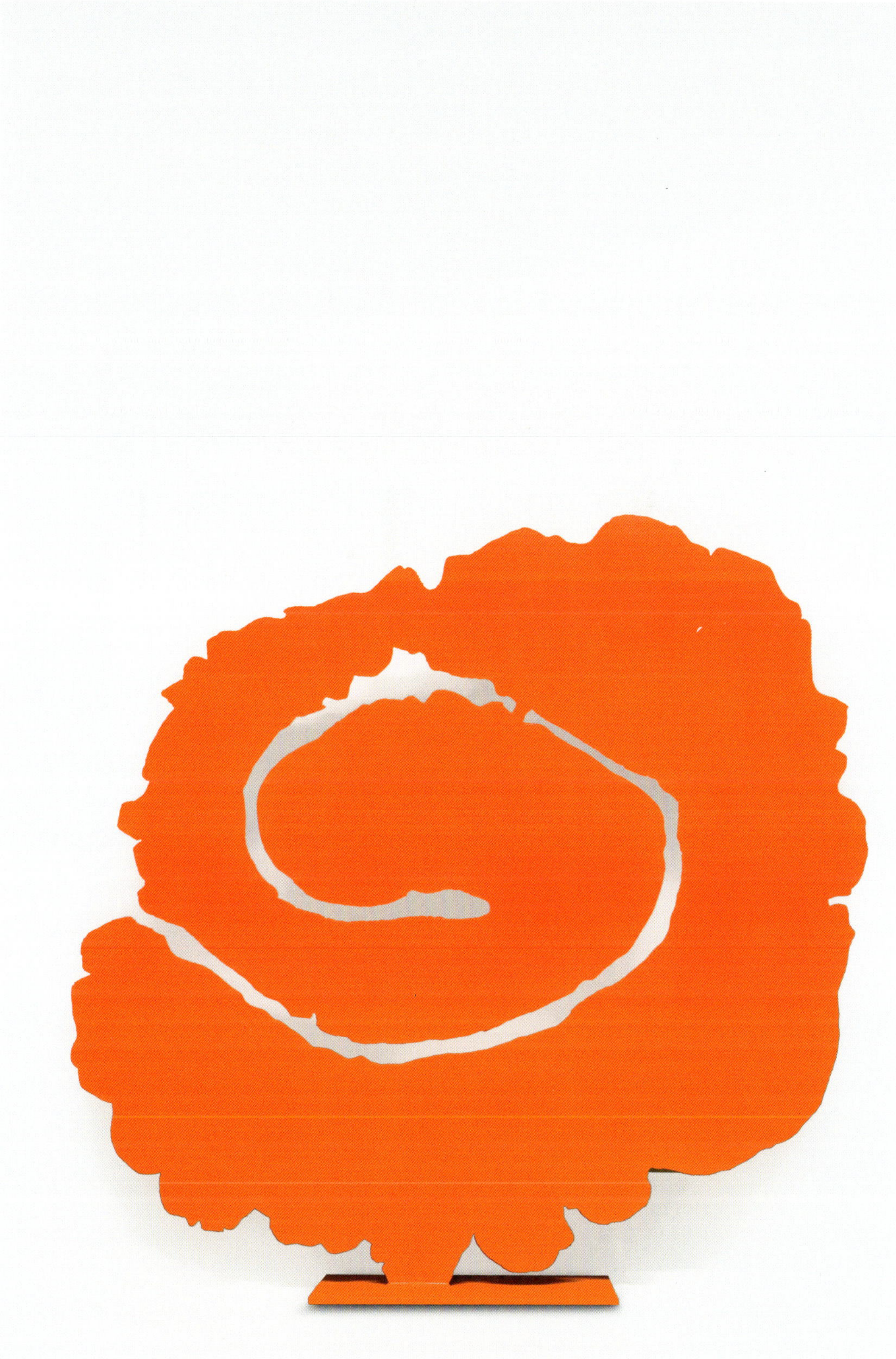

127 *Giardino arancio*, 1966

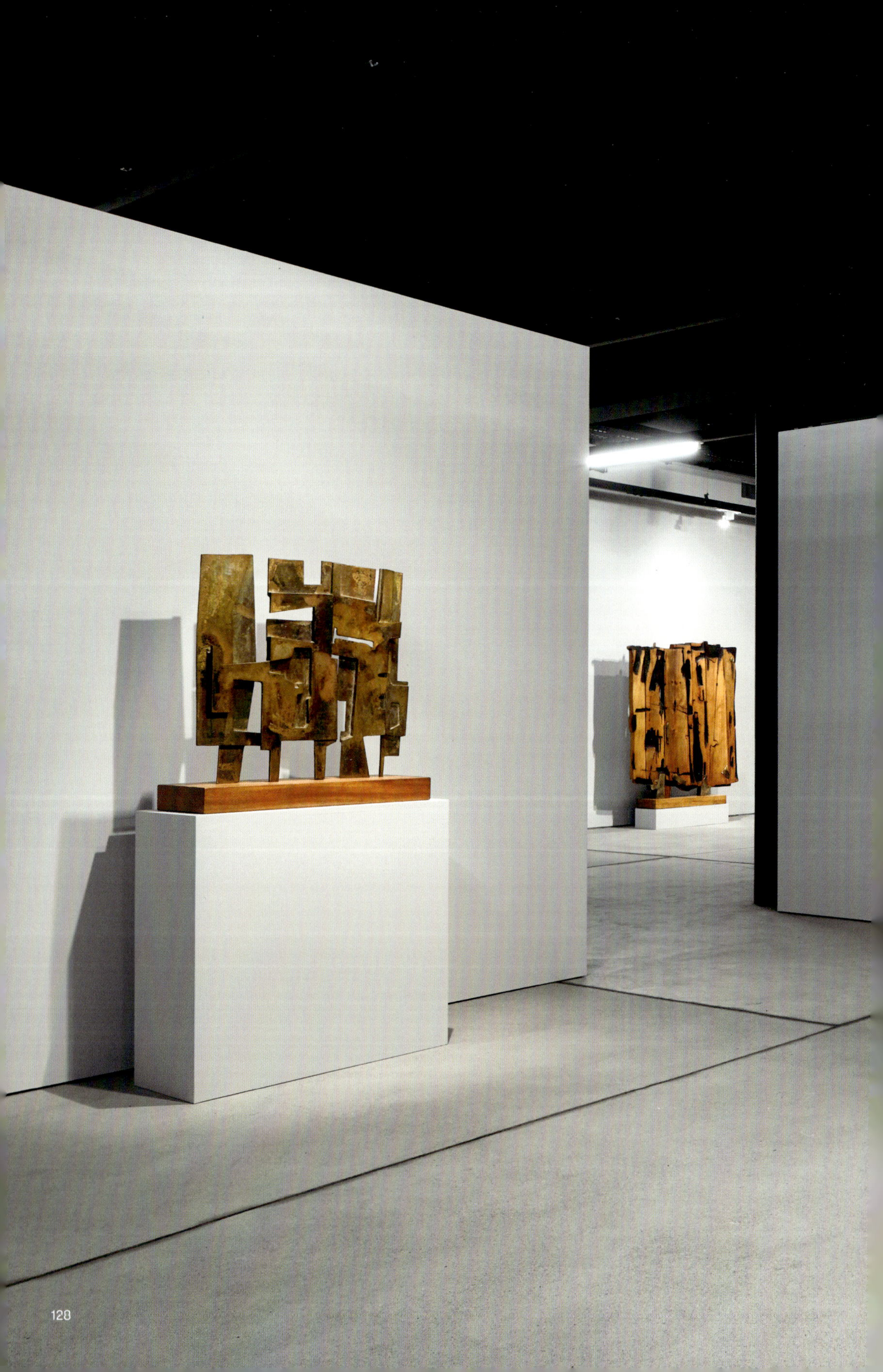

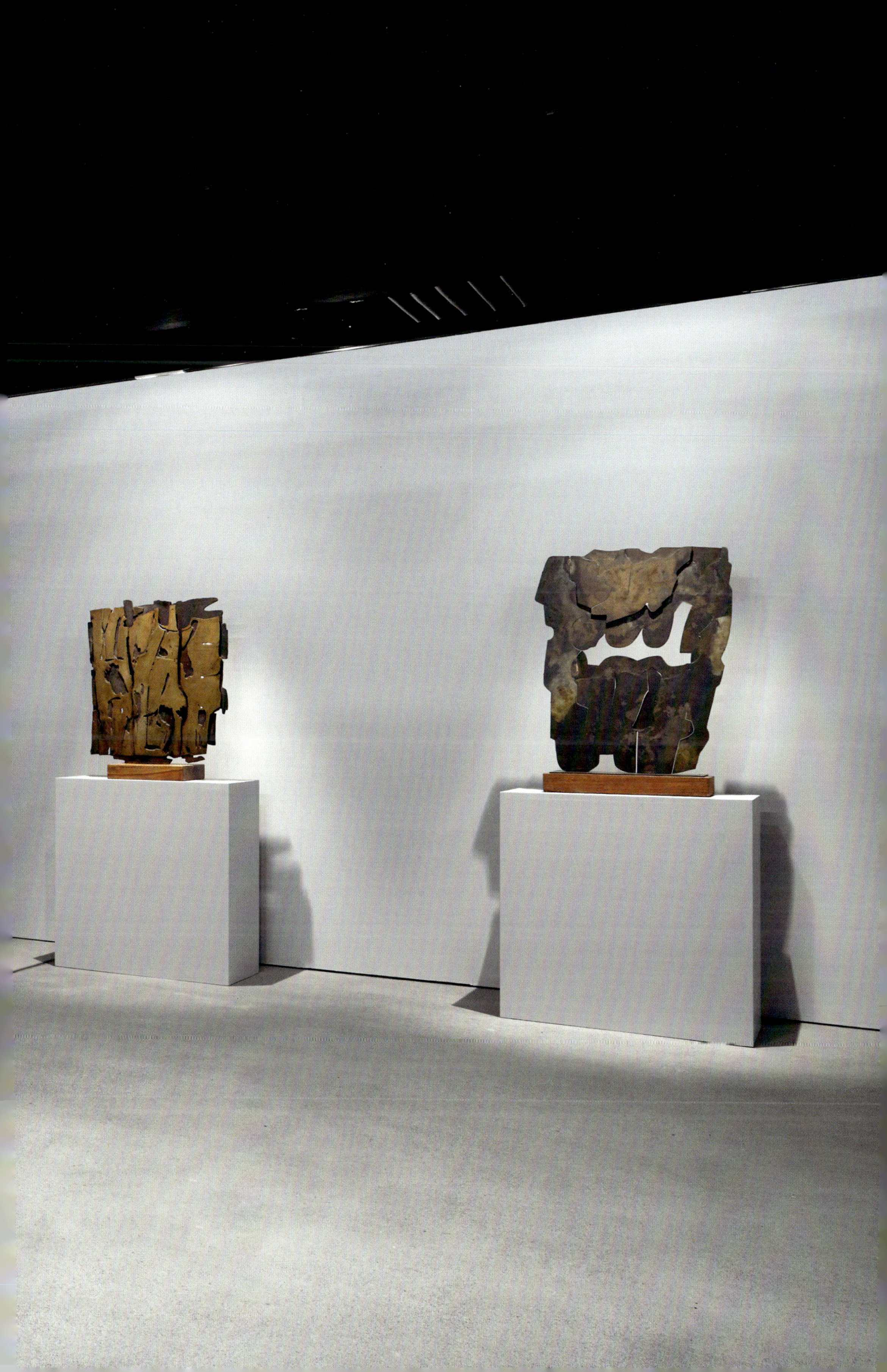

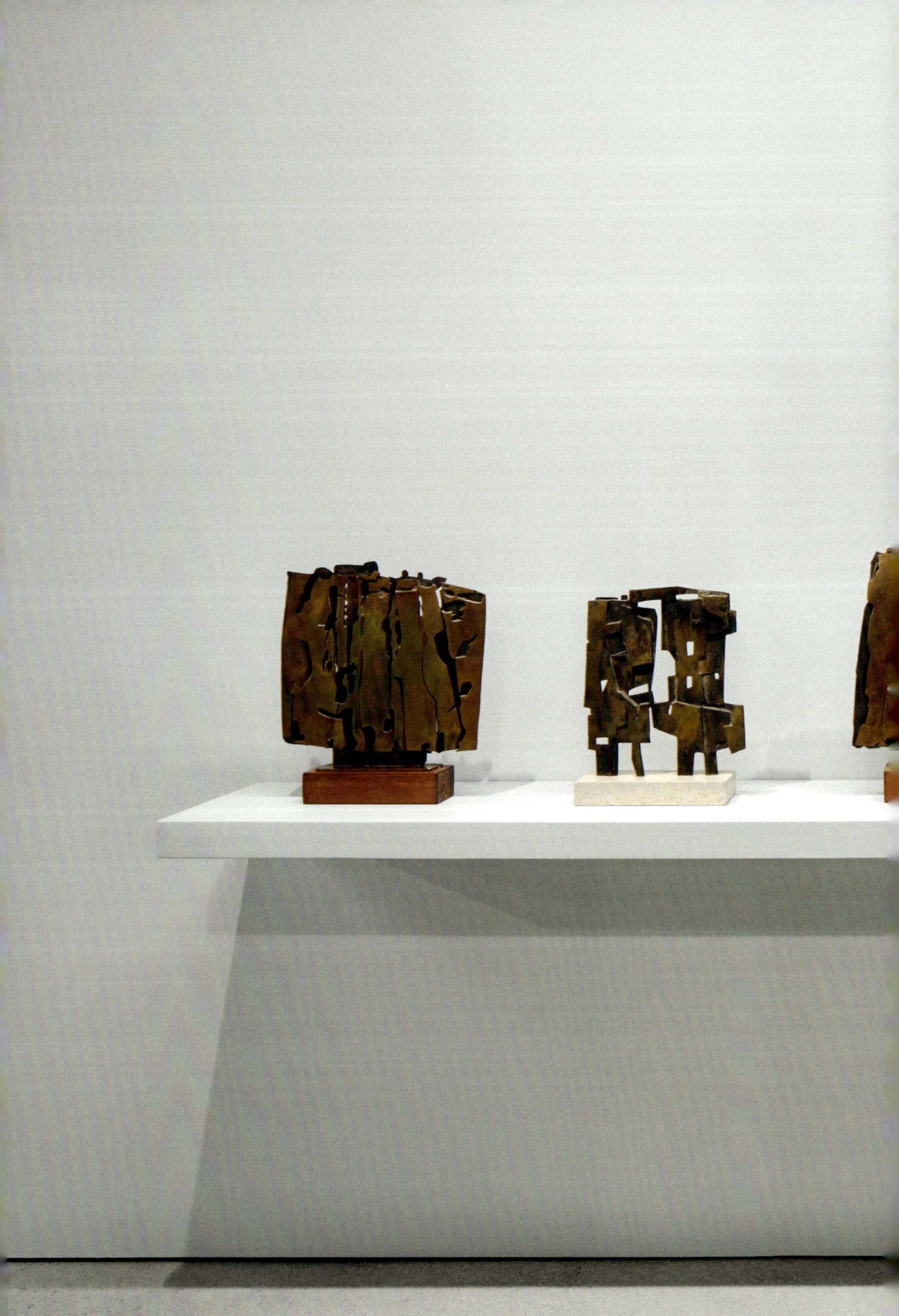

 Diario, 1961; *Comizio (Incontro)*, 1956; *Racconto*, 1961; *Ritratto*, 1961; *Piccolo comizio*, 1955

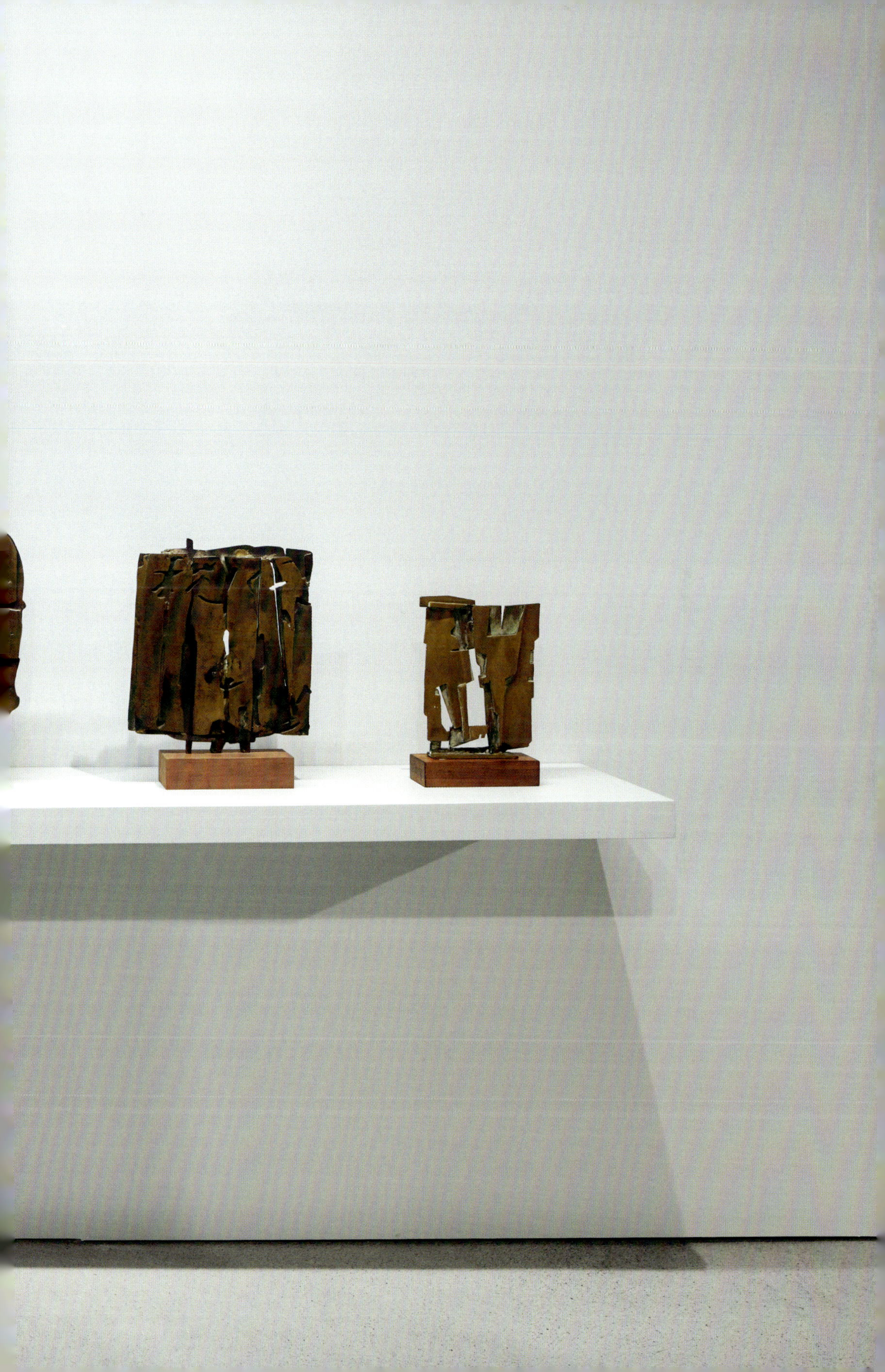

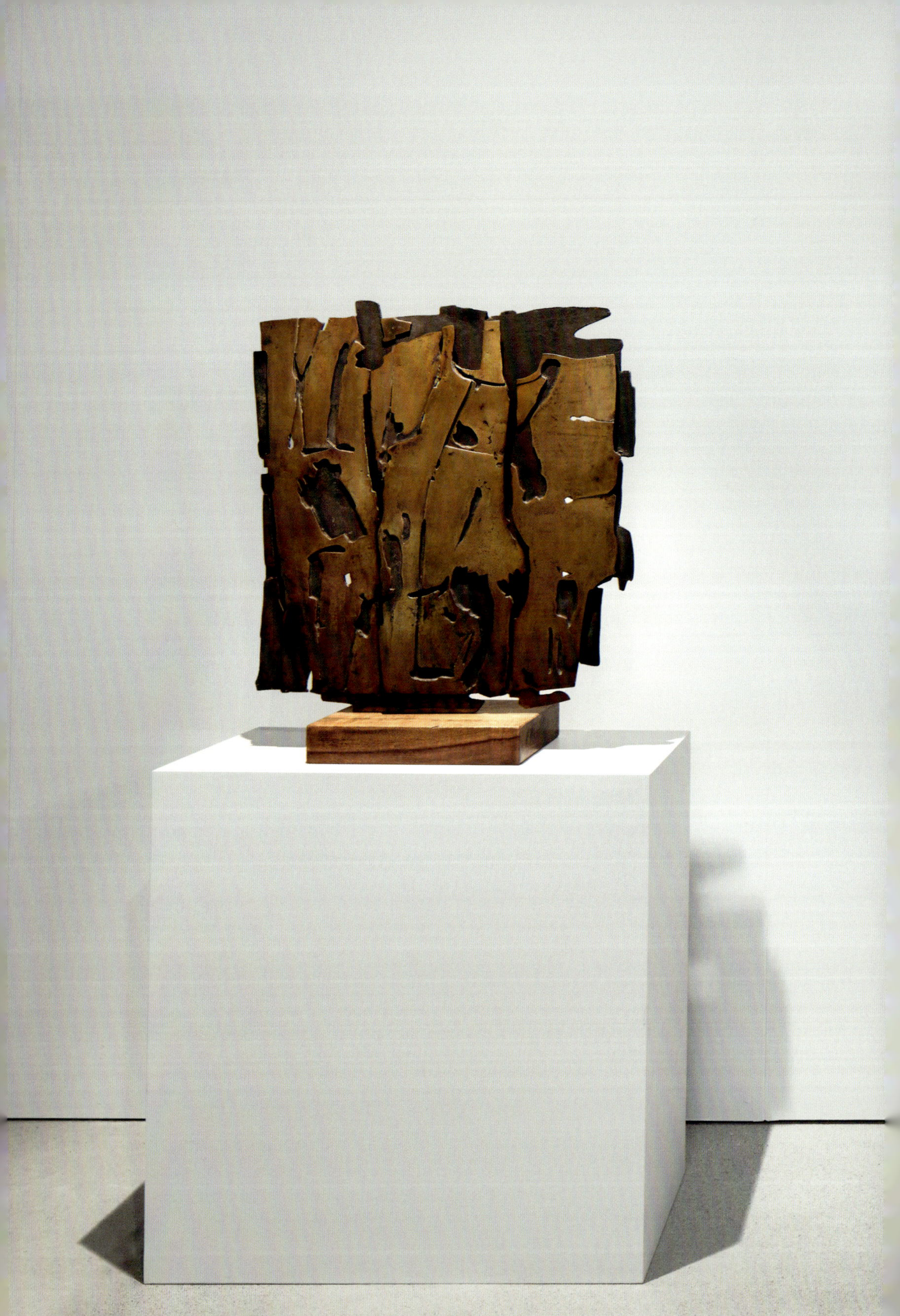

 Impronta solare, 1961; *Solida n. 4*, 1966

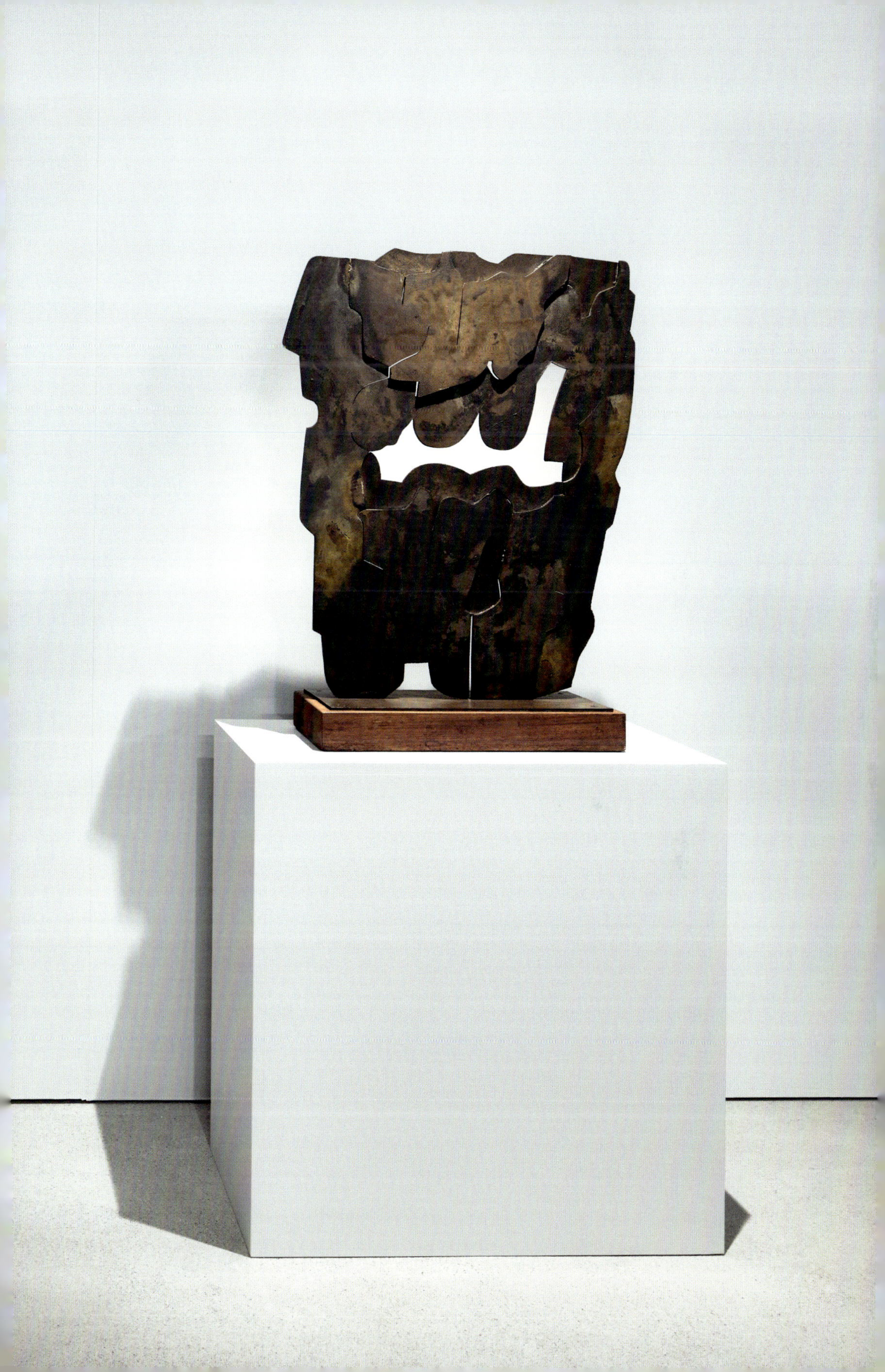

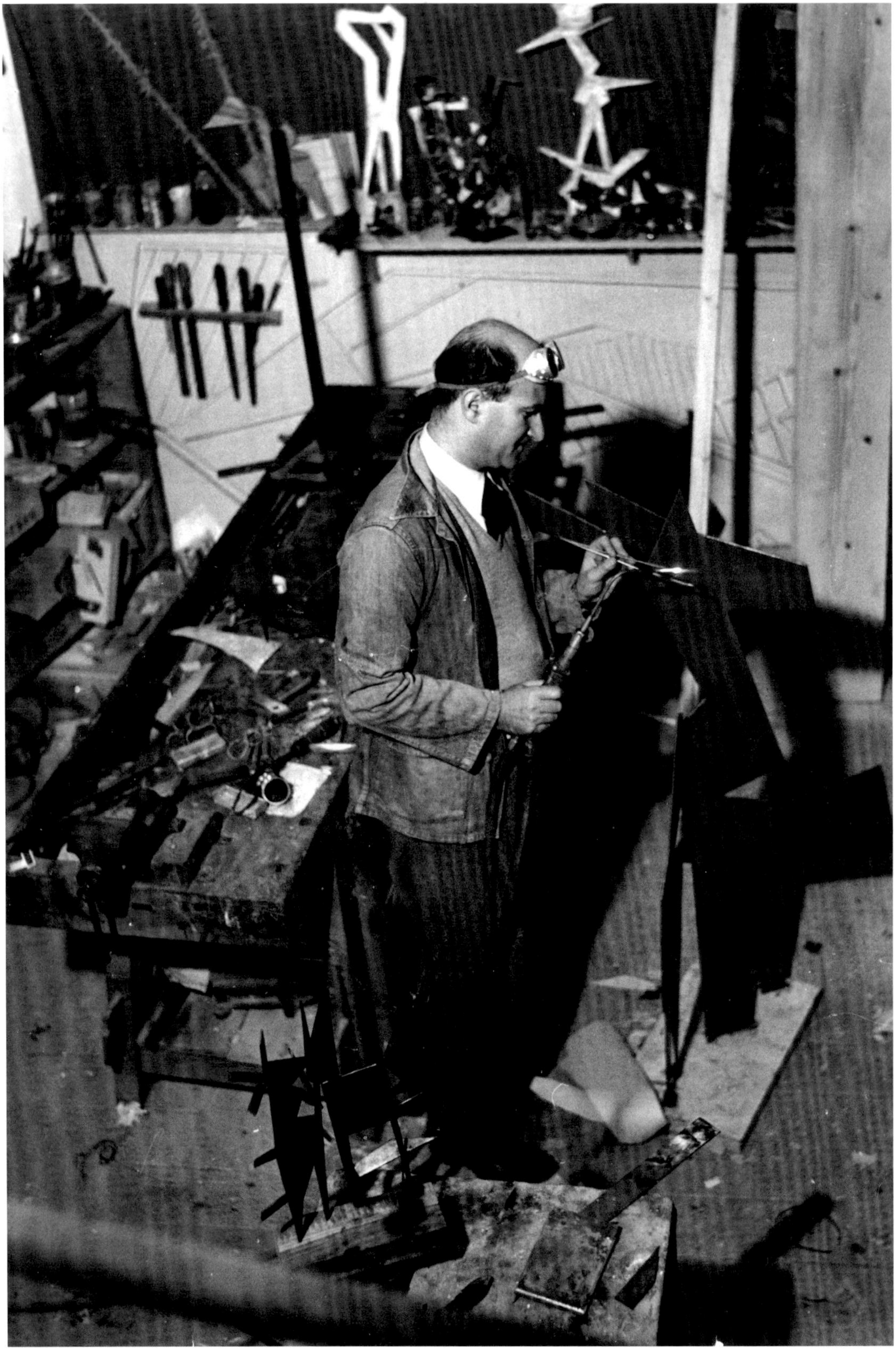

 Consagra nello studio in via Archimede, Roma, 1953 / Consagra in the studio in via Archimede, Rome, 1953

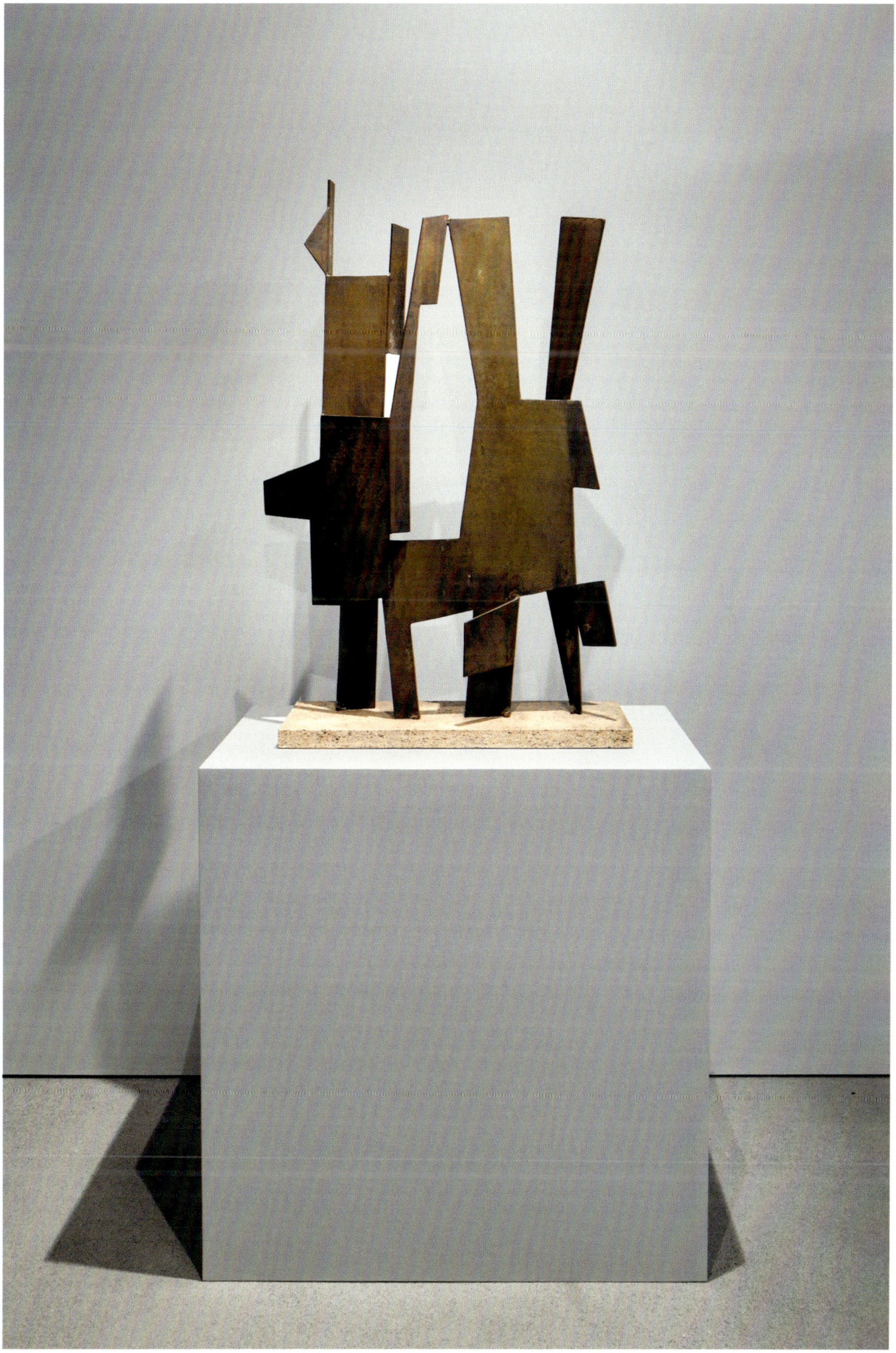

 Colloquio, 1952

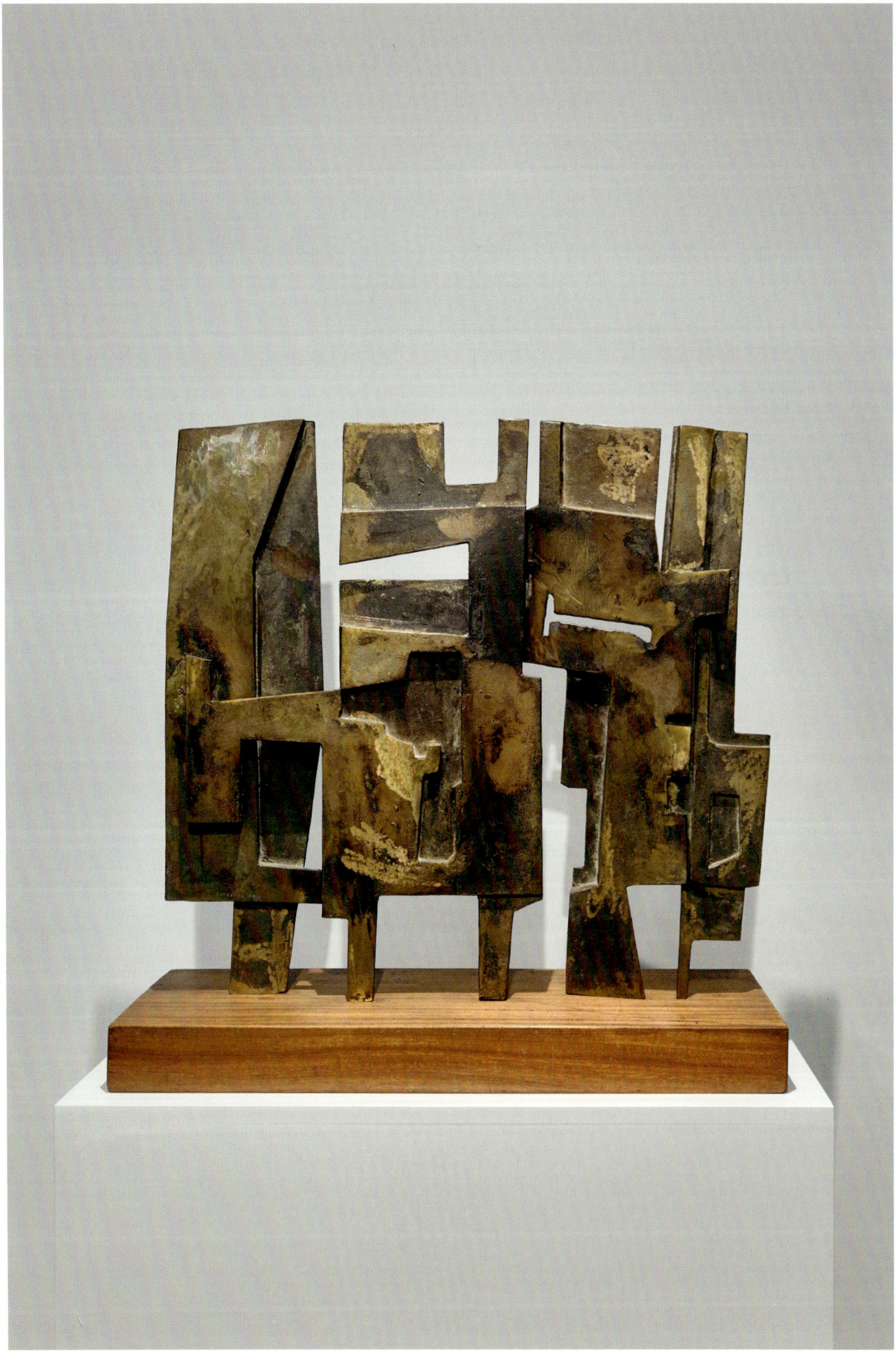

 Omaggio a Paisiello, 1955

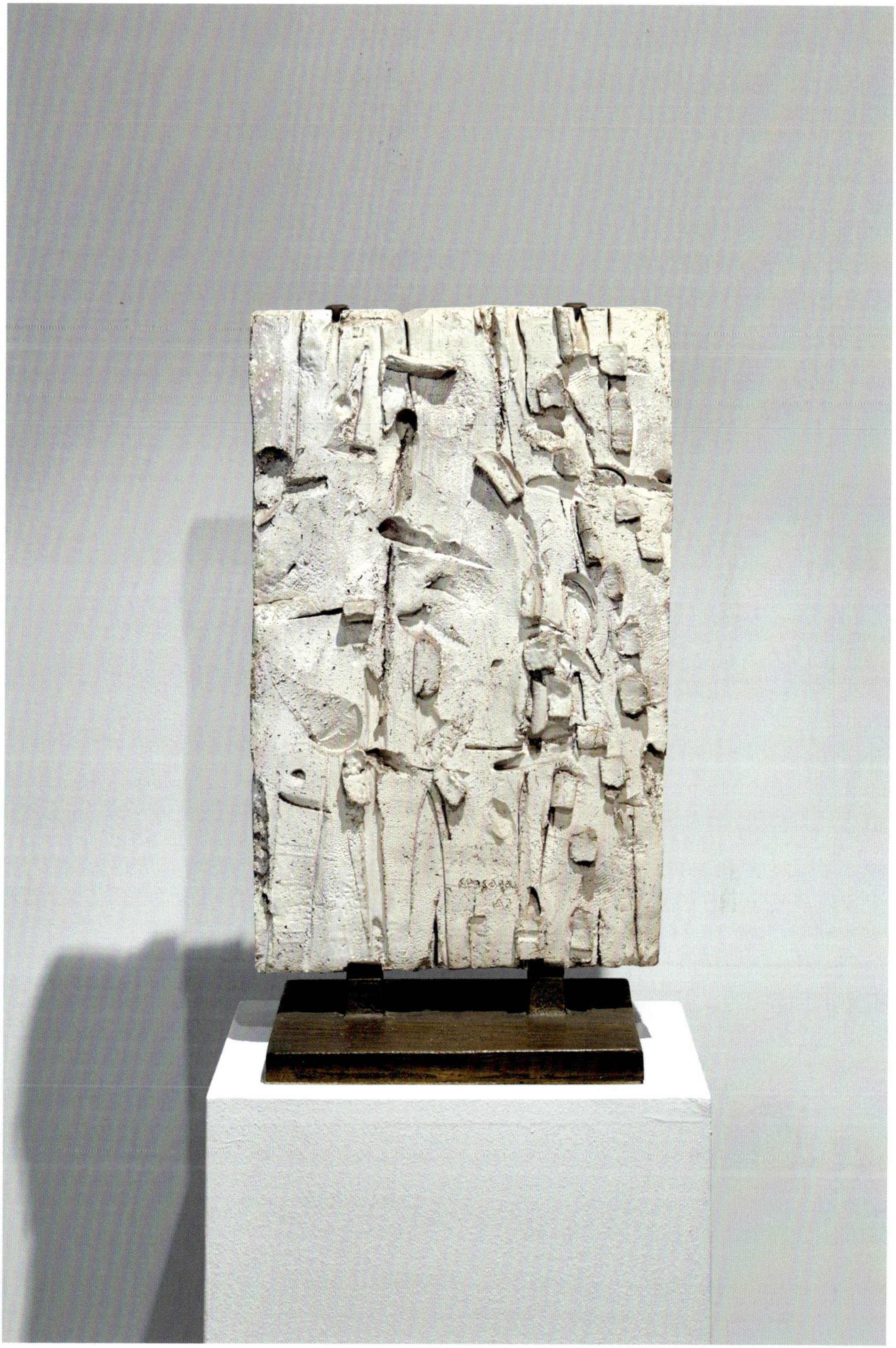

137 *Terracotta smaltata di bianco*, 1962

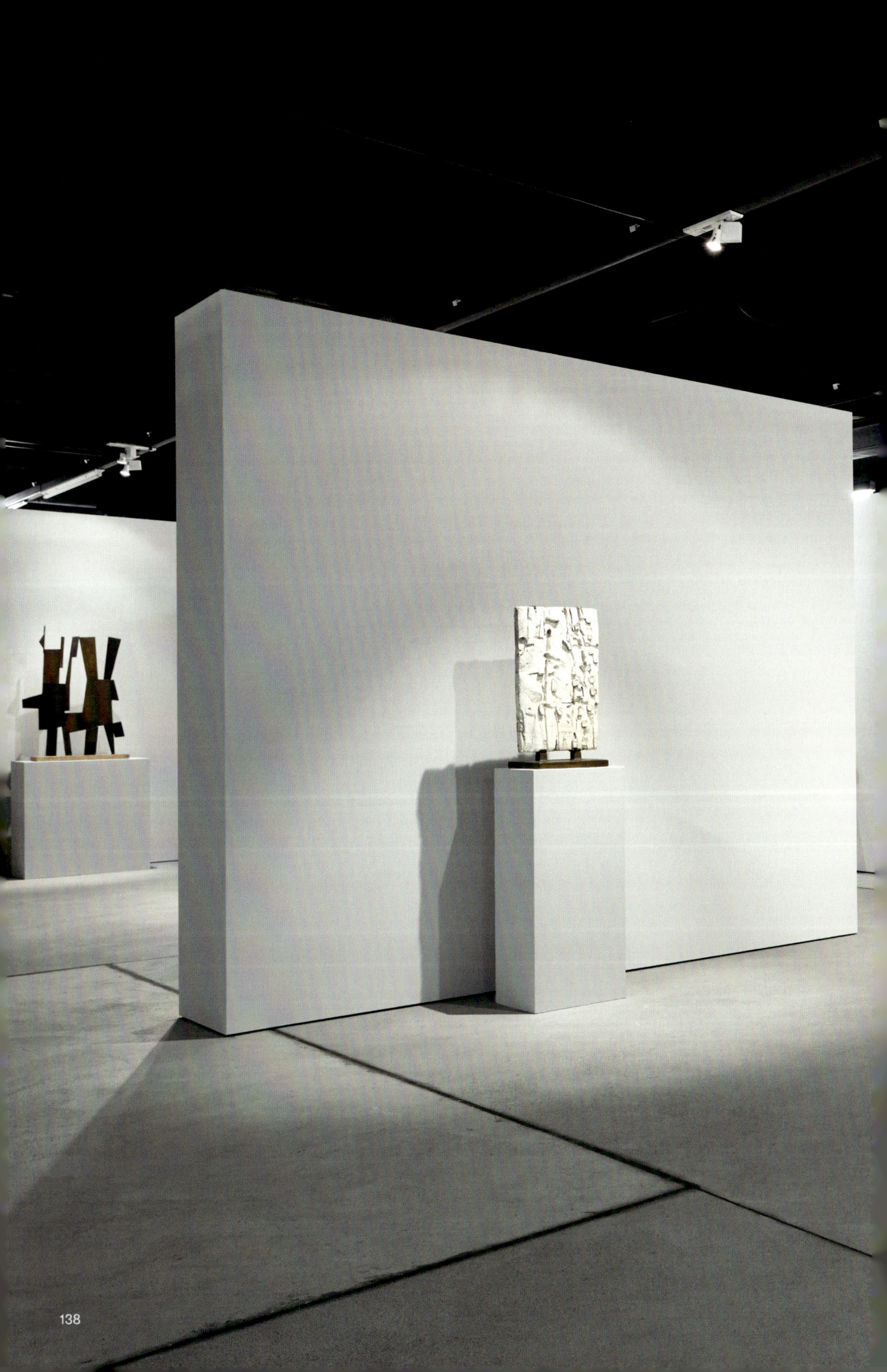

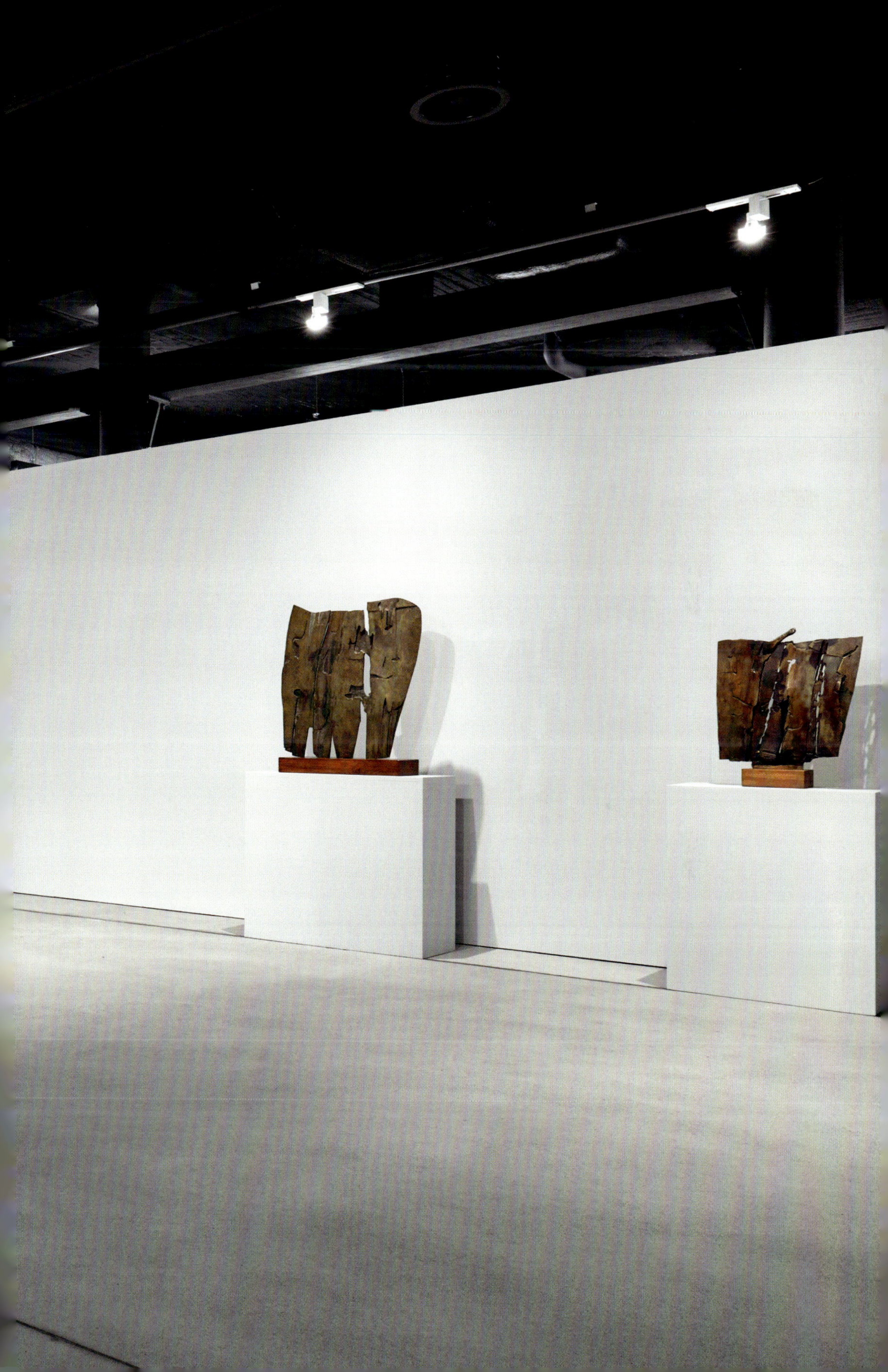

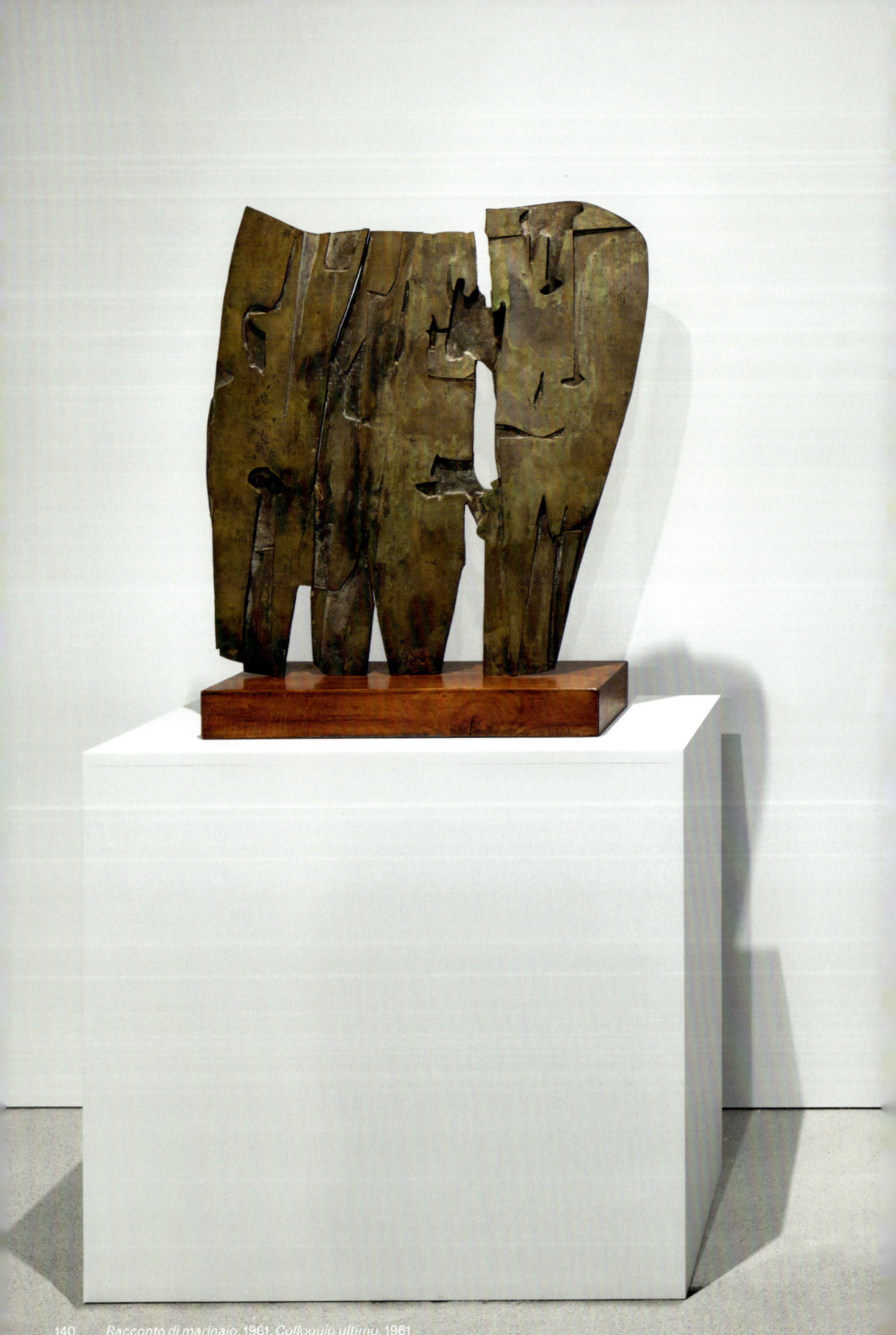

 Racconto di marinaio, 1961, *Colloquio ultimo*, 1961

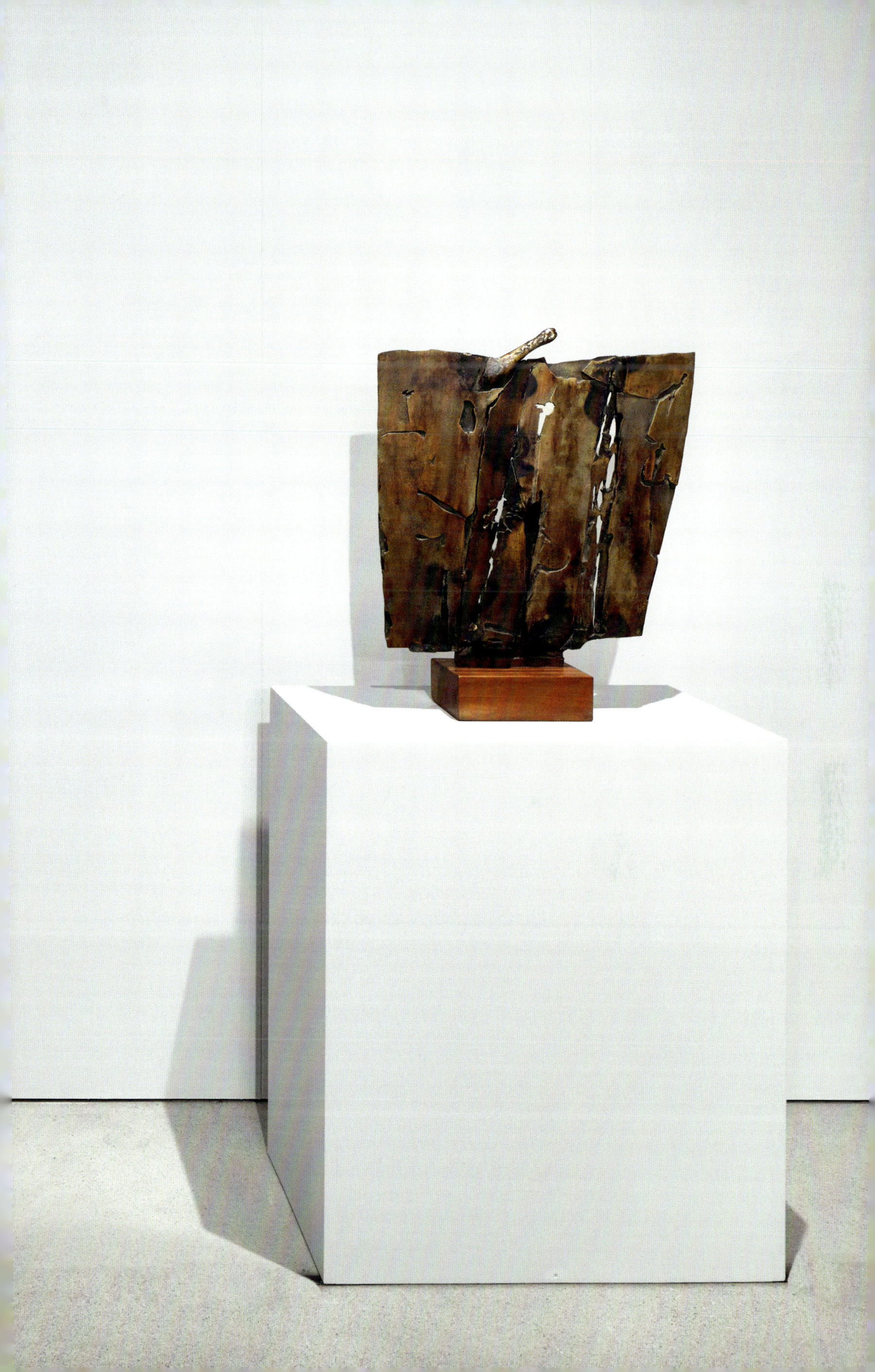

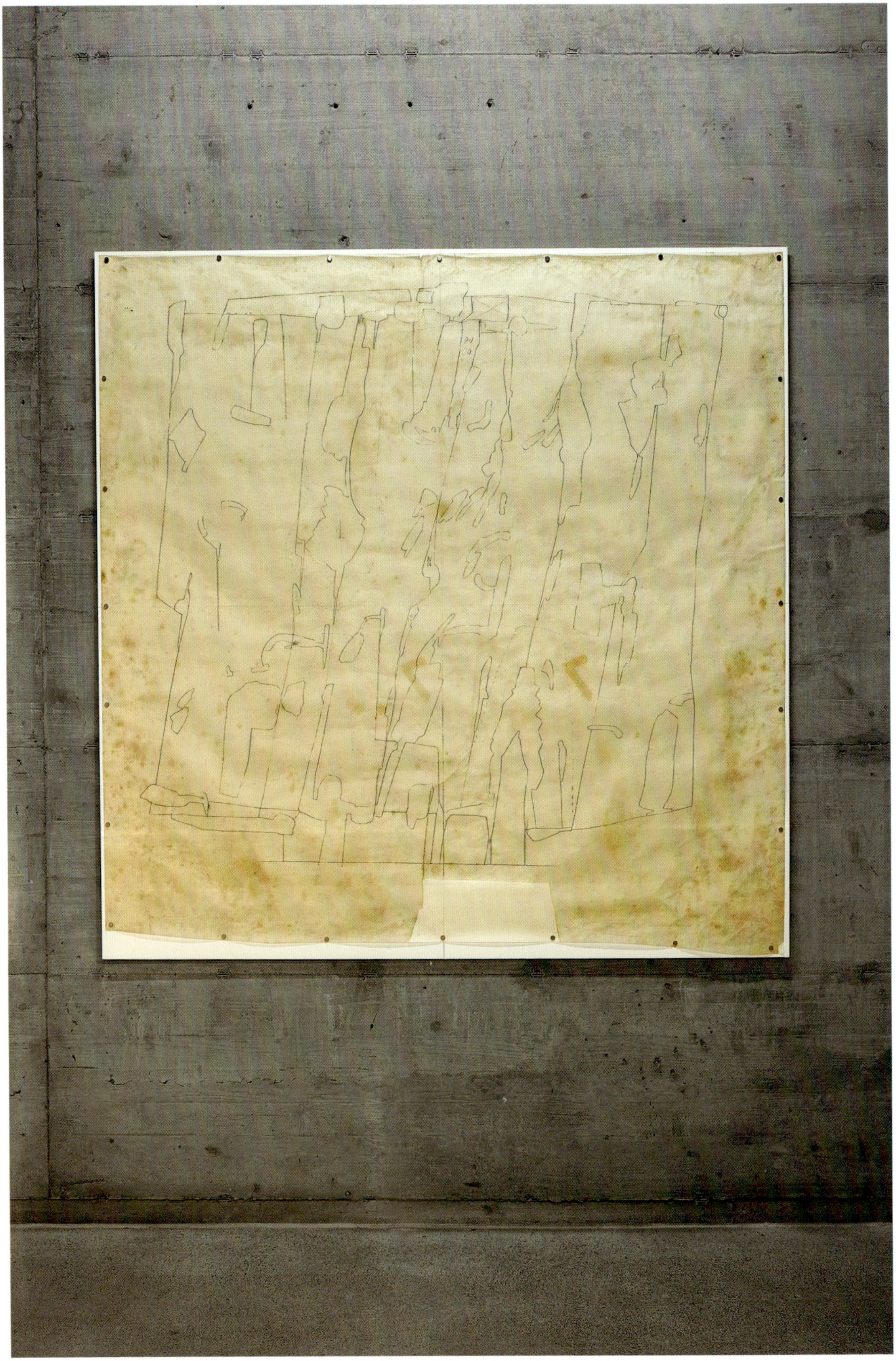

 Disegno esecutivo per *Colloquio libero*, 1960

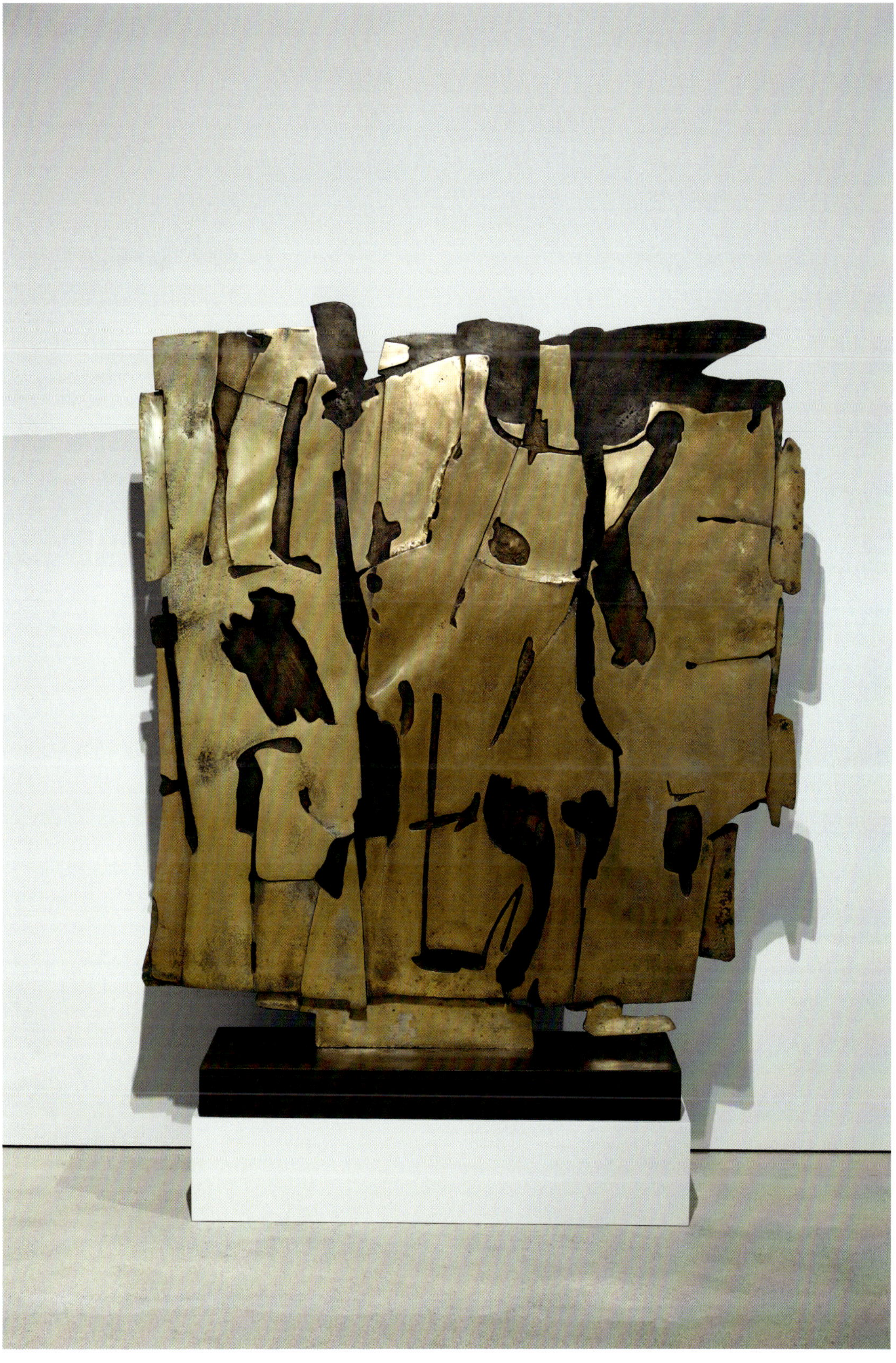

143 *Impronta solare*, 1961

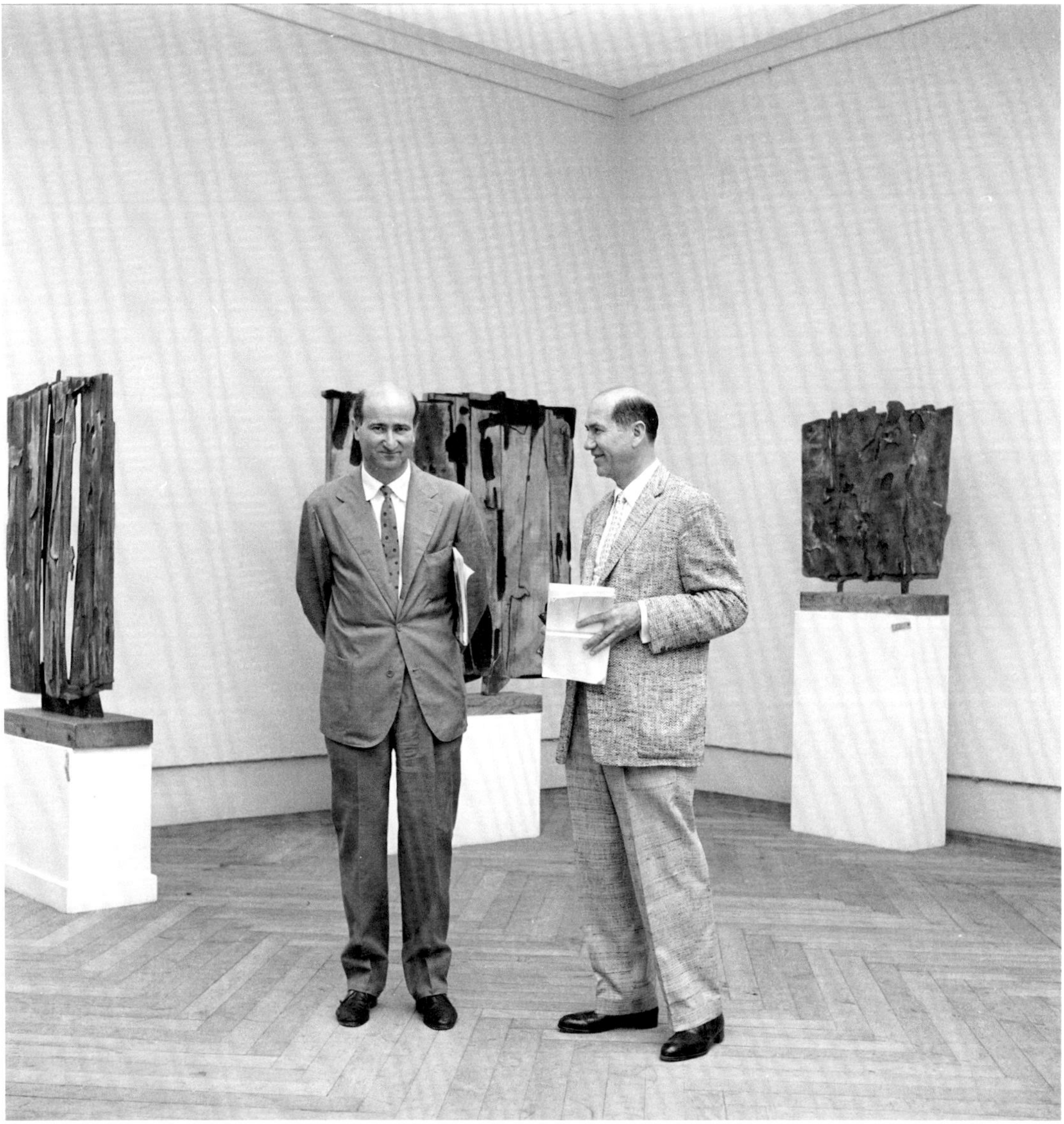

Consagra nella sua sala personale alla Biennale di Venezia del 1960, con il collezionista David E. Bright. /
Consagra in his individual room at the Venice Biennale 1960, with collector David E.

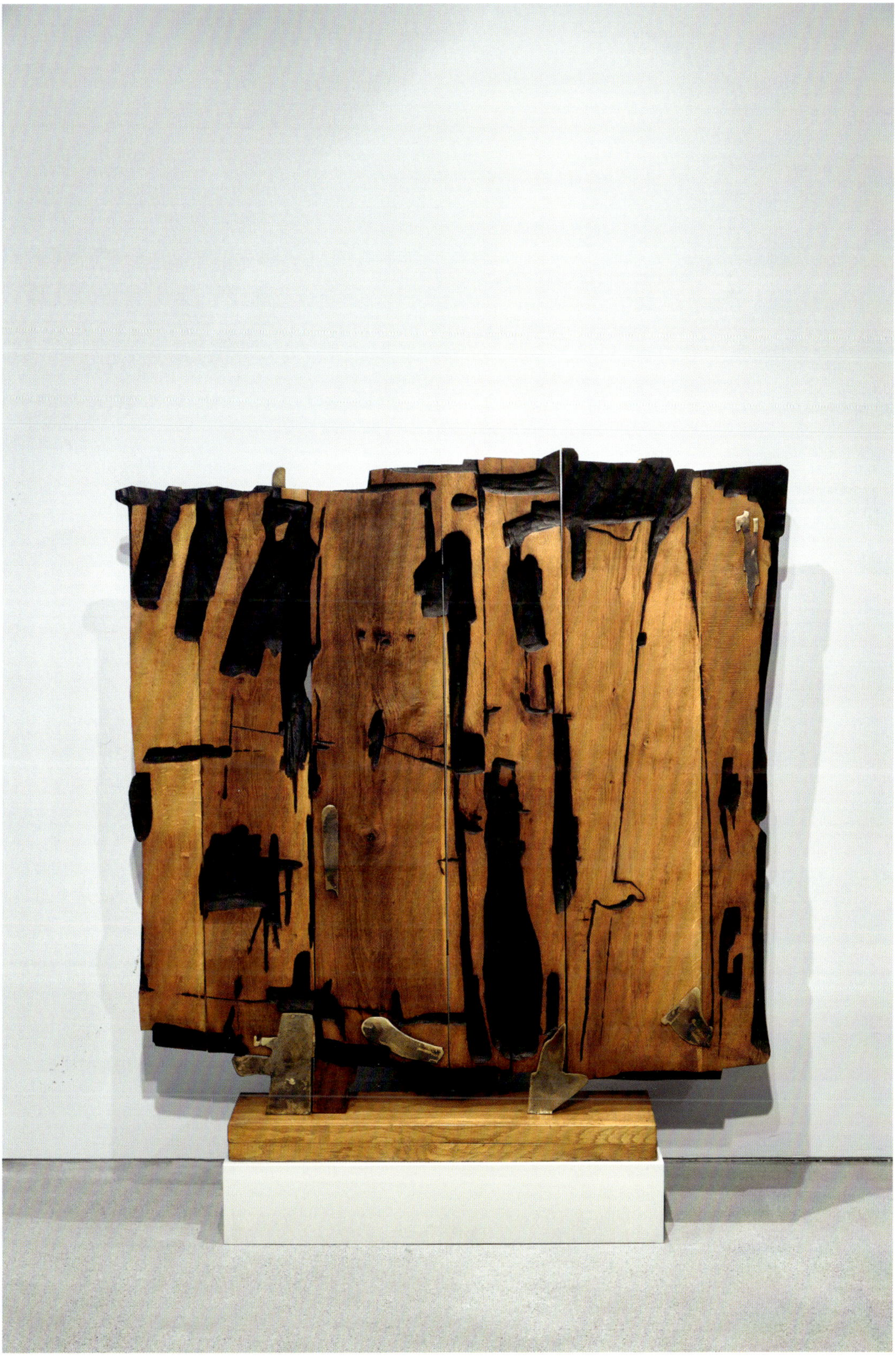

 Colloquio fermo, 1959

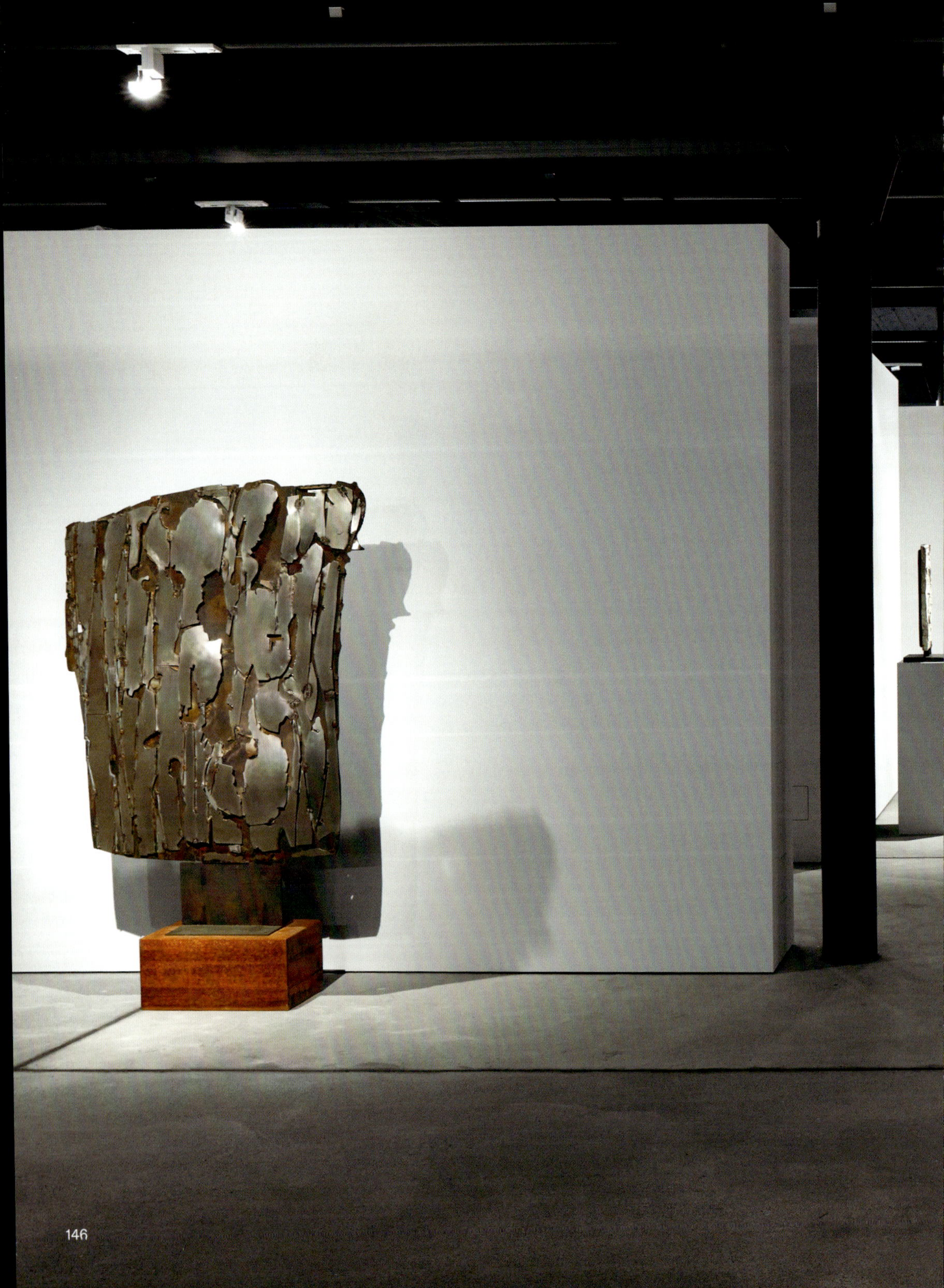

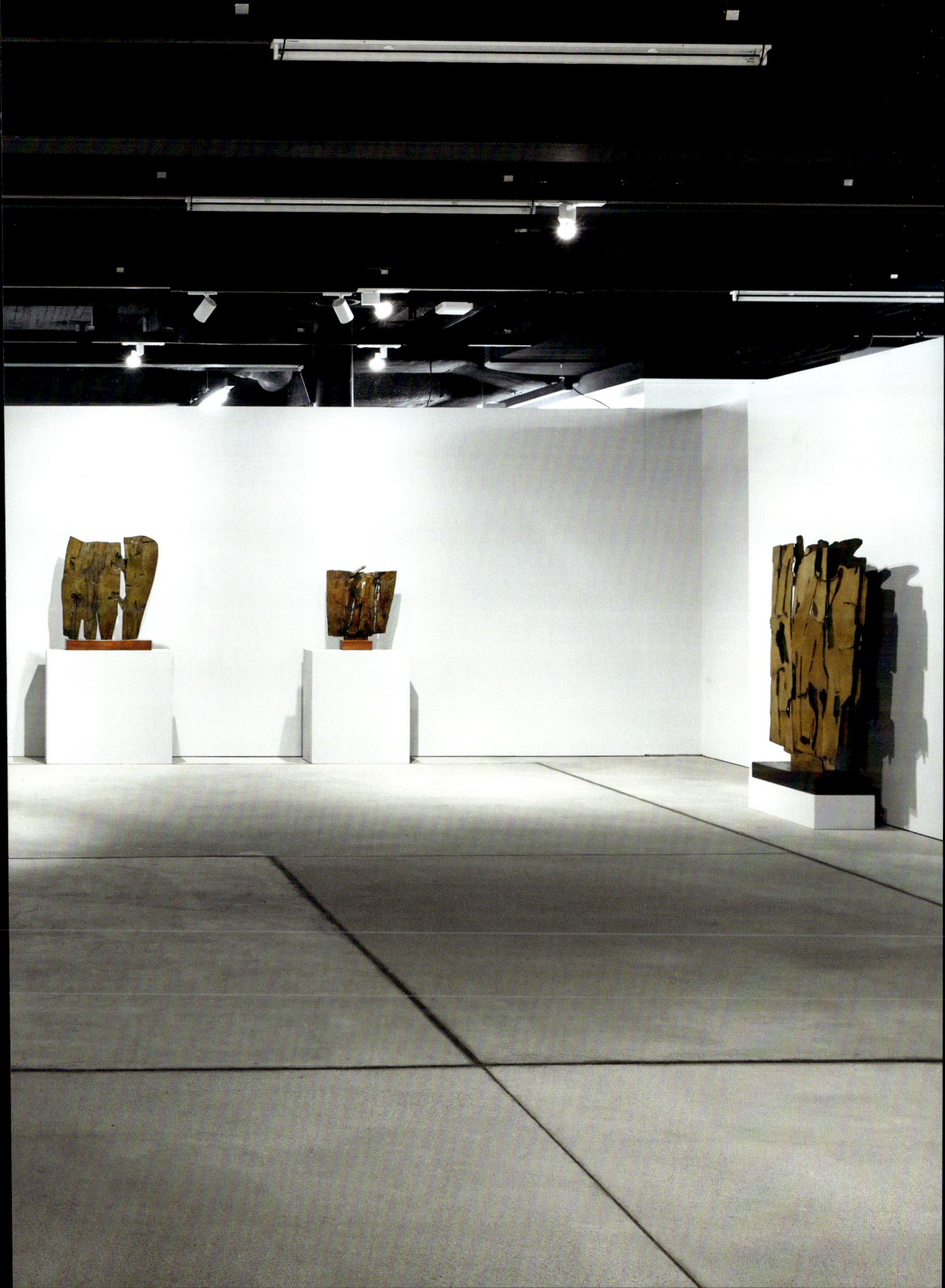

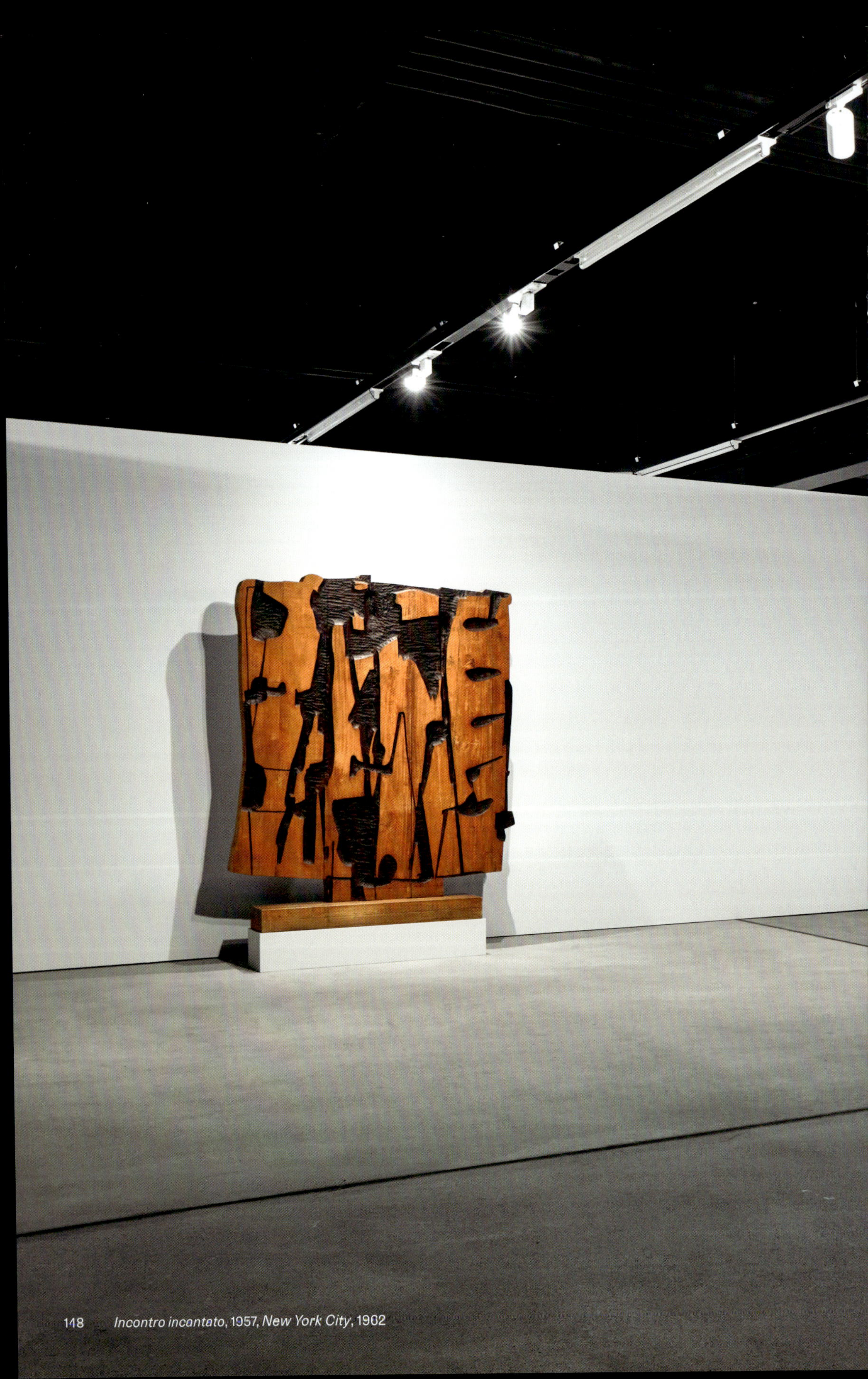

 Incontro incantato, 1957, *New York City*, 1962

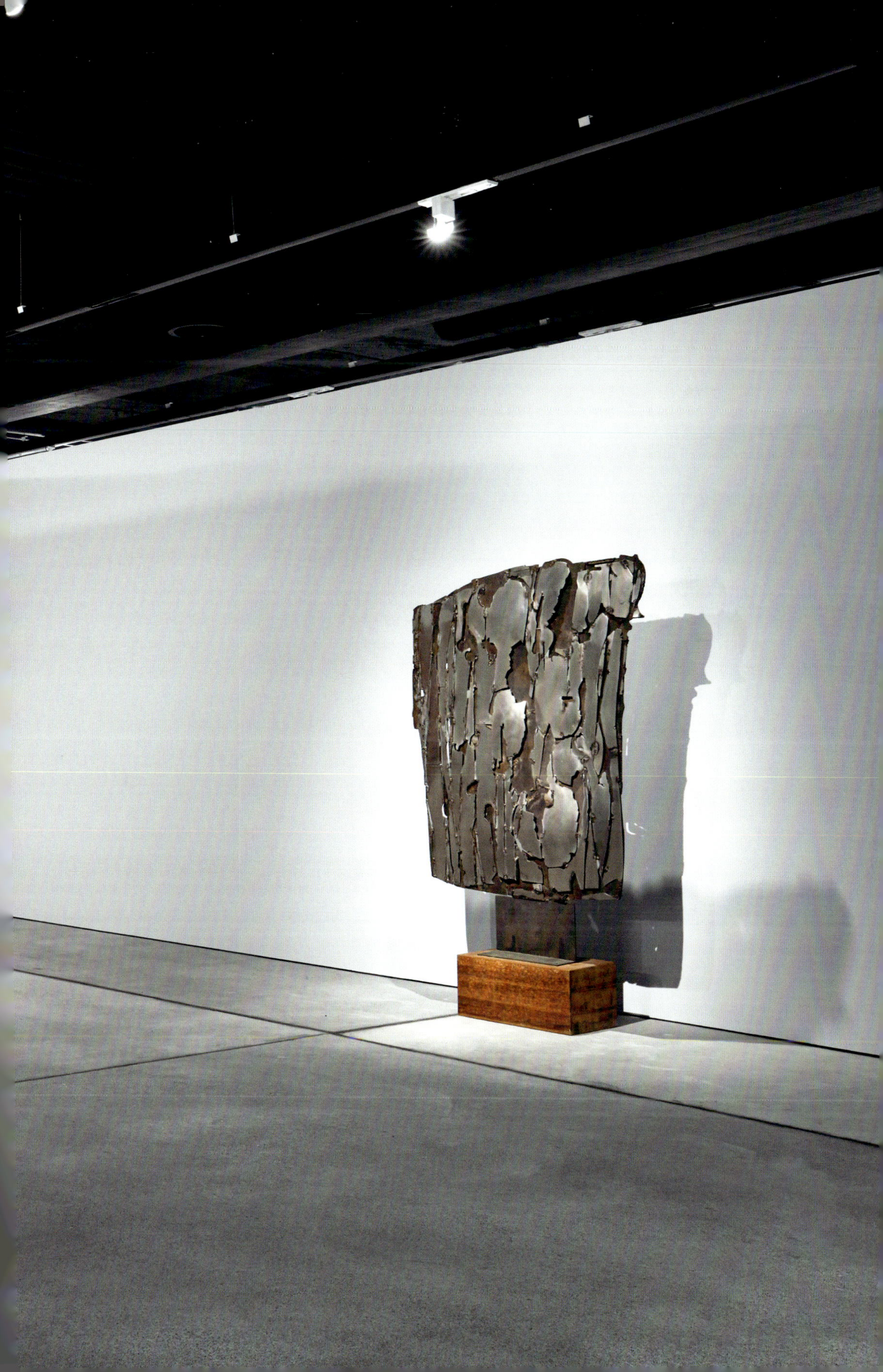

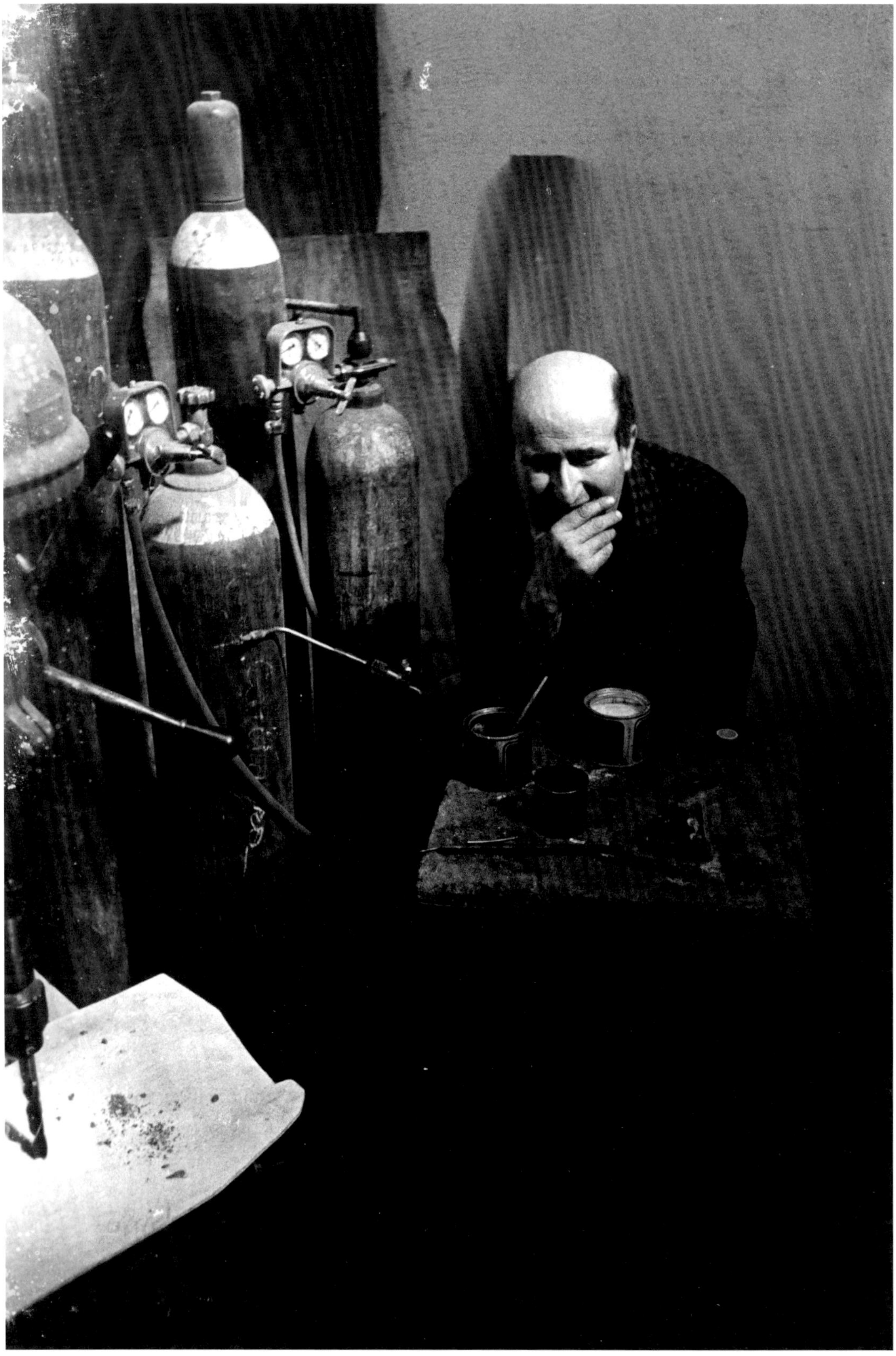

 Consagra nel suo studio in via Archimede, Roma, 1959 / Consagra in his studio in via Archimede, Rome, 1959

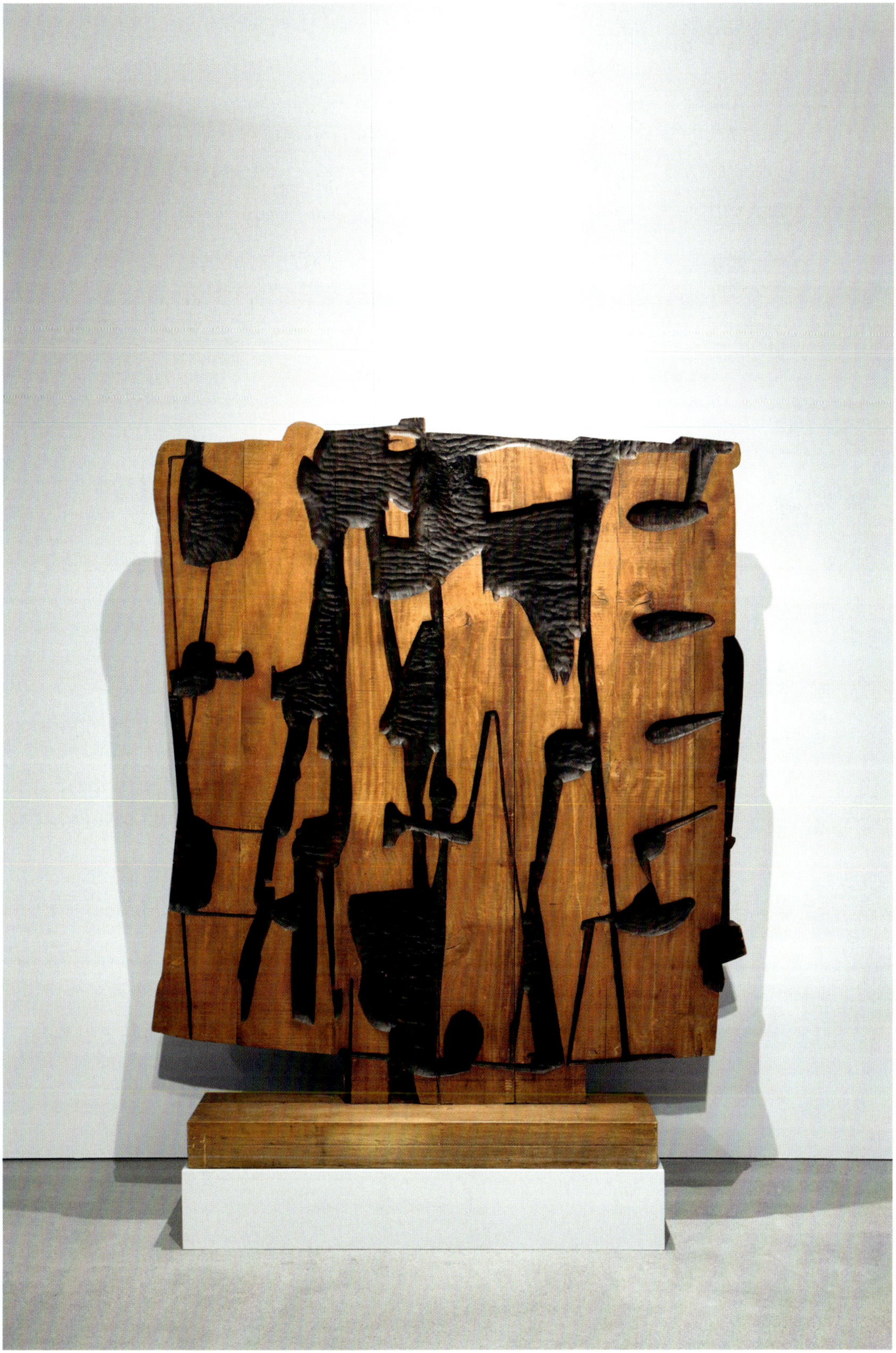

 Incontro incantato, 1957

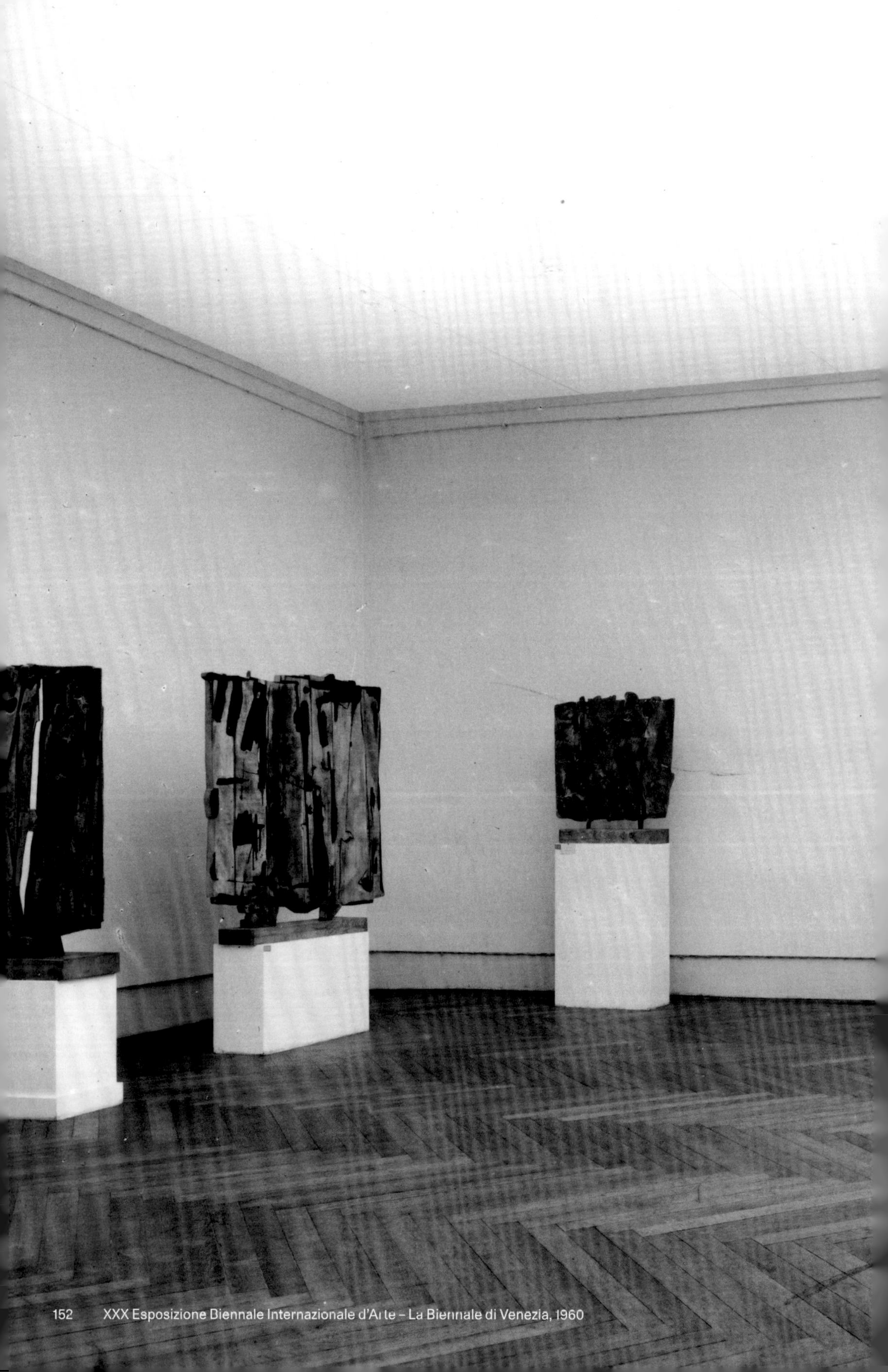

 XXX Esposizione Biennale Internazionale d'Arte – La Biennale di Venezia, 1960

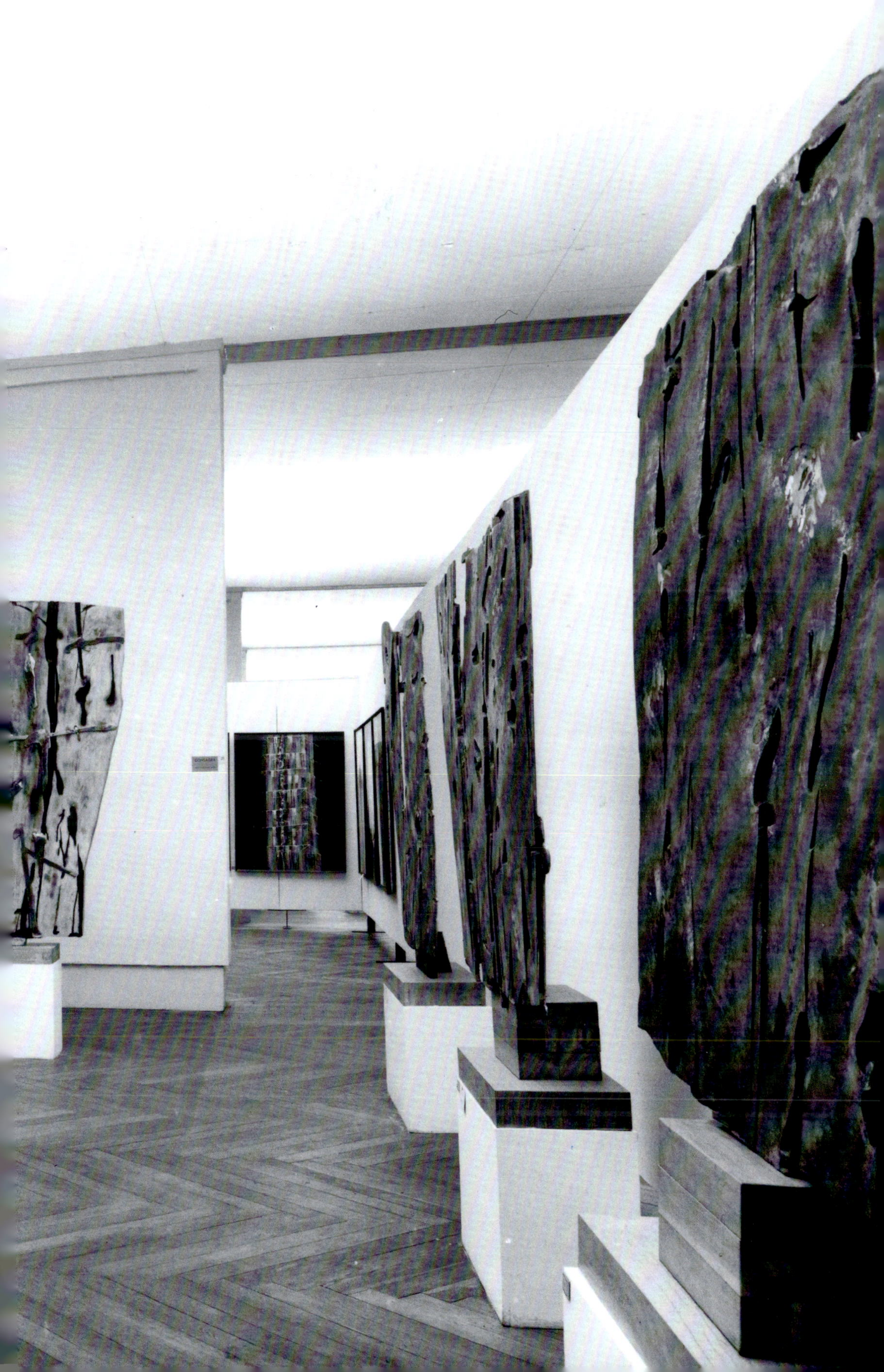

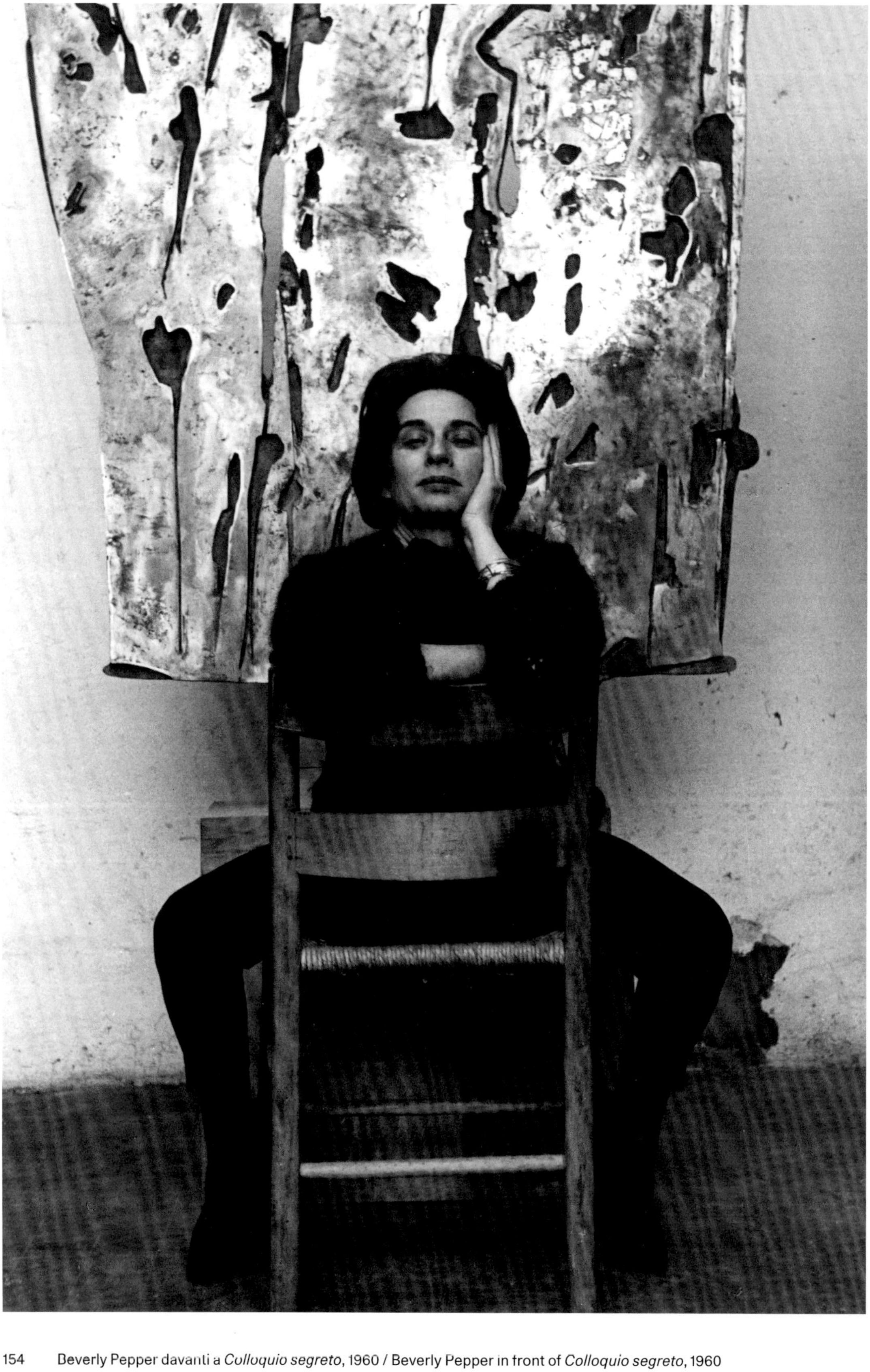

 Beverly Pepper davanti a *Colloquio segreto*, 1960 / Beverly Pepper in front of *Colloquio segreto*, 1960

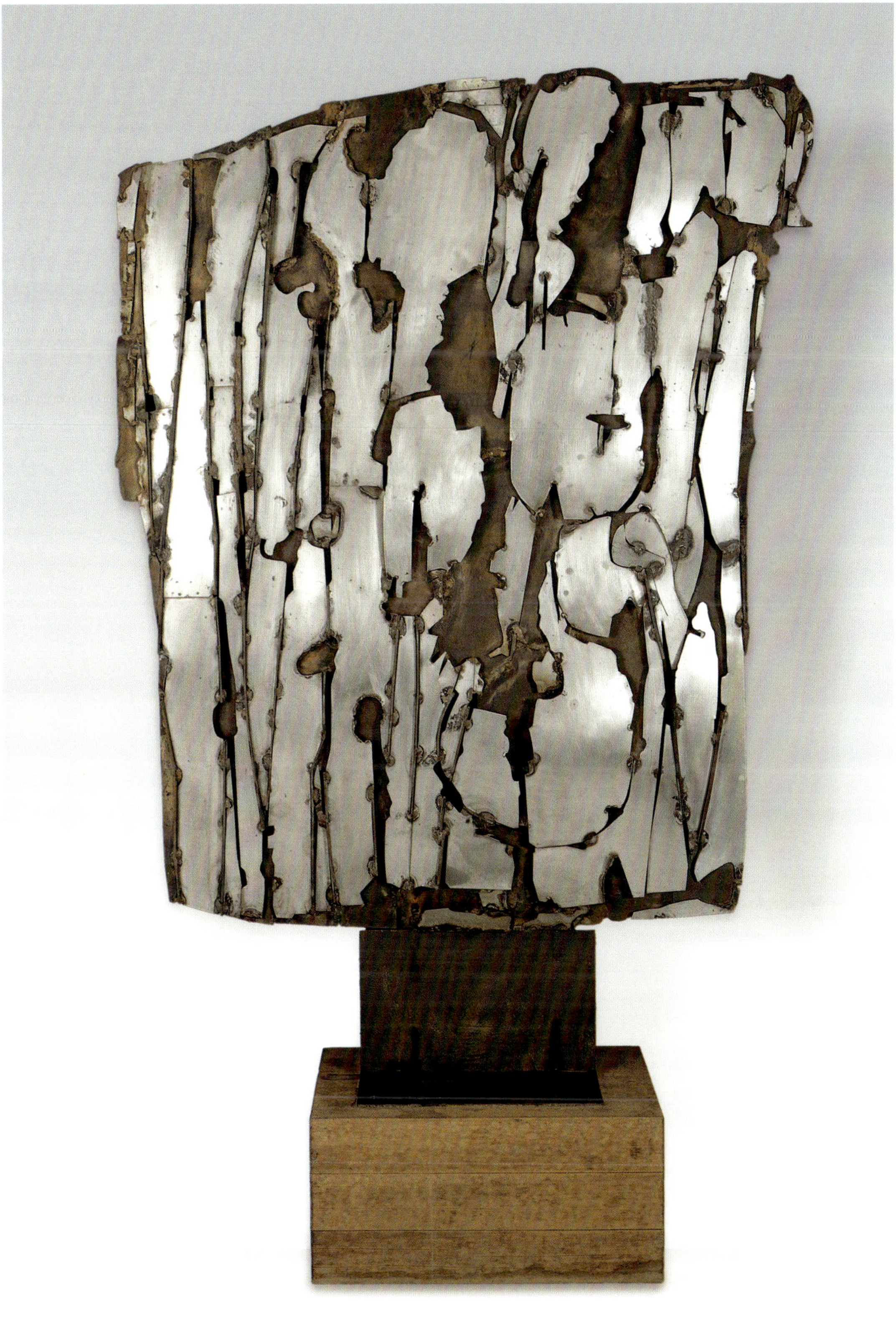

 New York City, 1962

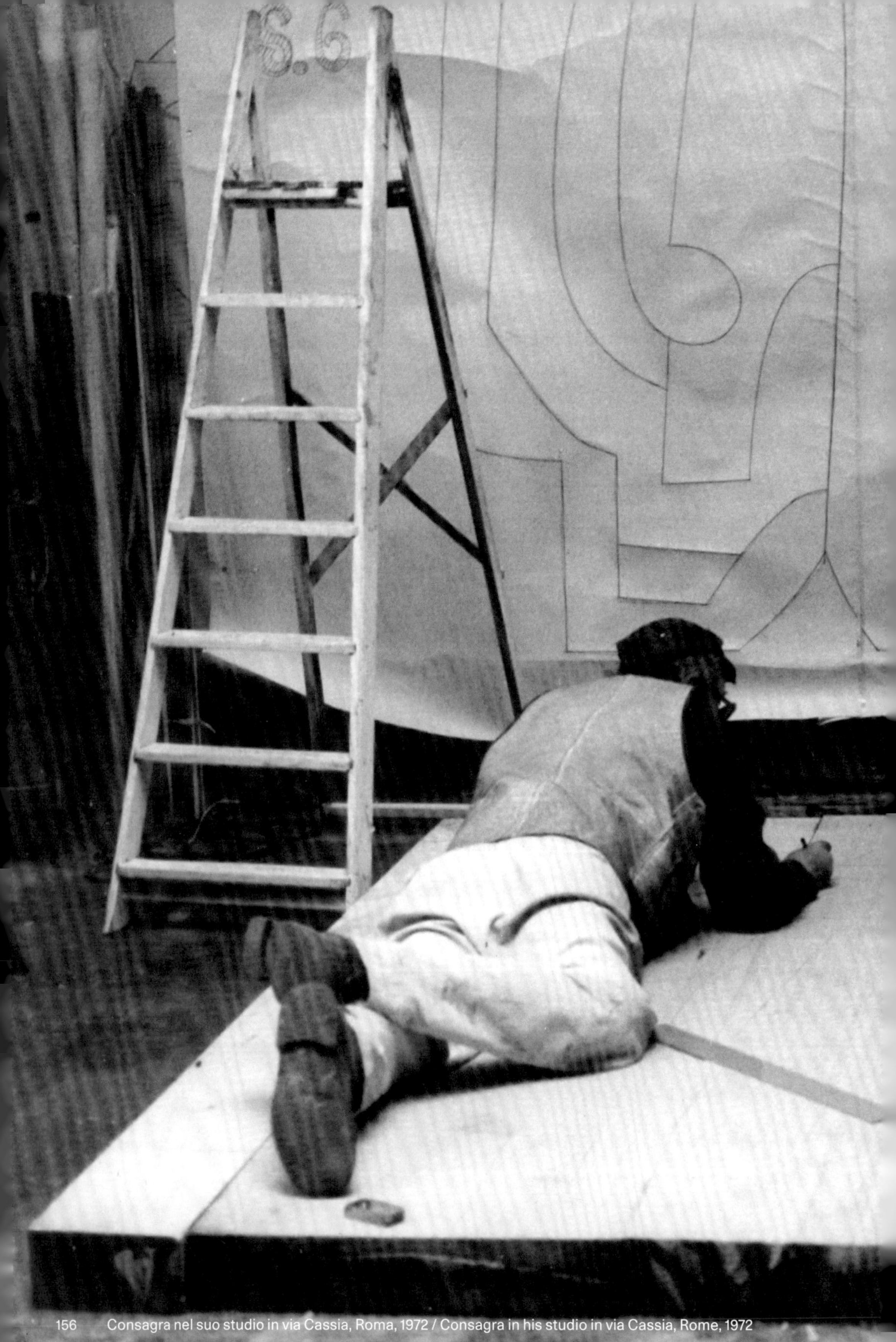

 Consagra nel suo studio in via Cassia, Roma, 1972 / Consagra in his studio in via Cassia, Rome, 1972

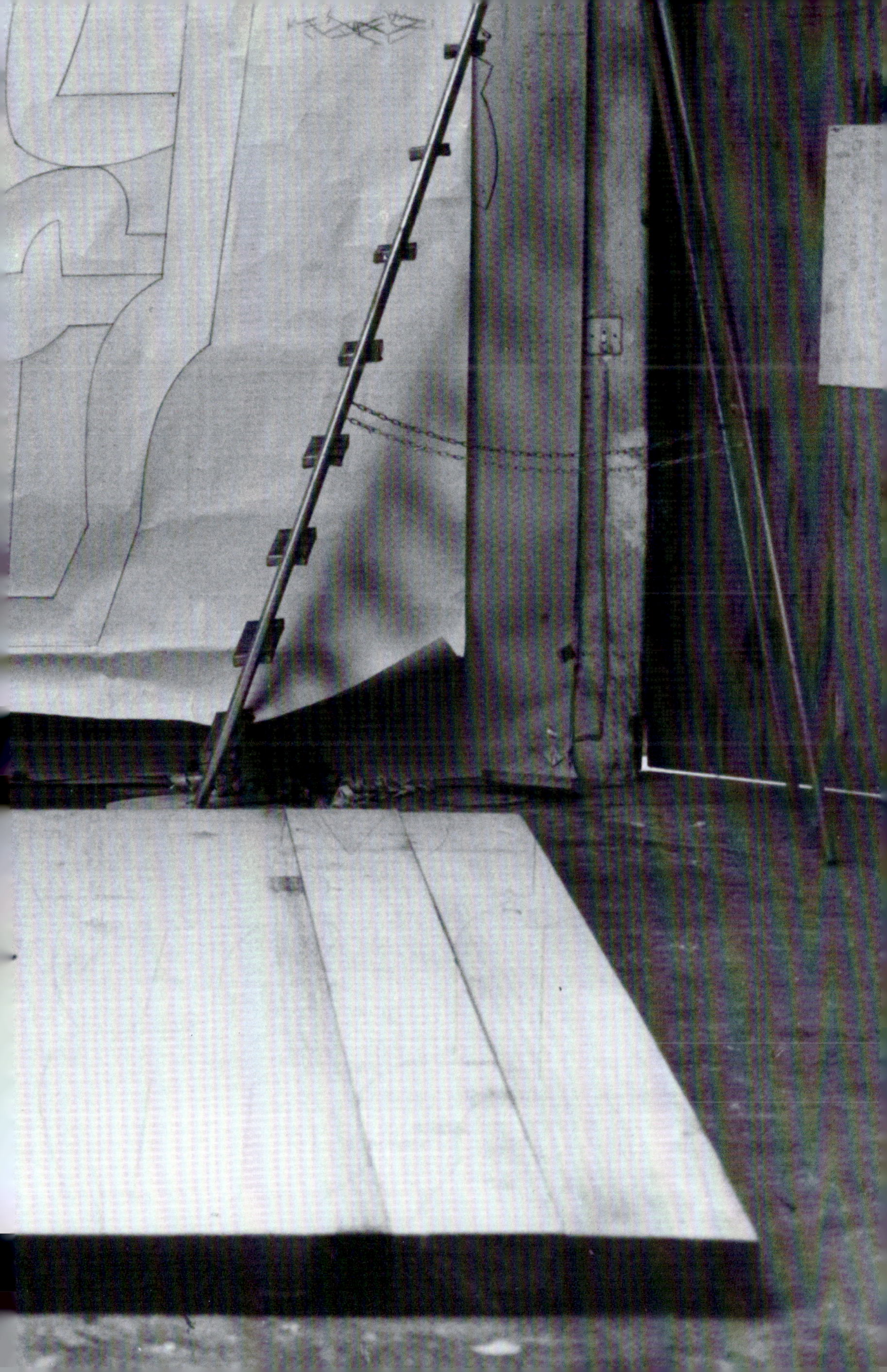

Il progetto espositivo e il libro pubblicato nella stessa occasione, *Pietro Consagra: La materia poteva non esserci*, nascono dall'invito fattomi da Danna e Giancarlo Olgiati, esprimendo la loro volontà di celebrare l'opera del grande artista e amico e il centenario dalla sua nascita, nel 2020. La pandemia ha impedito di inaugurare il progetto nelle date corrispondenti e a distanza di un anno possiamo con orgoglio presentare sia la mostra sia il volume. L'incontro con Pietro Consagra da parte dei due collezionisti risale agli anni Ottanta, poi nei Novanta l'artista iniziò la collaborazione con la galleria Fonte d'Abisso, diretta da Danna Olgiati. Nacque una profonda amicizia e sodale collaborazione testimoniata sia dalle numerose mostre in galleria sia dalle continue frequentazioni che stabilirono con l'artista. Danna Olgiati ha avuto un ruolo importante dagli anni Novanta per la divulgazione e promozione della sua opera. Giancarlo Olgiati ha ricoperto per sette anni il ruolo di presidente dell'archivio Consagra, oggi diretto dalla Prof.ssa Gabriella Di Milia. Una copiosa documentazione di tale rapporto è conservata nell'archivio della Collezione Giancarlo e Danna Olgiati.

Uno speciale ringraziamento allo staff dell'Archivio Consagra e in particolare alla Prof.ssa Gabriella Di Milia per la disponibilità e la generosa collaborazione.

The exhibition project and the book published in conjunction with it, *Pietro Consagra: La materia poteva non esserci*, stems from an invitation made to me by Danna and Giancarlo Olgiati, as they expressed their wish to celebrate the work of the great artist and their friend and the centenary year of his birth, in 2020. The pandemic prevented us from opening the project on the appropriate dates, and one year later we can proudly present both the exhibition and the volume.
The two collectors started seeing Consagra back in the 1980s, then in the 1990s the artist began his collaboration with the Fonte d'Abisso gallery, directed by Danna Olgiati. This developed into a deep friendship and partnership, witnessed by the many gallery exhibitions and by the fact that the three met on a regular basis. In the 1990s Danna Olgiati played a major role in popularizing and promoting Consagra's work. Giancarlo Olgiati served for seven years as president of the Consagra archives, now directed by Prof. Gabriella Di Milia. Extensive documentation of this relationship is kept at the Collezione Giancarlo e Danna Olgiati archive.

Special thanks go to the Consagra Archives, and in particular to alla Prof. Gabriella Di Milia, for their helpfulness and generous collaboration.

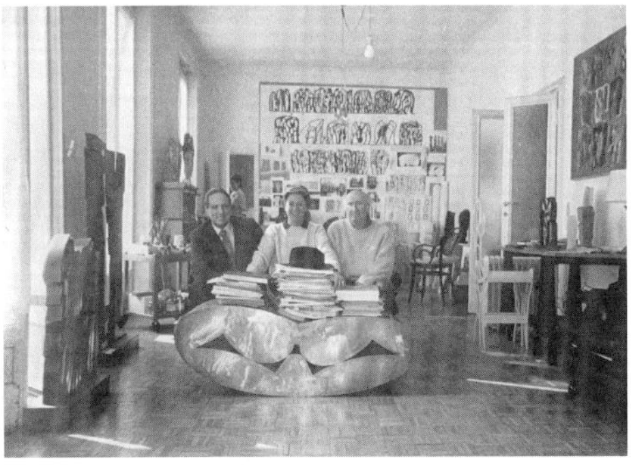

Consagra con Giancarlo e Danna Olgiati nell'appartamento di via Monte di Pietà, Milano, 1997 /
Consagra with Giancarlo and Danna Olgiati in the apartment in via Monte di Pietà, Milan, 1997

PIETRO CONSAGRA

Pietro Consagra (Mazara del Vallo, 1920–Milano, 2005) ha toccato tutti gli aspetti della creazione artistica. Ha creato sculture (l'attività per la quale è rinomato), ha dipinto quadri, ha disegnato (ogni sua scultura nasce da un disegno), ha sperimentato nuove tecniche, ha scritto versi e prose con instancabile vis polemica – ha inoltre eretto edifici, creato gioielli minuscoli e monumentali installazioni urbane. Sin dal 1948 afferma il suo concetto di scultura frontale, in cui l'ubicazione ha il valore di elemento plastico e l'astrazione assume una forte componente psicologica. Ottiene i primi riconoscimenti internazionali esponendo presso la Collezione Peggy Guggenheim di Venezia nel 1949, la Biennale di San Paolo nel 1955 e nel 1959, Documenta a Kassel nel 1959 e nel 1964, la Biennale di Venezia del 1956 e del 1960, anno in cui riceve il premio per la scultura. La tensione delle sue sculture frontali in bronzo, in legno bruciato e in acciaio, denominate *Colloqui* (1952–1962), si stempera nella sensualità di un linguaggio più estroverso nelle successive sculture bifrontali: i *Piani sospesi* (1964), i *Giardini* (1965) e i *Ferri trasparenti* (1965–1966), rosa, gialli, viola, blu, bianchi, turchese, dal profilo curvilineo e dai piani che si frammentano e gonfiano come per levitare. Dopo le mostre del 1967 al Museum Boijmans Van Beuningen di Rotterdam, alla Marlborough-Gerson Gallery e al Solomon R. Guggenheim Museum di New York, nelle *Sottilissime* (1968) porta la superficie della scultura a due decimi di millimetro, raggiungendo un'aerea trasparenza. Nella *Città frontale* (1968), *gli Edifici* in acciaio, spessi otto millimetri, sono forme abitabili, a nastro curvo continuo, prive di angoli retti e con due *facciate* opposte. Invariato rimane in Consagra il procedimento di costruire la scultura collegando elementi singoli. Come sempre egli stabilisce un "rapporto più diretto, frontale appunto, a tu per tu, con lo spettatore", anche nelle opere a grande scala, esempi di scultura da attraversare: l'installazione *Trama* (1972), creata per la Biennale di Venezia del 1972, le *Muraglie* (1976) e gli *Addossati* (1976) in marmo, la *Stella* di Gibellina (1982), le *Porte* del 1990, esposte all'Ermitage di San Pietroburgo, le *Facciate* del 1996, mostrate nel Palazzo di Brera a Milano e la *Doppia Bifrontale* del 2003, posta davanti al Parlamento Europeo di Strasburgo.

Pietro Consagra (Mazara del Vallo, 1920–Milan, 2005) explored all aspects of artistic creation. He created sculptures (the work for which he is well-known), made paintings, drew (each of his sculptures originates from a drawing), experimented with new techniques, wrote poetry and prose with tireless energy and a polemical attitude—and moreover, he erected buildings, created tiny jewelry, and monumental urban installations. Ever since 1948 he established his conception of frontal sculpture, in which location has the value of a plastic element, and abstraction takes on a strongly psychological connotation. He first obtained international recognition with an exhibition at the Peggy Guggenheim Collection in Venice in 1949, the São Paulo Biennial in 1955 and 1959, Documenta in Kassel in 1959 and 1964, the Venice Biennale in 1956 and in 1960, the year in which he received the prize for sculpture. The tension of his frontal sculptures in bronze, burnt wood and steel, called *Colloqui* (Conversations, 1952–1962), finds release in the sensuality of the more extroverted language of his subsequent bifrontal sculptures: the *Piani sospesi* (Suspended Planes, 1964), the *Giardini* (Gardens, 1965), and the *Ferri trasparenti* (Transparent Irons, 1965–1966), pink, yellow, purple, blue, white, turquoise, with their curvilinear outline and planes that get fragmented and swell as if to levitate. After his 1967 exhibitions at Museum Boijmans Van Beuningen in Rotterdam, at the Marlborough-Gerson Gallery and at the Solomon R. Guggenheim Museum in New York, in his *Sottilissime* (Extremely Thins, 1968) he reduced the surface of the sculpture down to two-tenths of a millimeter, achieving an aerial transparency. In *Città frontale* (Frontal City, 1968), his steel *Edifici* [Buildings], eight millimeters thick, are inhabitable forms, a continuous curved ribbon, without right angles and with two opposing sides. What remained unchanged in Consagra was the process of building sculptures by connecting individual elements. As usual he established "a more direct, effectively frontal, relationship with the spectator", even in large-scale works, which are examples of sculptures you can move through: the installation *Trama* (Weave, 1972), created for the 1972 Venice Biennale, marble works such as the *Muraglie* (Walls, 1976) and the *Addossati* (Back to Backs, 1976), the *Stella* of Gibellina (Star, 1982), his 1990 *Porte* [Doors], displayed at the Hermitage Museum in Saint Petersburg, the *Facciate* [Facades] of 1996, exhibited in Milan at the Palazzo di Brera, and the *Doppia Bifrontale* [Double Bifrontal] made in 2003 and placed in front of the European Parliament building in Strasbourg.

MARIO BOTTA

Nato l'1 aprile 1943 a Mendrisio, Svizzera. Dopo un periodo d'apprendistato a Lugano, frequenta il liceo artistico di Milano e prosegue i suoi studi all'Istituto Universitario d'Architettura di Venezia, dove si laurea nel 1969 con i relatori Carlo Scarpa e Giuseppe Mazzariol. Durante il periodo trascorso a Venezia, ha occasione di incontrare e lavorare per Le Corbusier e Louis I. Kahn. Nel 1970 apre il proprio studio a Lugano e, da allora, svolge parallelamente anche un'intensa attività didattica con conferenze, seminari e corsi presso scuole d'architettura in Europa, in Asia, negli Stati Uniti e in America Latina. Partendo dalla prime realizzazioni di case unifamiliari in Canton Ticino, il suo lavoro ha abbracciato molte tipologie edilizie: scuole, banche, edifici amministrativi, biblioteche, musei ed edifici religiosi. Tra le sue opere si possono ricordare: il MOMA a San Francisco; la cattedrale della resurrezione a Evry; il museo Jean Tinguely a Basilea; la sinagoga Cymbalista e centro dell'eredità ebraica a Tel Aviv; la biblioteca municipale a Dortmund; il centro Dürrenmatt a Neuchâtel; il MART museo d'arte moderna e contemporanea di Trento e Rovereto; la torre Kyobo e il museo Leeum a Seoul; gli edifici amministrativi della Tata Consultancy Services a Nuova Delhi e Hyderabad; la chiesa Papa Giovanni XXIII a Seriate; la ristrutturazione del Teatro alla Scala di Milano; la chiesa del Santo Volto, Torino; il centro benessere Tschuggen Berg Oase, Arosa; il museo Bechtler a Charlotte; la sede Campari e residenze a Sesto San Giovanni; la biblioteca dell'Università Tsinghua a Pechino; la riqualificazione urbana dell'area ex Appiani a Treviso; l'hotel Twelve at Hengshan a Shanghai; la cappella Granato nella Zillertal, in Austria; lo Tsinghua University Art Museum a Pechino, il ristorante Fiore di Pietra sul Monte Generoso, il Teatro dell'architettura di Mendrisio. Ha ricevuto numerosi premi e riconoscimenti internaziona-

Born in April 1, 1943, in Mendrisio, Switzerland. After a period of apprenticeship in Lugano, he attended the art high school in Milan and continued his studies at the University of Architecture in Venice, where he graduated in 1969 with the supervisors Carlo Scarpa and Giuseppe Mazzariol. During his time in Venice, he had the opportunity to meet and work for Le Corbusier and Louis I. Kahn. In 1970 he opened his own studio in Lugano and, since then, has also carried out an intense didactic activity with conferences, seminars, and courses at architecture schools in Europe, Asia, the United States, and Latin America. Starting from the first realizations of single-family homes in Canton Ticino, his work has embraced many building types: schools, banks, administrative buildings, libraries, museums, and religious buildings. Among his works we can mention: the MOMA in San Francisco; the cathedral of the resurrection in Evry; the Jean Tinguely museum in Basel; the Cymbalista synagogue and center of Jewish heritage in Tel Aviv; the municipal library in Dortmund; the Dürrenmatt center in Neuchâtel; the MART museum of modern and contemporary art of Trento and Rovereto; the Kyobo Tower and the Leeum Museum in Seoul; the administrative buildings of Tata Consultancy Services in New Delhi and Hyderabad; the Pope Giovanni XXIII church in Seriate; the renovation of the Teatro alla Scala in Milan; the church of the Holy Face, Turin; the Tschuggen Berg Oase wellness center, Arosa; the Bechtler museum in Charlotte; the Campari headquarters and residences in Sesto San Giovanni; the library of Tsinghua University in Beijing; the urban redevelopment of the former Appiani area in Treviso; the Twelve at Hengshan hotel in Shanghai; the Garnet chapel in the Zillertal, Austria; the Tsinghua University Art Museum in Beijing, the Fiore di Pietra restaurant on Monte Generoso, the Mendrisio

li. Membro onorario di molte istituzioni culturali, è stato insignito del dottorato honoris causa in varie università in Argentina, Grecia, Romania, Bulgaria, Brasile e Svizzera. Nel 1996, nell'ambito della creazione dell'Università della Svizzera italiana, si è impegnato come ideatore dell'Accademia di architettura a Mendrisio. Un ulteriore strumento a favore del dibattito culturale sull'architettura è il Teatro dell'architettura di Mendrisio che ha iniziato la propria attività espositiva a ottobre 2018.

Theater of Architecture. He has received numerous international awards and recognitions. Honorary member of many cultural institutions, he was awarded an honorary doctorate in various universities in Argentina, Greece, Romania, Bulgaria, Brazil, and Switzerland. In 1996, as part of the creation of the University of Italian Switzerland, he committed himself as the creator of the Academy of Architecture in Mendrisio. Another tool in favor of the cultural debate on architecture is the Mendrisio Theater of Architecture which began its exhibition activity in October 2018.

LARA CONTE

Lara Conte insegna Storia dell'arte contemporanea all'Università Roma Tre. Le sue ricerche sono incentrate sullo studio dell'arte e della critica del secondo Novecento, con la messa a fuoco di percorsi minoritari e di narrazioni alternative, nelle dinamiche della ricezione, delle relazioni transnazionali, della storia delle esposizioni e dei rapporti tra pratiche, critica e femminismo. Tra le sue pubblicazioni: *Materia, corpo, azione. Ricerche artistiche processuali tra Europa e Stati Uniti. 1966–1970* (Electa, Milano 2010); *Carla Lonzi: la duplice radicalità. Dalla critica militante al femminismo di Rivolta* (con V. Fiorino e V. Martini, ETS, Pisa 2011); *Carla Lonzi. Scritti sull'arte* (con L. Iamurri e V. Martini, et al., Milano 2012), *Paolo Icaro: Faredisfarerifarevedere* (Mousse Publishing, Milano, 2016); *Gian Carozzi* (Skira, Milano 2019); *Artiste italiane e immagini in movimento. Identità, sguardi, sperimentazioni* (con F. Gallo, Mimesis, Milano 2021). Con Cecilia Canziani e Paola Ugolini haa curando il progetto espositivo *Io dico io – I say I* per La Galleria Nazionale di Roma, nell'ambito del programma *Women Up*.

Lara Conte teaches Contemporary art history at Roma Tre University. Her research projects focus on the study of art and criticism in the second half of the twentieth century, identifying minor experiences and alternative narratives, in mechanisms of reception, trans-national relations, exhibition history and the relationship between practices, criticism and feminism. Among her publications are: *Materia, corpo, azione. Ricerche artistiche processuali tra Europa e Stati Uniti. 1966–1970* (Milan: Electa, 2010); *Carla Lonzi: la duplice radicalità. Dalla critica militante al femminismo di Rivolta* (with V. Fiorino and V. Martini, Pisa: ETS, 2011); *Carla Lonzi. Scritti sull'arte* (with L. Iamurri and V. Martini, Milano: et al., 2012), *Paolo Icaro: Faredisfarerifarevedere* (Milan: Mousse Publishing, 2016); *Gian Carozzi* (Milan: Skira, 2019); *Artiste italiane e immagini in movimento. Identità, sguardi, sperimentazioni* (with F. Gallo, Milan: Mimesis, 2021). With Cecilia Canziani and Paola Ugolini she curated the exhibition project *Io dico io – I say I* for the Rome National Gallery, as part of the *Women Up* program.

ANDREA CORTELLESSA

Andrea Cortellessa è nato a Roma nel 1968. Insegna Letteratura italiana contemporanea all'Università di Roma Tre. Nel 2018 ha tenuto la Cattedra De Sanctis al Politecnico di Zurigo. Ha pubblicato saggi e antologie, curato testi di autori italiani del Novecento e contemporanei (fra i quali Giorgio de Chirico, Giulio Paolini e Claudio Parmiggiani), realizzato trasmissioni radiofoniche e televisive, spettacoli teatrali e musicali. I suoi ultimi libri sono *Monsieur Zero. 26 lettere su Manzoni, quello vero* (Italo Svevo, 2018), la nuova edizione ampliata di *Le nottichiare erano tutte un'alba. Antologia di poeti italiani nella Prima guerra mondiale* (Bompiani, 2018), *Volevamo la Luna* (Mattioli 1885, 2019), *Il libro è altrove. 26 piccole monografie su Giorgio Manganelli* (Luca Sossella, 2020), con Silvia De Laude *Vedere, Pasolini* (*La Rivista di Engramma* 181, 2021) e *Andrea Zanzotto. Il canto nella terra* (Laterza, 2021). Di Zanzotto ha curato *Premesse all'abitazione e altre prospezioni* (Pietre d'angolo, Nino Aragno Editore, 2021); insieme a Chiara Bertola ha curato la *mostra Un'evidenza fantascientifica. Luigi Ghirri, Andrea Zanzotto, Giuseppe Caccavale* (Fondazione Querini Stampalia, Venezia, maggio–ottobre 2021). È nella redazione di *il verri* e tra i fondatori di *Antinomie. Scritture e immagini*; collabora ad *Alias*, supplemento di *Il Manifesto*, alla *Domenica* del *Sole 24 ore*, *Tuttolibri* della *Stampa* e altre testate.

Andrea Cortellessa was born in Rome in 1968. He teaches contemporary Italian Literature at Roma Tre University. In 2018 he held the De Sanctis chair at the ETH Zurich. He published essays and anthologies, edited texts by twentieth century and contemporary Italian authors (among them Giorgio de Chirico, Giulio Paolini, and Claudio Parmiggiani), created radio and TV shows as well as theatre plays and music events. His latest books are *Monsieur Zero. 26 lettere su Manzoni, quello vero* (Italo Svevo, 2018), the new expanded edition of *Le nottichiare erano tutte un'alba. Antologia di poeti italiani nella Prima guerra mondiale* (Bompiani, 2018), *Volevamo la Luna* (Mattioli 1885, 2019), *Il libro è altrove. 26 piccole monografie su Giorgio Manganelli* (Luca Sossella, 2020), with Silvia De Laude *Vedere, Pasolini* (*La Rivista di Engramma* 181, 2021) and *Andrea Zanzotto. Il canto nella terra* (Laterza, 2021). By Zanzotto he edited *Premesse all'abitazione e altre prospezioni* (Pietre d'angolo, Nino Aragno Editore, 2021); with Chiara Bertola he curated the exhibition *Un'evidenza fantascientifica. Luigi Ghirri, Andrea Zanzotto, Giuseppe Caccavale* (Fondazione Querini Stampalia, Venice, May–October 2021). He is a member of the editorial board of *il verri* and one of the founders of *Antinomie. Scritture e immagini*. He is a regular contributor to *Alias*, the saturday magazine of the daily paper *Il Manifesto*, to *Domenica*, the sunday supplement of *Il Sole 24 ore*, *Tuttolibri*, to the magazine of *La Stampa*, and to other newspapers.

PAOLA NICOLIN

PhD, è storica dell'arte e affianca attività di ricerca alla pratica editoriale e curatoriale. Head of Publications and Educational Department a Palazzo Grassi – Pinault Collection a Venezia, è dal 2010 docente di storia dell'arte contemporanea all'Università Bocconi Milano e direttore del centro di arte e educazione the classroom (theclassroom.it). Membro del comitato scientifico della Fondazione Carriero, vive a Milano con la sua famiglia.

PhD in art history, alongside her research activity she works as an editor and curator. Head of Publications and Educational Department at Palazzo Grassi – Pinault Collection in Venice, since 2010 she has taught contemporary art history at Milan's Bocconi Univeristy, and directed *the classroom* art and education center (theclassroom.it). A member of the scientific committee of Fondazione Carriero, she lives in Milan with her family.

ALBERTO SALVADORI

Alberto Salvadori è fondatore e direttore di ICA Milano. Ha studiato storia dell'arte all'Universita di Pisa, Reading UK, Sussex University UK e Accademia di Brera. Dopo aver lavorato alla Galleria d'Arte Moderna e Contemporanea di Torino ha curato il catalogo generale della Galleria d'Arte Moderna di Palazzo Pitti a Firenze. Dal 2009 al 2016 è stato direttore del Museo Marino Marini di Firenze; dal 2007 al 2020 dell'Osservatorio per le Arti Contemporanee della Fondazione Cassa di Risparmio di Firenze; dal 2016 curatore di Decades e Established Masters di Miart.

Alberto Salvadori is the founder and director of ICA Milano. He studied art history at Pisa University, at the Universities of Reading and Sussex in the UK, and at the Accademia di Brera in Milan. After working at the Modern and Contemporary Art Gallery in Turin, he curated the general catalogue of the Palazzo Pitti Modern Art Gallery in Florence. From 2009 to 2016 he directed the Museo Marino Marini in Florence. From 2007 to 2020 he directed the Osservatorio per le Arti Contemporanee of Fondazione Cassa di Risparmio, Florence. Since 2016 he has curated the Decades and Established Masters sections of Miart.

La selezione di mostre e scritti di seguito riportate fanno riferimento a un periodo compreso tra il 1952 e il 1974, relativo all'arco temporale di realizzazione delle opere incluse in mostra. Per la consultazione degli elenchi completi si fa riferimento al sito dell'Archivio Consagra / *The selection of exhibitions and writings shown below refer to a period between 1952 and 1974, relating to the time frame of production of the works included in the exhibition. For consultation of the complete lists, please refer to the Archivio Consagra website*:

pietroconsagra.org/personali/
pietroconsagra.org/collettive/
pietroconsagra.org/scritti-su-consagra/
pietroconsagra.org/scritti-di-consagra/

MOSTRE PERSONALI 1952–1974 / SOLO EXHIBITIONS 1952–1974

1953 Milano, Galleria del Naviglio, *Pietro Consagra*, 144a Mostra del Naviglio, 21–27 marzo (pieghevole: testo di Sebastian Matta) / *Milan, Galleria del Naviglio,* Pietro Consagra, *144th Mostra del Naviglio, March 21–27 (leaflet: text by Sebastian Matta)*

1956 Venezia, Giardini di Castello, Palazzo Centrale, sala personale n. XII, XXVIII Esposizione Biennale Internazionale d'Arte, 16 giugno–21 ottobre (catalogo: a cura di Umbro Apollonio, testo di Umbro Apollonio, Alfieri Editore, Venezia) / *Venice, Giardini di Castello, Palazzo Centrale, individual room n. XII, XXVIII Biennale International Art Exhibition, June 16–October 21 (catalogue: edited by Umbro Apollonio, text by Umbro Apollonio, Alfieri Editore, Venice)*

1958 Bruxelles, Palais des Beaux-Arts, *Consagra: Sculptures*, 4–26 gennaio (catalogo: Giulio Carlo Argan, Editions de la Connaissance S.A., Bruxelles) / *Brussels, Palais des Beaux-Arts,* Consagra: Sculptures, *January 4–26 (catalogue: Giulio Carlo Argan, Editions de la Connaissance S.A., Brussels)*

1958 New York, World House Galleries, *Consagra*, gennaio (senza catalogo) / *New York, World House Galleries,* Consagra, *January (no catalogue)*

1958 Roma, Galleria La Tartaruga, *Consagra: Disegni su pannelli*, 31 maggio–giugno (dépliant: testo redatto da Galleria La Tartaruga) / *Rome, Galleria La Tartaruga,* Consagra: Disegni su pannelli, *May 31–June (leaflet: text edited by Galleria La Tartaruga)*

1959 Parigi, Galerie de France, *Consagra*, 17 marzo–15 aprile (catalogo: biografia redatta da Galerie de France, L'Imprimerie du Compagnonnage, Parigi) / *Paris, Galerie de France,* Consagra, *March 17–April 15 (catalogue: biography edited by Galerie de France, L'Imprimerie du Compagnonnage, Paris)*

1959 Roma, Galleria La Tartaruga, *Consagra: Sculture recenti*, 31 gennaio–febbraio (invito) / *Rome, Galleria La Tartaruga,* Consagra: Sculture recenti, *January 31–February (invitation)*

1960 Venezia, Giardini di Castello, Padiglione Centrale, sala personale n. XXV, XXX Esposizione Biennale Internazionale d'Arte, 18 giugno–16 ottobre (catalogo: a cura di Umbro Apollonio, testo di Giulio Carlo Argan, Stamperia di Venezia, Venezia) / *Venice, Giardini di Castello, Padiglione Centrale, individual room n. XXV, XXX Biennale International Art Exhibition, June 18–October 16 (catalogue: edited by Umbro Apollonio, text by Giulio Carlo Argan, Stamperia di Venezia, Venice)*

1961 Milano, Galleria Blu, *Consagra*, gennaio (catalogo: testo di Guido Ballo) / *Milan, Galleria Blu,* Consagra, *January (catalogue: text by Guido Ballo)*

1961 Roma, Galleria Odyssia, *Legni di Consagra*, dicembre (catalogo: Eliograf, Roma) / *Rome, Galleria Odyssia,* Legni di Consagra, *December (catalogue: Eliograf, Rome)*

1961 Roma, Libreria Einaudi, Mostra di disegni di Pietro Consagra, 12 gennaio (pieghevole: testo di Marisa Volpi Orlandini) / *Rome, Libreria Einaudi, Exhibition of drawings by Pietro Consagra, January 12 (leaflet: text by Marisa Volpi Orlandini)*

1961 Zurigo, Galerie Charles Lienhard, *Pietro Consagra*, agosto (catalogo: testo di André Kuenzi, J. H. Waser & Söhne, Zurigo) / *Zurich, Galerie Charles Lienhard,* Pietro Consagra, *August (catalogue: text by André Kuenzi, J. H. Waser & Söhne, Zurich)*

1962 Buenos Aires, Galeria Bonino, *Pietro Consagra: Esculturas*, mostra n. 172, 12–24 novembre (catalogo: testo di Jorge Romero Brest) / *Buenos Aires, Galeria Bonino,* Pietro Consagra: Esculturas, *exhibition n. 172, November 12–24 (catalogue: text by Jorge Romero Brest)*

1962 New York, Staempfli Gallery, *Consagra: Recent Sculpture*, 13 febbraio–10 marzo (catalogo: testo di Charlotte Weidler, Staempfli & Cie., Bern) / *New York, Staempfli Gallery,* Consagra: Recent Sculpture, *February 13–March 10 (catalogue: text by Charlotte Weidler, Staempfli & Cie., Bern)*

1963 Boston, The Pace Gallery, *Pietro Consagra*, 18 febbraio–9 marzo (catalogo: testo di Sam Hunter) / *Boston, The Pace Gallery,* Pietro Consagra, *February 18–March 9 (catalogue: text by Sam Hunter)*

1964 Mazara del Vallo, Circolo di Cultura, *Consagra '64: Mostra delle XXV Tavole dipinte in Mazara nell'agosto MCMLXIV dallo scultore Pietro Consagra*, agosto (pieghevole: testo tratto da Giulio Carlo Argan, "Pietro Consagra", Editions du Griffon, Neuchâtel, 1962, Tipografia Siragusa, Mazara del Vallo) / *Mazara del Vallo, Circolo di Cultura,* Consagra '64: Mostra delle XXV Tavole dipinte in Mazara nell'agosto MCMLXIV dallo scultore Pietro Consagra, *August (leaflet: excerpted text from Giulio Carlo Argan, "Pietro Consagra", Editions du Griffon, Neuchâtel, 1962, Tipografia Siragusa, Mazara del Vallo)*

1965 Milano, Galleria dell'Ariete, *Consagra*, mostra n. 112, 11 giugno (catalogo: testo di Gillo Dorfles) / *Milan, Galleria dell'Ariete,* Consagra, *exhibition n. 112, June 11 (catalogue: text by Gillo Dorfles)*

1965 New York, Galleria Odyssia, *Sculpture in wood by Pietro Consagra*, 5–30 gennaio (catalogo: Eliograf, Roma) / *New York, Galleria Odyssia,* Sculpture in wood by Pietro Consagra, *January 5–30 (catalogue: Eliograf, Rome)*

1966 Roma, Marlborough Galleria d'Arte S.p.A., *Consagra: Ferri Trasparenti 1966*, dicembre (catalogo: Maurizio Calvesi, Tipografia Christen, Roma) / *Rome, Marlborough Galleria d'Arte S.p.A.,* Consagra: Ferri Trasparenti 1966, *December (catalogue: Maurizio Calvesi, Tipografia Christen, Rome)*

1967 Milano, Galleria dell'Ariete, *Consagra*, mostra n. 130, 8 giugno–luglio (catalogo: intervista di Carla Lonzi) / *Milan, Galleria dell'Ariete,* Consagra, *exhibition n. 130, June 8–July (catalogue: interview by Carla Lonzi)*

1967 New York, Marlborough-Gerson Gallery Inc., *Consagra*, 20 ottobre 1967 (catalogo: intervista di Carla Lonzi, Tipografia Christen, Roma) / *New York, Marlborough-Gerson Gallery Inc.,* Consagra, *October 20 (catalogue: interview by Carla Lonzi, Tipografia Christen, Rome)*

1967 Rotterdam, Museum Boijmans Van Beuningen, *Pietro Consagra: Recente beeldhouwwerken met kleur*, 4 marzo–9 aprile (catalogo: Maurizio Calvesi) / *Rotterdam, Museum Boijmans Van Beuningen,* Pietro Consagra: Recente beeldhouwwerken met kleur, *March 4–April 9 (catalogue: Maurizio Calvesi)*

1968 Minneapolis, General Mills, 9200 Wayzata Boulevard, *Pietro Consagra Sculpture*, Inaugurazione dell'installazione permanente di Solida e trasparente n. 2, 24 giugno (pieghevole) / *Minneapolis, General Mills, 9200 Wayzata Boulevard,* Pietro Consagra Sculpture, *Inauguration of the permanent installation of Solida e trasparente n. 2, June 24 (leaflet)*

1969 Milano, Galleria dell'Ariete, *Consagra: La Città Frontale*, mostra n. 146, 18 marzo–aprile (catalogo: Pietro Consagra, Tipografia Christen, Roma) / *Milan, Galleria dell'Ariete,* Consagra: La Città Frontale, *exhibition n. 146, March 18–April (catalogue: Pietro Consagra, Tipografia Christen, Rome)*

1969 Napoli, Galleria Rampa, *Consagra: Città Frontale*, 1–15 dicembre (invito) / *Naples, Galleria Rampa,* Consagra: Città Frontale, *December 1–15 (invitation)*

1969 Roma, Grafica Romero, *Consagra: Dipinti su faesite 1959–1966*, 24 giugno (pieghevole: testo di Cesare Vivaldi) / *Rome, Grafica Romero,* Consagra: Dipinti su faesite 1959–1966, *June 24 (leaflet: text by Cesare Vivaldi)*

1969 Roma, Marlborough Galleria d'Arte, *Consagra: La Città Frontale*, maggio–giugno (catalogo: Pietro Consagra, Tipografia Christen, Roma) / *Rome, Marlborough Galleria d'Arte,* Consagra. La Città Frontale, *maggio – giugno (catalogue: Pietro Consagra, Tipografia Christen, Rome)*

1971 Liverpool, Walker Art Gallery, *New italian art 1953–1971*, sala personale, 22 luglio–11 settembre (catalogo: Giovanni Carandente, J. H. Leeman Ltd, Neston Wirral Cheshire, Inghilterra) / *Liverpool, Walker Art Gallery,* New italian art 1953–1971, *individual room, July 22–September 11 (catalogue: Giovanni Carandente, J. H. Leeman Ltd, Neston Wirral Cheshire, England)*

1971 Milano, Ariete-Grafica, *Consagra*, 2–27 aprile (pieghevole dedicato all'edizione multipla delle sculture *Consagra, Estensione, 5 Sottilissime*, pubblicato in occasione della mostra) / *Milan, Ariete-Grafica,* Consagra, *April 2–27 (leaflet dedicated to the editions of the sculptures* Consagra, Estensione, 5 Sottilissime, *published on the occasion of the exhibition)*

1971 Milano, Galleria dell'Ariete, *Consagra*, mostra n. 165, 2–27 aprile (catalogo: stampato a cura di Ugo Mulas, testo di Pietro Consagra) / *Milan, Galleria dell'Ariete,* Consagra, *exhibition n. 165, April 2–27 (catalogue: printed and edited by Ugo Mulas, text by Pietro Consagra)*

1972 Livorno, Galleria Peccolo, *Consagra*, 16 settembre (catalogo: testo di Luigi Lambertini, Giovacchini, Firenze) / *Livorno, Galleria Peccolo,* Consagra, *September 16 (catalogue: text by Luigi Lambertini, Giovacchini, Florence)*

1972 Milano, Studio Nino Soldano, *Pietro Consagra: Giardini perduti*, 29 aprile–maggio (poster) (senza catalogo) / *Milano, Studio Nino Soldano,* Pietro Consagra: Giardini perduti, *29 aprile–maggio (poster) (no catalogue)*

1972 Roma, Marlborough Galleria d'Arte, *Consagra*, 2–28 febbraio (catalogo: poesia di Pietro Consagra, Christen-Tipografia – offset, Roma) / *Roma, Marlborough Galleria d'Arte,* Consagra, *2–28 febbraio (catalogue: poem by Pietro Consagra, Christen-Tipografia – offset, Rome)*

1972 Venezia, Giardini di Castello, Padiglione Centrale, sala personale, 36° Esposizione Biennale Internazionale d'Arte, 11 giugno–1 ottobre (catalogo: a cura di Umbro Apollonio, testi di Giovanni Carandente, Giuseppe Marchiori, Stamperia di Venezia, Venezia) / *Venice, Giardini di Castello, Padiglione Centrale, individual room, 36° Biennale International Art Exhibition, June 11–October 1 (catalogue: edited by Umbro Apollonio, texts by Giovanni Carandente, Giuseppe Marchiori, Stamperia di Venezia, Venice)*

1973 Gibellina, Villaggio Rampinzeri, *Mostra di Pietro Consagra: La Città Frontale*, 24 febbraio–24 aprile (catalogo: Giovanni Carandente, Edizioni Nuovo Sud, Palermo). Mostra in contemporanea e con lo stesso catalogo di Palermo 1 e Palermo 3 / *Gibellina, Villaggio Rampinzeri,* Mostra di Pietro Consagra: La Città Frontale, *February 24–April 24 (catalogue: Giovanni Carandente, Edizioni Nuovo Sud, Palermo). Exhibition at the same time and with the same catalog of Palermo 1 and Palermo 3*

1973 Milano, Salone Annunciata, *Consagra: Colore*, 5–27 giugno (pieghevole) / *Milan, Salone Annunciata,* Consagra: Colore, *June 5–27 (leaflet)*

1973 Palermo, Galleria Civica d'Arte Moderna, *Mostra di Pietro Consagra: Pitture, disegni, grafica*, 24 febbraio–24 aprile (catalogo: Giovanni Carandente, Edizioni Nuovo Sud, Palermo). Mostra in contemporanea e con lo stesso catalogo di Palermo 3 e Gibellina / *Palermo, Galleria Civica d'Arte Moderna,* Mostra di Pietro Consagra: Pitture, disegni, grafica, *February 24–April 24 (catalogue: Giovanni Carandente, Edizioni Nuovo Sud, Palermo). Exhibition at the same time and with the same catalog of Palermo 3 and Gibellina*

1973 Palermo, Galleria Quattro Venti, *Consagra*, 3 marzo / *Palermo, Galleria Quattro Venti,* Consagra, *March 3*

1973 Palermo, Palazzo dei Normanni, *Mostra di Pietro Consagra: Sculture*, 24 febbraio–24 aprile (catalogo: Giovanni Carandente, Edizioni Nuovo Sud, Palermo). Mostra in contemporanea e con lo stesso catalogo di Palermo 1 e Gibellina / *Palermo, Palazzo dei Normanni,* Mostra di Pietro Consagra: Sculture, *February 24–April 24 (catalogue: Giovanni Carandente, Edizioni Nuovo Sud, Palermo). Exhibition at the same time and with the same catalog of Palermo 1 and Gibellina*

1973 Perugia, Galleria Livia Buitoni, 12 maggio / *Perugia, Galleria Livia Buitoni, May 12*

1973 Roma, Galleria Editalia Qui Arte Contemporanea, *Consagra: Pitture dal 1968 al 1973*, mostra n. 39, 23 maggio–16 giugno (catalogo: testo di Marisa Volpi Orlandini, Galleria Editalia, Roma) / *Rome, Galleria Editalia Qui Arte Contemporanea,* Consagra: Pitture dal 1968 al 1973, *exhibition n. 39, May 23–June 16 (catalogue: text by Marisa Volpi Orlandini, Galleria Editalia, Rome)*

1974 Firenze, Galleria Michaud, *Consagra*, 30 marzo–18 aprile (catalogo: testo di Giovanni Carandente) / *Florence, Galleria Michaud,* Consagra, *March 30–April 18 (catalogue: text by Giovanni Carandente)*

1974 Genova, Galleria Sileno, *I paracarri di Consagra*, 9–19 novembre (supplemento monografico di Resine pubblicato in occasione della mostra: Carlo Romano, Alfredo Passadore, "Consagrazione del fallo", in Bollettino del Sileno libreria-editrice, Genova, 20 ottobre 1974) / *Genoa, Galleria Sileno,* I paracarri di Consagra, *November 9–19 (monographic supplement to Resine published on the occasion of the exhibition: Carlo Romano, Alfredo Passadore,* "Consagrazione del fallo," *in Bollettino del Sileno libreria-editrice, Genoa, October 20 1974)*

1974 Milano, Galleria dei Bibliofili, *Pietro Consagra: Welcome to Italy*, 28 maggio (invito, testo di Vanni Scheiwiller) / *Milan, Galleria dei Bibliofili,* Pietro Consagra: Welcome to Italy, *May 28 (invitation, text by Vanni Scheiwiller)*

1974 Milano, Multicenter Grafica, *Variazioni di Pietro Consagra: Quattro lenzuoli dipinti a mano*, 18 novembre–12 dicembre (pieghevole: testi di Pietro Consagra, Tommaso Trini) / *Milan, Multicenter Grafica,* Variazioni di Pietro Consagra: Quattro lenzuoli dipinti a mano, *November 18–December 12 (leaflet: texts by Pietro Consagra, Tommaso Trini)*

1974 Palermo, Galleria La Robinia, *"Omaggio alla Sicilia" di Pietro Consagra: Sculture, pitture e grafica*, 16 marzo–2 aprile (catalogo: testo di Giovanni Carandente) / *Palermo, Galleria La Robinia,* "Omaggio alla Sicilia" by Pietro Consagra: Sculture, pitture e grafica, *March 16–April 2 (catalogue: text by Giovanni Carandente)*

1974 Parma, Galleria Niccoli, *Consagra*, 23 novembre–12 dicembre (manifesto) / *Parma, Galleria Niccoli,* Consagra, *November 23–December 12 (poster)*

1974 Roma, Grafica Romero, *Pietro Consagra: "Omaggio alla Sicilia"*, 26 marzo (invito) / *Rome, Grafica Romero,* Pietro Consagra: "Omaggio alla Sicilia", *March 26 (invitation)*

1974 Roma, Marlborough Galleria d'Arte, *Pietro Consagra*, 4 aprile–5 maggio (doppio catalogo con testi di Pietro Consagra e pieghevole dedicato all'edizione multipla di dieci paracarri Welcome to Italy, pubblicato in occasione della mostra All'Insegna del pesce d'oro, Milan) / *Rome, Marlborough Galleria d'Arte,* Pietro Consagra, *April 4–May 5 (double catalogue with texts by Pietro Consagra and leaflet dedicated to the editions of the dieci paracarri Welcome to Italy, published on the occasion of the exhibition All'Insegna del pesce d'oro, Milan)*

1976 Treviglio, Galleria Ferrari, *Consagra*, 16–30 novembre (catalogo: testo di Pietro Consagra) / *Treviglio, Galleria Ferrari,* Consagra, *November 16–30 (catalogue: text by Pietro Consagra)*

TRA LE RECENTI MOSTRE PERSONALI SI RICORDANO LE SEGUENTI / AMONG THE RECENT SOLO EXHIBITIONS WE MENTION THE FOLLOWING:

1995 Milano, Fonte d'Abisso Arte, *Pietro Consagra: Diario frontale*, 9 marzo–13 maggio (catalogo: testo di Pietro Consagra, note biografiche di Gabriella Di Milia, Fonte d'Abisso Arte Edizioni, Milano) / *Milan, Fonte d'Abisso Arte,* Pietro Consagra: Diario frontale, *March 9–May 13 (catalogue: text by Pietro Consagra, biographical notes by Gabriella Di Milia, Fonte d'Abisso Arte Edizioni, Milan)*

2001 Milano, Fonte d'Abisso Arte, *Consagra Colore*, 22 marzo–22 giugno / *Milan, Fonte d'Abisso Arte,* Consagra Colore, *March 22–June 22*

2001 Il Cairo, Palazzo delle Arti, Centro Akhenaton, *Pietro Consagra: Opere 1947–2000*, 15 marzo–15 maggio 2001 (catalogo a cura di Giovanni Carandente e Gabriella Di Milia, Edizioni Gabriele Mazzotta, Milano, 2001) / *Cairo, Palace of the Arts, Akhenaton Center,* Pietro Consagra: Opere 1947–2000, *March 15–May 15 2001 (catalogue edited by Giovanni Carandente and Gabriella Di Milia, Edizioni Gabriele Mazzotta, Milan, 2001)*

2004 Milano, Fonte d'Abisso Arte, *Consagra: Colloquio con la vita*, 21 ottobre–18 dicembre (catalogo: testi di Manuela Kahn-Rossi, Mario Botta, Edizioni Gabriele Mazzotta, Milano) / *Milan, Fonte d'Abisso Arte,* Consagra: Colloquio con la vita, *October 21–December 18 (catalogue: texts by Manuela Kahn-Rossi, Mario Botta, Edizioni Gabriele Mazzotta, Milan)*

2007 – 2008 Verona, Galleria dello Scudo, Museo di Castelvecchio, *Pietro Consagra. Necessità del colore. Sculture e dipinti 1964–2000*, 16 dicembre 2007–30 marzo 2008 (catalogo a cura di Luca Massimo Barbero, Gabriella Di Milia, testi di Luca Massimo Barbero, Fabrizio D'Amico, Abraham Marie Hammacher, Francesco Tedeschi, Paolo Marini, Giovanni Carandente, Licisco Magagnato, Francesca Pola, Rosemary Ramsey, Lia Durante, Laura Lorenzoni, Skira, Milano/Ginevra) / *Verona, Galleria dello Scudo, Museo di Castelvecchio,* Pietro Consagra. Necessità del colore. Sculture e dipinti 1964–2000, *December 16, 2007–March 30, 2008 (catalogue edited by Luca Massimo Barbero, Gabriella Di Milia, essays by Luca Massimo Barbero, Fabrizio D'Amico, Abraham Marie Hammacher, Francesco Tedeschi, Paolo Marini, Giovanni Carandente, Licisco Magagnato, Francesca Pola, Rosemary Ramsey, Lia Durante, Laura Lorenzoni, Skira, Milan/Geneva)*

2016 Milano, Galleria Tega, *Pietro Consagra*, 14 marzo–28 aprile (catalogo: testi di Marco Meneguzzo, Gabriella Di Milia, Galleria Tega, Milano) / *Milan, Galleria Tega,* Pietro Consagra, *March 14–April 28 (catalogue: texts by Marco Meneguzzo, Gabriella Di Milia, Galleria Tega, Milan)*

2018 Londra, Robilant+Voena, *Pietro Consagra. Frontal sculpture 1947–1967*, 27 settembre–16 novembre (volume pubblicato in occasione della mostra a cura di Francesca Pola, testi di Francesca Pola, Luca Massimo Barbero, Robilant+Voena, Marsilio, Venezia) / *London, Robilant+Voena,* Pietro Consagra. Frontal sculpture 1947–1967, *September 27–November 16 (catalogue published on the occasion of the show edited by Francesca Pola, essays by Francesca Pola, Luca Massimo Barbero, Robilant+Voena, Marsilio, Venice)*

SCRITTI DI CONSAGRA 1952–1974 / WRITINGS BY CONSAGRA 1952–1974

1952 *Calendario del Popolo*, n. 95, a. VIII, Milano, p. 1207 (Consagra, "In difesa dell'astrattismo") / Calendario del Popolo, *n. 95, a. VIII, Milan, 1207 (Consagra, "In difesa dell'astrattismo")*

1952 *Il Nuovo Corriere*, Firenze, 10 febbraio, p. 3 (Consagra, "La risposta di Pietro Consagra") / Il Nuovo Corriere, *Florence, February, 3 (Consagra, "La risposta di Pietro Consagra")*

1952 Consagra, *Necessità della scultura*, Edizione Lentini, Roma / *Consagra,* Necessità della scultura, *Edizione Lentini, Rome*

1954 Consagra, "Via Margutta 48", in Leonardo Sinisgalli, *Pittori che scrivono*, Meridiana, Milano / *"Consagra, Via Margutta 48", in Leonardo Sinisgalli,* Pittori che scrivono, *Meridiana, Milan*

1954 *I Quattro Soli*, n. 2, a. I, Torino, marzo, pp. 6–7 ("Le sculture di Consagra" di Vito Buffa) / I Quattro Soli, *n. 2, a. I, Turin, March, 6–7 ("Le sculture di Consagra" by Vito Buffa)*

1954 *Il Contemporaneo*, Roma, 24 luglio, p. 4 (Consagra, "Lo squallore della Biennale") / Il Contemporaneo, *Rome, July 24, 4 (Consagra, "Lo squallore della Biennale")*

1956 *L'Architettura*, n. 7, Roma, 7 maggio, p. 62 (Consagra, "Uno scultore giudica l'architettura") / *L'Architettura, n. 7, Rome, May 7, 62 (Consagra, "Uno scultore giudica l'architettura")*

1956 Consagra, "Appunti", in Umbro Apollonio, *Consagra*, De Luca Editore, Roma, pp. 19–25 / *Pietro Consagra, "Appunti", in Umbro Apollonio,* Consagra, *De Luca Editore, Rome, 19–25*

1956 *L'Unità*, Roma, 1 settembre, p. 3 (Consagra, "Obiettivi veri e falsi nella lotta culturale") / L'Unità, *Rome, September 1, 3 (Consagra, "Obiettivi veri e falsi nella lotta culturale")*

1958 *L'Avviso*, n. 2, a. I, Milano, 14 giugno, p. 3 (Consagra, "Teste") / L'Avviso, *n. 2, a. I, Milan, June 14, 3 (Consagra, "Teste")*

1959 Consagra, "Io mi diverto più di tutti", in *Il Premio Morgan's Paint*, catalogo della mostra a cura di Andrea Emiliani e Sergio Paganelli, Rimini, Palazzo dell'Arengo, luglio, s.p. / *Consagra, "Io mi diverto più di tutti", in* Il Premio Morgan's Paint, *exhibition catalogue edited by Andrea Emiliani and Sergio Paganelli, Rimini, Palazzo dell'Arengo, July, s.p.*

1960 Consagra, "L'agguato c'è", Edizioni della Tartaruga, Roma, 1960 [s.p. testo pp. 7–10] / *Consagra, "L'agguato c'è", Edizioni della Tartaruga, Rome, 1960 [s.p. text 7–10]*

1961 Consagra, "No había visto ninguna escultura de Angel Ferrant", in *Papeles de son armadans*, n. LIX bis, Madrid/Palma di Maiorca, febbraio 1961 (depliant) / *Consagra, "No había visto ninguna escultura de Angel Ferrant", in* Papeles de son armadans, *n. LIX bis, Madrid/Palma de Mallorca, February 1961 (leaflet)*

1961 *Almanacco Letterario Bompiani*, Milano, novembre, p. 271 (Consagra, risposta alla domanda "Morte della pittura?", inchiesta a cura di Achille Perilli e Fabio Mauri) / Almanacco Letterario Bompiani, *Milan, November, 271 (Consagra, answer to the question "Morte della pittura?", report edited by Achille Perilli and Fabio Mauri)*

1962 Consagra, "Vedova", in *Papeles de son armadans*, n. LXXX-I, Madrid/Palma di Maiorca, novembre–dicembre / *Consagra, "Vedova", in* Papeles de son armadans, *n. LXXX-I, Madrid/Palma de Mallorca, November–December*

1963 *Avanti!*, Roma, 2 novembre, p. 3 (Consagra, "Un po' di umiltà signori critici. Interviene Consagra") / Avanti!, *Rome, November 2, 3 (Consagra, "Un po' di umiltà signori critici. Interviene Consagra")*

1965 *Sicilia*, n. 48, Palermo, pp. 40–43 (Consagra, "Una fontana per Mazara del Vallo") / Sicilia, *n. 48, Palermo, 40–43 (Consagra, "Una fontana per Mazara del Vallo")*

1968 Consagra, "... the dominant aspect...", in *Recent Italian Painting & Sculpture*, catalogo della mostra, New York, The Jewish Museum, 24 maggio–2 settembre, s.e. / *Consagra, "... the dominant aspect...", in* Recent Italian Painting & Sculpture, *exhibition catalogue, New York, The Jewish Museum, May 24–September 2, s.e.*

1968 Consagra, "La mia scultura è frontale...", in *Marcatré*, numero quadruplo 37/38/39/40, Genova, maggio, p. 78 / *Consagra, "La mia scultura è frontale...", in* Marcatré, *quadruple issue 37/38/39/40, Genoa, May, 78*

1969 Consagra, *La Città Frontale*, De Donato Editore, Bari, 1969

1969 Consagra, "Interviste con gli scultori", in *Momenti del marmo: scritti per i duecento anni dell'Accademia di Belle Arti di Carrara*, Bulzoni, Roma, pp. 267–280 / *Consagra, "Interviste con gli scultori", in* Momenti del marmo: scritti per i duecento anni dell'Accademia di Belle Arti di Carrara, *Bulzoni, Rome, 267–280*

1969 *Civiltà delle macchine*, a. XVII, n. 2, Roma, marzo–aprile, pp. 60–63 (Consagra, "La Città Frontale") / Civiltà delle macchine, *a. XVII, n. 2, Rome, March–April, 60–63 (Consagra, "La Città Frontale")*

1969 Consagra, "Cara Beatrice...", in *La Città Frontale*, catalogo della mostra n. 146, Milano,

	Galleria dell'Ariete, 18 marzo–aprile, s.p. / *Consagra, "Cara Beatrice...", in* La Città Frontale, *exhibirion catalogue n. 146, Milan, Galleria dell'Ariete, March 18–April, s.p.*
1970	*Civiltà delle macchine*, a. XVIII, n. 3, Roma, maggio–giugno, pp. 37–44 (Consagra, "Una lezione di scultura") / Civiltà delle macchine*, a. XVIII, n. 3, Rome, May–June, 37–44 (Consagra, "Una lezione di scultura")*
1971	*Panorama delle arti*, n. 2, a. I, 1–15 aprile, pp. 24–27 (Consagra, "Consagra: una lezione di scultura") / Panorama delle arti*, n. 2, a. I, April 1–15, 24–27 (Consagra, "Consagra: una lezione di scultura")*
1971	Consagra, "L'Oggetto", in *Consagra*, catalogo della mostra n. 165, Milano, Galleria dell'Ariete, 2–27 aprile, s.p. / *Consagra, "L'Oggetto", in* Consagra*, exhibition catalogue n. 165, Milan, Galleria dell'Ariete, 2–27 aprile, s.p.*
1972	Consagra, "Avere di me", in *Consagra*, catalogo della mostra, Roma, Marlborough Galleria d'Arte, febbraio, s.p. / *Consagra, "Avere di me", in* Consagra*, exhibition catalogue, Rome, Marlborough Galleria d'Arte, February, s.p.*
1973	Consagra, Ugo Mulas, *Fotografare l'arte*, prefazione di Umberto Eco, Fratelli Fabbri Editori, Milano / *Consagra, Ugo Mulas,* Fotografare l'arte*, prefazione di Umberto Eco, Fratelli Fabbri Editori, Milan*
1973	Consagra, *Euforia*, Duerrecì, Roma / *Consagra,* Euforia*, Duerrecì, Rome*
1973	*Poema frontale*, All'insegna del Pesce d'Oro, Milano / Poema frontale*, All'insegna del Pesce d'Oro, Milan*
1973	*Iniziativa Europea*, n. 170, a. XV, Roma, ottobre, p. 36 (Consagra, "Mi sento in colpa") / Iniziativa Europea*, n. 170, a. XV, Rome, October, 36 (Consagra, "Mi sento in colpa")*
1973	*Bolaffi Arte*, aprile–maggio, pp. 64–69 (Consagra, "Non deve dirmelo Togliatti come fare le sculture") / Bolaffi Arte*, April–May, 64–69 (Consagra, "Non deve dirmelo Togliatti come fare le sculture")*
1974	Consagra, "Welcome to Italy", All'Insegna del Pesce d'Oro, Milano / *Consagra, "Welcome to Italy", All'Insegna del Pesce d'Oro, Milan*
1974	Consagra, "Malumore", All'Insegna del Pesce d'Oro, Milano / *Consagra, "Malumore", All'Insegna del Pesce d'Oro, Milan*
1974	Consagra, "Mille immagini vaganti sui muri", in *Variazioni di Pietro Consagra. Quattro lenzuoli dipinti a mano*, pieghevole, Milano, Multicenter Grafica / *Consagra, "Mille immagini vaganti sui muri", in* Variazioni di Pietro Consagra. Quattro lenzuoli dipinti a mano*, leaflet, Milan, Multicenter Grafica*

N.	IMG.	TITOLO/TITLE	ANNO/YEAR	INFO
1.	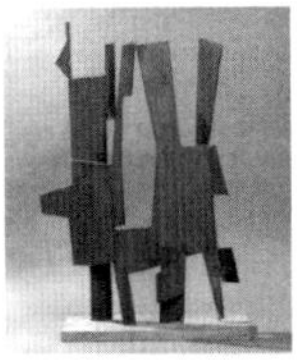	*Colloquio*	1952	Bronzo / Bronze 94,5 × 60 × 17 cm Collezione privata, Lugano [pp. 8, 135, 138]
2.	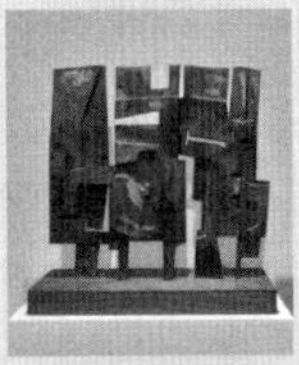	*Omaggio a Paisiello*	1955	Bronzo / Bronze 76,5 × 76,6 × 27 cm Collezione privata, Lugano [pp. 128, 136]
3.	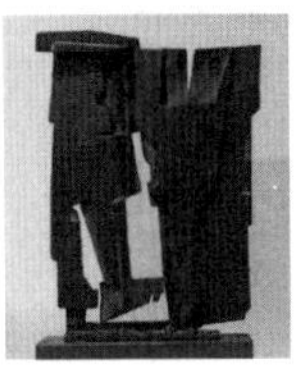	*Piccolo comizio*	1955	Bronzo / Bronze 27,5 × 21 × 1 cm Collezione privata [p. 131]
4.	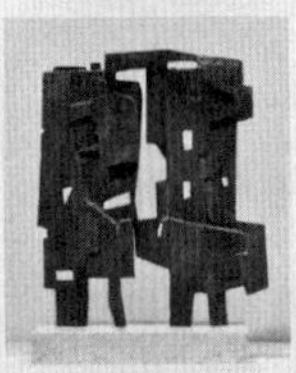	*Comizio (Incontro)*	1956	Bronzo / Bronze 32,5 × 28,6 × 2,8 cm Collezione privata [p. 130]
5.	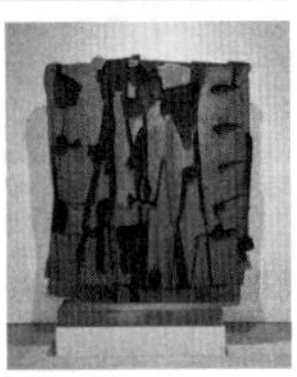	*Incontro incantato*	1957	Legno bruciato / Burnt wood 160 × 146 × 9,5 cm Collezione Giancarlo e Danna Olgiati, Lugano [pp. 148, 151]
6.	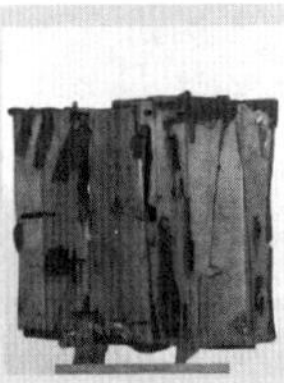	*Colloquio fermo*	1959	Legno bruciato e bronzo /Burnt wood and bronze 146,6 × 151,4 × 15 cm Collezione privata, Lugano [pp. 128, 144, 145, 152]
7.	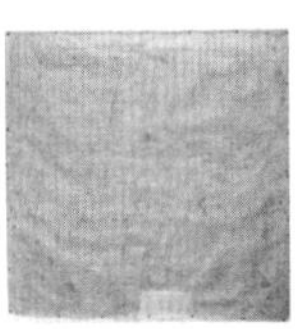	Disegno esecutivo per *Colloquio libero*	1960	Matita e pastello su carta da lucido / Pencil and pastel on tracing paper 150 × 150 cm Collezione privata [p. 142]
8.	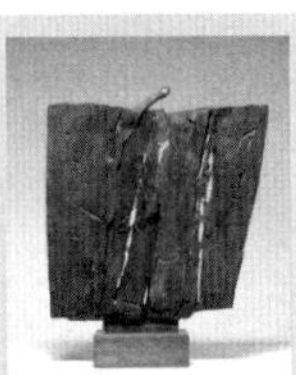	*Colloquio ultimo*	1961	Bronzo / Bronze 60,9 × 51,8 × 13,6 cm Collezione privata Courtesy Galleria dello Scudo, Verona [pp. 139, 141, 147]

N.	IMG.	TITOLO/TITLE	ANNO/YEAR	INFO
9.	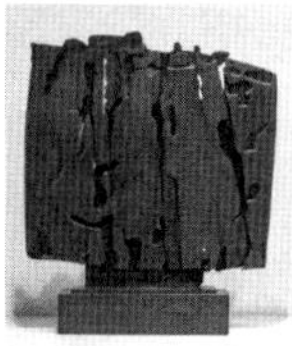	*Diario*	1961	Bronzo / Bronze 36 × 36,5 × 2,3 cm Collezione privata [p. 130]
10.	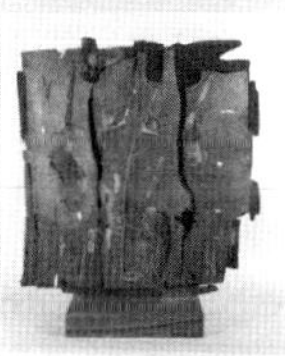	*Impronta solare*	1961	Bronzo / Bronze 75,7 × 65,5 × 23,6 cm Collezione privata Courtesy Galleria dello Scudo, Verona [pp. 129, 132]
11.	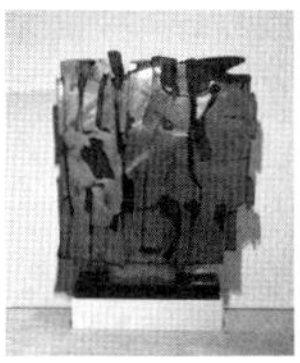	*Impronta solare*	1961	Bronzo / Bronze 133 × 120 × 6 cm Collezione Giancarlo e Danna Olgiati, Lugano [pp. 49, 143, 147]
12.	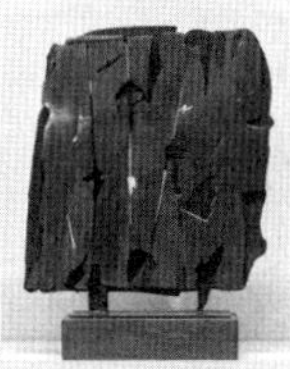	*Racconto*	1961	Bronzo / Bronze 39,6 × 35,5 × 5,8 cm Collezione privata [p. 130]
13.	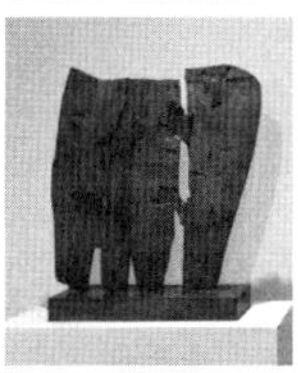	*Racconto di marinaio*	1961	Bronzo / Bronze 74,7 × 72,4 × 7,8 cm Collezione privata [pp. 139, 140, 147]
14.	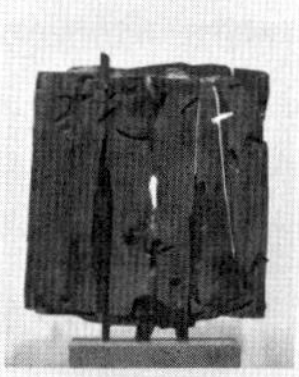	*Ritratto*	1961	Bronzo / Bronze 37,5 × 33,5 × 3 cm Collezione privata [p. 131]
15.	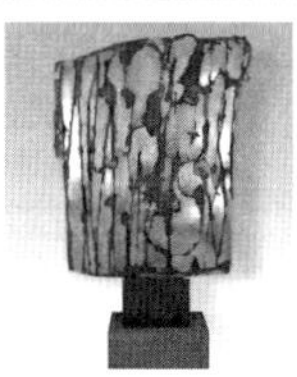	*New York City*	1962	Bronzo e acciaio / Bronze and steel 171 × 105 × 29 cm Collezione privata [pp. 146, 149, 155]
16.	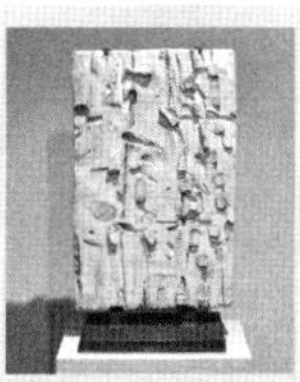	*Terracotta smaltata di bianco*	1962	Terracotta smaltata / Enameled terra-cotta 56 × 37 × 4,5 cm Collezione privata [pp. 137, 138, 146]

N.	IMG.	TITOLO/TITLE	ANNO/YEAR	INFO
17.	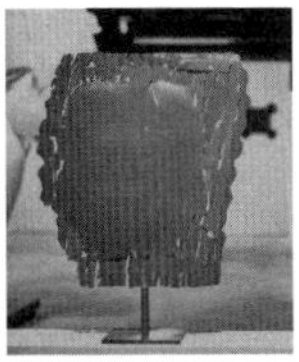	*Ferro trasparente arancio*	1965	Ferro dipinto / Painted iron 74 × 57 × 17,7 cm Collezione privata [p. 74]
18.	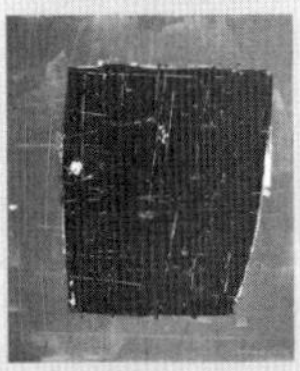	*Fondo rosso* *(Una immagine grigio antracite)*	1965	Tempera e smalto su faesite / Tempera and enamel on hardboard 55,5 × 50 cm Collezione privata, Lugano [p. 77]
19.	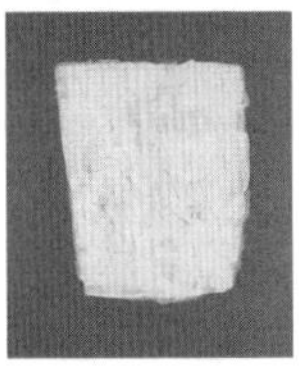	*Fondo turchese* *(Una immagine bianca)*	1965	Tempera e smalto su faesite / Tempera and enamel on hardboard 50 × 55,5 cm Collezione privata, Lugano [p. 76]
20.	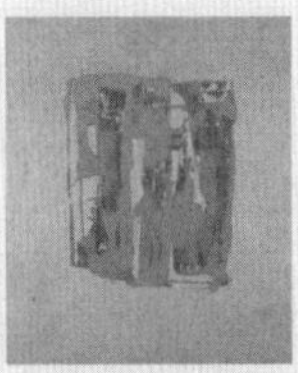	*Fondo turchese* *(Una immagine fucsia)*	1965	Tempera e smalto su faesite / Tempera and enamel on hardboard 58,7 × 66,5 cm Collezione privata, Lugano [p. 76]
21.	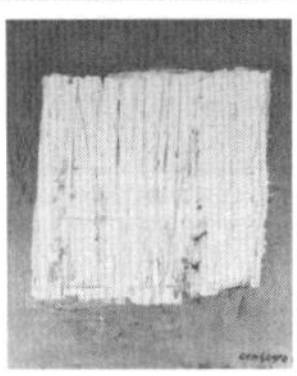	*Fondo verde* *(Una immagine rosa)*	1965	Tempera e smalto su faesite / Tempera and enamel on hardboard 61,8 × 61,8 cm Collezione privata, Milano [p. 77]
22.	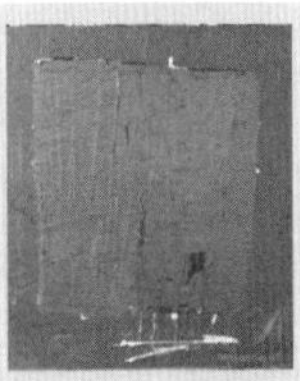	*Fondo verde* *(Una immagine viola e blu)*	1965	Smalto su faesite / Enamel on hardboard 60,2 × 62 cm Collezione privata [p. 76]
23.	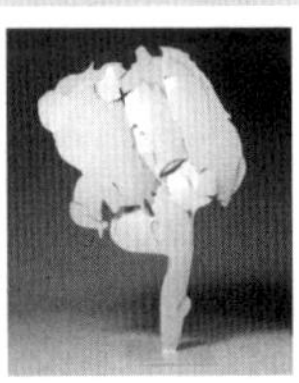	*Ferro trasparente bianco II*	1966	Ferro dipinto / Painted iron 64,9 × 45 × 3 cm Collezione privata [pp. 77, 80]
24.	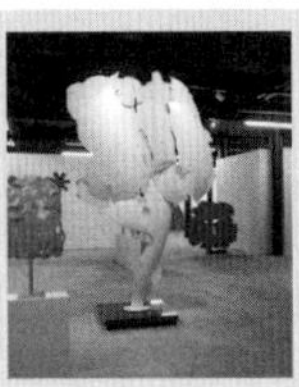	*Ferro trasparente bianco II*	1966	Ferro dipinto / Painted iron 262 × 164,5 × 78 cm Collezione privata [p. 124]

N.	IMG.	TITOLO/TITLE	ANNO/YEAR	INFO
25.	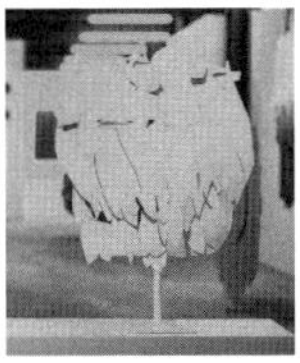	*Ferro trasparente bianco III*	1966	Ferro dipinto / Painted iron 68,4 × 52 × 17 cm Collezione privata [p. 75]
26.	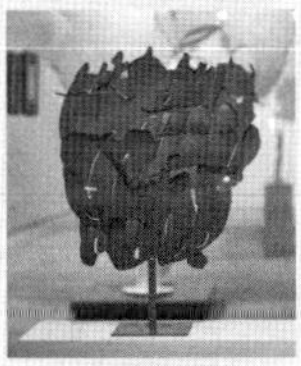	*Ferro trasparente blu "Addio Cimabue"*	1966	Ferro dipinto / Painted iron 63,5 × 47 × 16 cm Collezione privata [p. 72]
27.	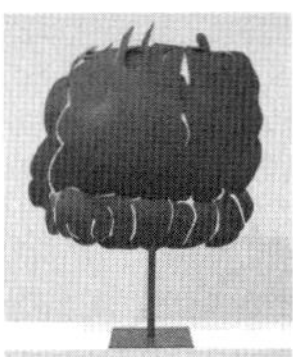	*Ferro trasparente carminio*	1966	Ferro dipinto / Painted iron 64,8 × 49,3 × 17 cm Collezione privata [pp. 76, 78]
28.	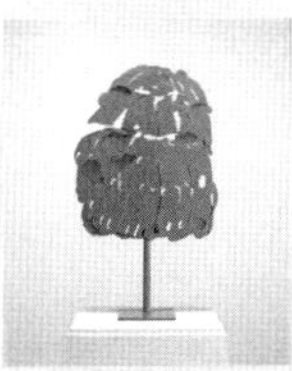	*Ferro trasparente rosa*	1966	Ferro dipinto / Painted iron 64,5 × 40 × 15,6 cm Collezione privata, Lugano [p. 70]
29.	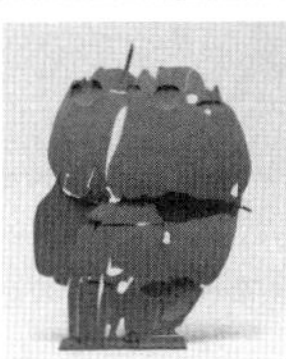	*Ferro trasparente turchese II*	1966	Ferro dipinto / Painted iron 60,7 × 44,7 × 9 cm Collezione privata, Lugano [pp. 69, 71]
30.	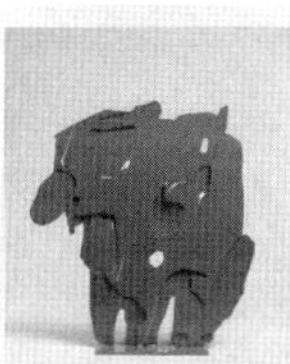	*Ferro trasparente verde (Saluto alla pittura)*	1966	Ferro dipinto / Painted iron 46,7 × 44,1 × 2,7 cm Collezione privata Courtesy Galleria dello Scudo, Verona [pp. 77, 121]
31.	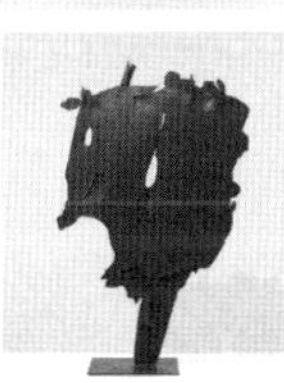	*Ferro trasparente viola scuro*	1966	Ferro dipinto / Painted iron 60,3 × 40 × 17 cm Collezione privata [p. 73]
32.	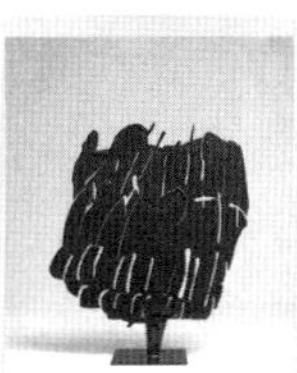	*Ferro trasparente violetto*	1966	Ferro dipinto / Painted iron 46,9 × 41,1 × 14,3 cm Collezione privata, Montagnola [pp. 76, 79]

N.	IMG.	TITOLO/TITLE	ANNO/YEAR	INFO
33.	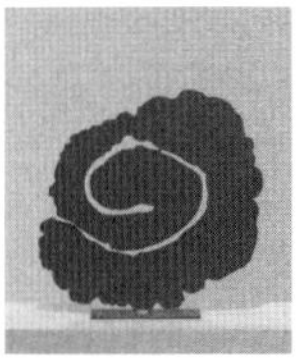	*Giardino arancio*	1966	Ferro dipinto / Painted iron 28 × 29 × 0,2 cm Museo d'arte della Svizzera italiana, Lugano Collezione Cantone Ticino [p. 76]
34	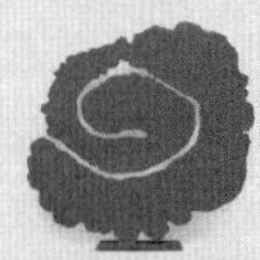	*Giardino arancio*	1966	Ferro dipinto / Painted iron 122 × 128 × 20 cm Collezione privata [pp. 125, 127]
35.	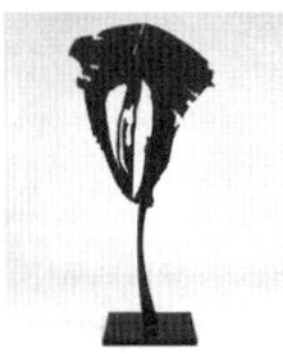	*Giardino nero*	1966	Ferro dipinto / Painted iron 199,6 × 99 × 59,4 cm Collezione privata, Lugano [pp. 64, 68, 119]
36.	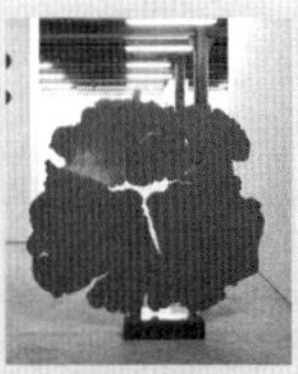	*Giardino viola*	1966	Ferro dipinto / Painted iron 130,5 × 143,5 × 0,5 cm Museo d'arte della Svizzera italiana, Lugano Deposito della ProMuseo, Associazione Amici Sostenitori del MASI [pp. 118, 123, 125]
37.	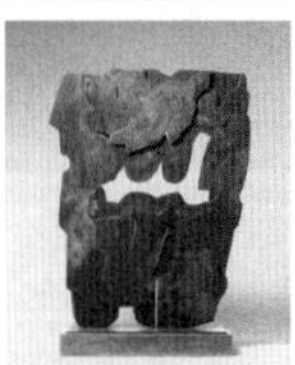	*Solida n.4*	1966	Bronzo / Bronze 80 × 65 × 1,5 cm Collezione privata Courtesy Vitart [pp. 129, 133]
38.	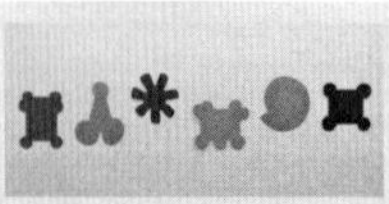	*Inventario n.1*	1966–1967	Alluminio dipinto / Painted aluminum Rosso / Red 65 × 52,3 × 0,5 cm Rosa chiaro / Light pink 74 × 58 × 0,5 cm Turchese / Turquoise 58 × 58 × 0,5 cm Ocra / Ochre 57,5 × 67 × 0,5 cm Grigio / Gray 61 × 64 × 0,5 cm Nero / Black 58,5 × 54,5 × 0,5 cm Collezione privata [pp. 109, 122]
39.	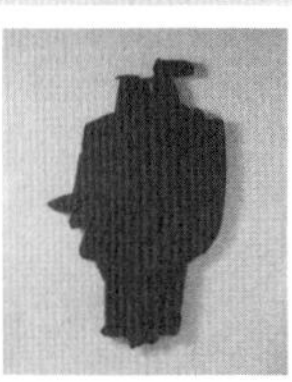	*Piano appeso* *Alluminio scuro*	1966–1967	Alluminio dipinto / Painted aluminum 176,2 × 112 × 1,8 cm Collezione privata [pp. 125, 126]
40.	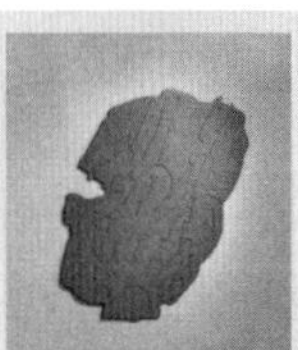	*Piano appeso* *Alluminio celeste*	1966–1967	Alluminio dipinto / Painted aluminum 166 × 132 × 1,5 cm Collezione privata [pp. 65, 67]

N.	IMG.	TITOLO/TITLE	ANNO/YEAR	INFO
41.	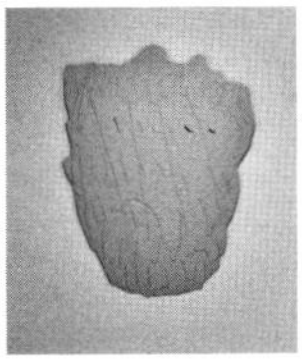	*Piano appeso* *Alluminio giallo*	1966–1967	Alluminio dipinto / Painted aluminum 165 × 133,2 × 1,2 cm Collezione privata [pp. 65, 66]
42.	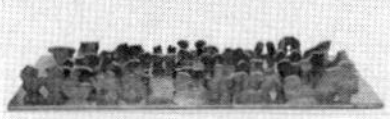	*Città Frontale.* *40 edifici embrionali*	1968	Ottone e acciaio / Brass and steel 21 × 225 × 100 cm Collezione privata [pp. 46, 49, 53]
43.	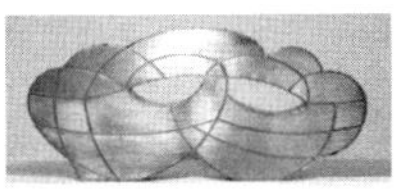	*Città Frontale. Edificio n.10* *del Tris Tamburato Medio n.1*	1968	Acciaio inox / Stainless steel 49 × 108,5 × 12 cm Collezione privata [pp. 49, 50, 52]
44.	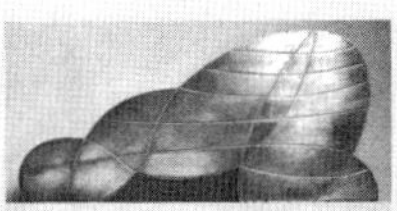	*Città Frontale. Edificio n.11* *del Tris Tamburato Medio n.1*	1968	Acciaio inox e ottone / Stainless steel and brass 75 × 108 × 12 cm Collezione privata [pp. 49, 50, 52]
45.	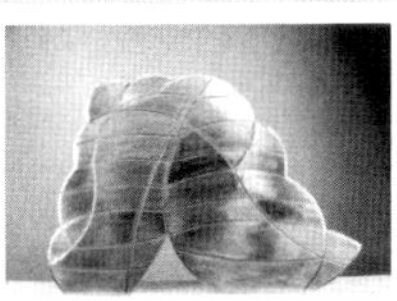	*Città Frontale. Edificio n.12* *del Tris Tamburato Medio n.1*	1968	Acciaio inox / Stainless steel 75 × 105 × 12 cm Collezione privata [pp. 49, 53]
46.	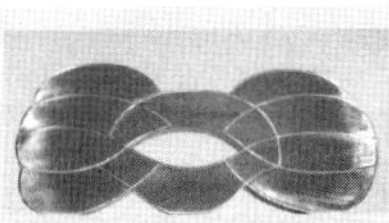	*Città Frontale. Edificio n.13* *del Tris Tamburato Medio n.2*	1968	Acciaio inox e ottone / Stainless steel and brass 45 × 107 × 12 cm Collezione privata [pp. 49, 51, 52]
47.	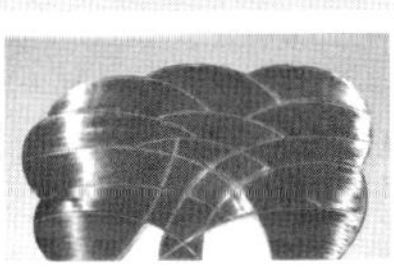	*Città Frontale. Edificio n.14* *del Tris Tamburato Medio n.2*	1968	Acciaio inox / Stainless steel 61 × 108 × 12 cm Collezione privata [pp. 49, 51, 52]
48.	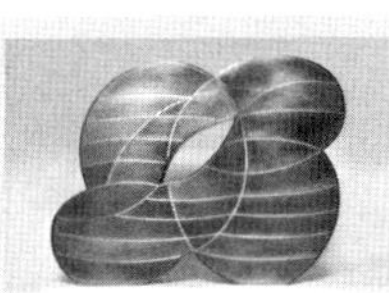	*Città Frontale. Edificio n.15* *del Tris Tamburato Medio n.2*	1968	Acciaio inox / Stainless steel 80 × 108 × 13 cm Collezione privata [pp. 49, 52]

N.	IMG.	TITOLO/TITLE	ANNO/YEAR	INFO
49.	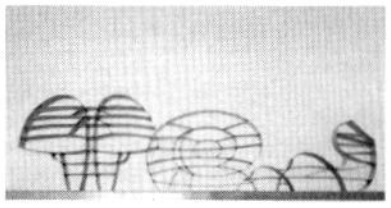	*Città Frontale.* *Tris trasparente n.1.* *Edificio n.1,* *Edificio n.2, Edificio n.3*	1968	Acciaio inox / Stainless steel 40,5 × 150 × 50 cm Collezione privata [pp. 45, 47, 52, 54]
50.	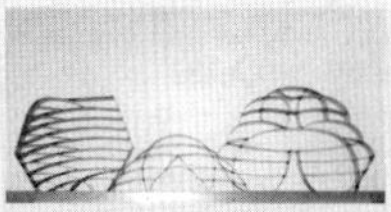	*Città Frontale.* *Tris trasparente n.2.* *Edificio n.4,* *Edificio n.5, Edificio n.6*	1968	Acciaio inox / Stainless steel 43 × 150 × 50 cm Collezione privata [pp. 45, 47, 52, 54, 56]
51.	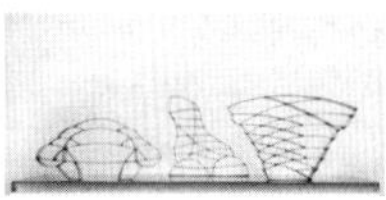	*Città Frontale.* *Tris trasparente n.3.* *Edificio n.7,* *Edificio n.8, Edificio n.9*	1968	Acciaio inox / Stainless steel 40,5 × 150 × 50 cm Collezione privata [pp. 45, 52, 54]
52.		*Linea di orizzonte*	1968	Filo in acciaio inox / Stainless steel thread 280 cm Collezione privata [pp. 46, 49]
53.	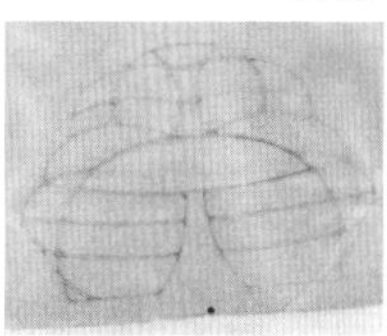	Disegno esecutivo per *Città Frontale.* *Edificio n.6* *dal Tris trasparente n.2*	1968	Matita e pastello su carta da lucido / Pencil and pastel on tracing paper 50 × 64 cm Collezione privata [pp. 57, 58]
54.	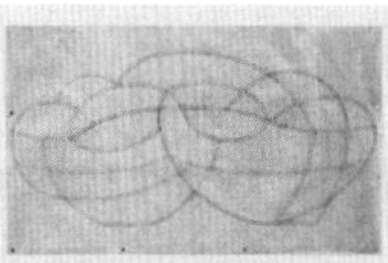	Disegno esecutivo per *Città Frontale.* *Edificio n.10* *del Tris Tamburato Medio n.1*	1968	Matita e pastello su carta da lucido / Pencil and pastel on tracing paper 70 × 112 cm Collezione privata [p. 58]
55.	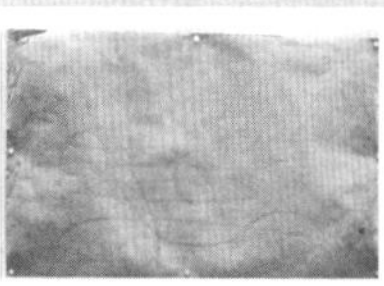	Disegno esecutivo per *Città Frontale.* *Edificio n.11* *del Tris Tamburato Medio n.1*	1968	Matita su carta da spolvero / Pencil on sketching paper 46,5 × 74,4 cm Collezione privata [p. 58]
56.	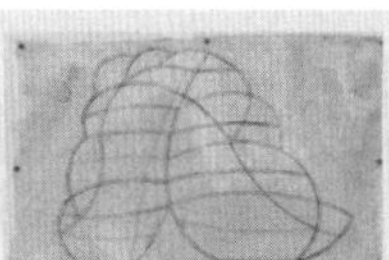	Disegno esecutivo per *Città Frontale.* *Edificio n.12* *del Tris Tamburato Medio n.1*	1968	Matita su carta da lucido / Pencil on tracing paper 66,5 × 42,5 cm Collezione privata [p. 58]

N.	IMG.	TITOLO/TITLE	ANNO/YEAR	INFO
57.	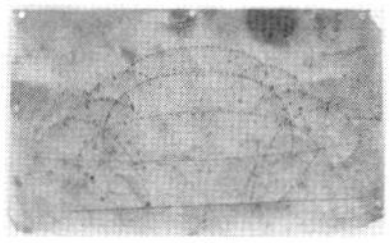	Disegno esecutivo per *Città Frontale,* *Tris trasparente n.3.* *Edificio n.7*	1968	Matita su carta da spolvero / Pencil on sketching paper 35,5 × 61 cm Collezione privata [p. 58]
58.	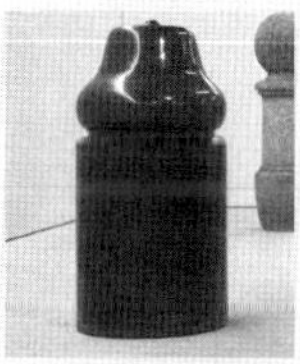	*Palazzo Barberini, Roma*	1972–1992	Granito nero assoluto / Absolute black granite 105 × 51 × 51 cm Collezione Rossini, Rossini Art Site Sculpture Park [pp. 54, 59]
59.	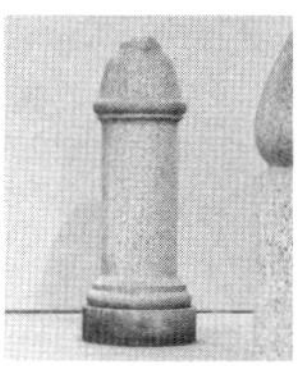	*San Luigi dei Francesi, Roma*	1972–1992	Granito / Granite 143 × 57 × 57 cm Collezione Rossini, Rossini Art Site Sculpture Park [pp. 54, 59]
60.	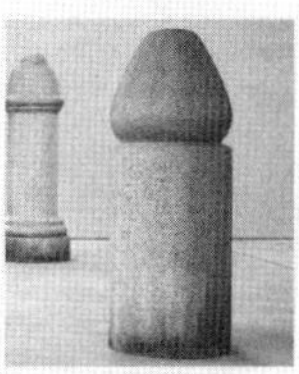	*Sant'Ivo alla Sapienza, Roma*	1972–1992	Granito / Granite 119 × 48 × 48 cm Collezione Rossini, Rossini Art Site Sculpture Park [pp. 54, 59]
61.	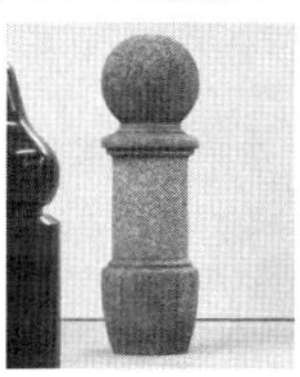	*Vecchio Seminario,* *Corso Venezia, Milano*	1972–1992	Granito / Granite 132 × 41 × 41 cm Collezione Rossini, Rossini Art Site Sculpture Park [pp. 54, 59]
62.	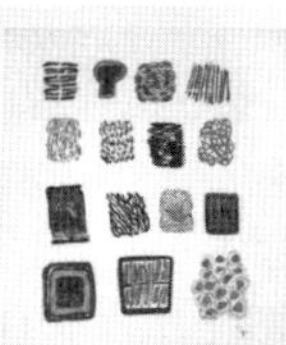	*Variazione n.2.* *Lenzuolo rosa*	1974 (16/10/74)	Colori per stoffa su lenzuolo in cotone rosa / Textile colors on pink cotton bed sheet 290 × 240 cm Collezione privata [p. 61]
63.	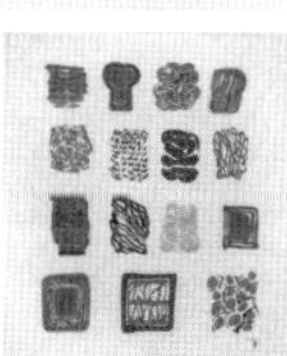	*Variazione n.2.* *Lenzuolo rosa*	1974 (23/11/74)	Colori per stoffa su lenzuolo in cotone rosa / Textile colors on pink cotton bed sheet 290 × 240 cm Collezione privata [p. 60]
64.	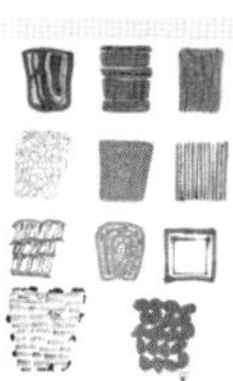	*Variazione n.4.* *Lenzuolo bianco*	1974 (26/9/74)	Colori per stoffa su lenzuolo in cotone bianco / Textile colors on white cotton bed sheet 267 × 157 cm Collezione privata [p. 60]

Questo catalogo è stato pubblicato in occasione della mostra / This catalogue was published on the occasion of the exhibition

Pietro Consagra
La materia poteva non esserci

A cura di / Curated by
Alberto Salvadori

Collezione Giancarlo e Danna Olgiati, Lugano

Parte del circuito museale del /
A branch of the museum network of
MASI, Lugano
Museo d'arte della Svizzera italiana

12 settembre / September 12, 2021
9 gennaio / January 9, 2022

Direzione artistica / Creative Director
Danna Olgiati

Collection Manager
Diego Cassina

Assistente di direzione /
Assistant to the Director
Davide Morandi

Staff MASI

Direttore / Director
Tobia Bezzola

Registrar
Maria Pasini
Arianna Quaglio

Conservazione e restauro /
Conservation and Restoration
Sara De Bernardis
Viola Möckel
Massimo Soldini
Eleonora Vivarelli

Mediazione culturale / Education
Davide Morandi

Staff tecnico / Art Handling
Pascal Campana
Graziano Gianocca
Salvatore Oliverio
Federico Saurer
Ivan Spoti

Marketing e comunicazione /
Marketing and Communication
Sara Tua
Laura Pomari

Amministrazione, finanze e risorse umane/
Administration, Finances and Human Resources
Dragan Jovanovic
Hanna Keskin

www.collezioneolgiati.ch

Assicurazione / Insurance
Helvetia Assicurazioni

Trasporti / Shipping
Arteria Srl, Möbel-Transport AG

Uno speciale ringraziamento all'Archivio Pietro Consagra e Gabriella Di Milia per la collaborazione e le ricerche d'archivio / A special thank to Archivio Pietro Consagra and Gabriella Di Milia for their collaboration and all the archival researches

Ringraziamo per aver gentilmente accordato i prestiti delle opere i seguenti musei, gallerie, i collezionisti privati / We would like to thank the following museums, galleries, and private collectors for kindly lending their artworks to this exhibition:

Archivio Consagra
Gabriella Di Milia
Fondazione Museo d'arte della Svizzera italiana, Lugano
Collezione Rossini
ProMuseo, Associazione Amici Sostenitori del MASI
Galleria dello Scudo, Verona
Vitart SA
Candia Camaggi
Alberto Cerruti
Guido Borsa e / and Simonetta Perucchi Borsa
Carla Wildbolz

e tutti coloro i quali desiderano mantenere l'anonimato / and all those who wish to remain anonymous

Con il contributo e il sostegno di /
With the contribution and support of

ceresio investors

helvetia

MAGAZZINI GENERALI
CON PUNTO FRANCO SA
ZOLLFREILAGER - PORT FRANC - BONDED WAREHOUSE

Sir Lindsay
e Lady Owen-Jones

Catalogo / Catalogue

A cura di / Edited by
Alberto Salvadori

Publishing Editor
Antonio Scoccimarro (Mousse)

Progettazione grafica / Graphic Design
Francesco Valtolina (Mousse)

Supporto grafico / Graphic support
Nicola Narbone

Coordinamento editoriale / Editorial Coordination
Agnese Cantelmi (Mousse)

Testi di / Texts by
Mario Botta
Lara Conte
Andrea Cortellessa
Paola Nicolin
Alberto Salvadori

Traduzioni / Translations
Elisabetta Zoni

Correzione bozze / Proofreading
Micola Clara Brambilla (Mousse)
Agnese Cantelmi (Mousse)
Lindsey Westbrook

Stampato da / Printed by
Grafiche Veneziane, Venice

Prima edizione / First edition 2021

ISBN
9788867495191

€ 27 / $ 30

Pubblicato da / Published by
Mousse Publishing
Contrappunto S.r.l.
Corso di Porta Romana 63
20122, Milano / Milan
moussemagazine.it

Available through
Mousse Publishing, Milano / Milan
moussemagazine.it

DAP I Distributed Art Publishers, New York
artbook.com

Vice Versa Distribution, Berlino / Berlin
viceversaartbooks.com

Les presses du réel, Digione / Dijon
lespressesdureel.com

Antenne Books, Londra / London
antennebooks.com

Crediti fotografici / Photo credits

A. Osio: pp. 10 (destra / right), 49, 52, 54, 56, 57, 58, 59 (in alto / top), 60, 64, 66, 68, 72, 74, 76, 78, 79, 122, 124, 128, 130, 132, 135, 136, 137, 138, 140, 142, 143, 145, 146, 148, 151, copertina / cover
Archivio Pietro Consagra: pp. 2, 4, 6, 9, 20, 32, 59 (in basso / bottom), 62, 80, 92, 110, 112, 156
AAF – ArchivioArte Fondazione di Modena, Fondazione Modena Arti Visive: p. 144
C. Abate: pp. 26, 71, 121, 126
B. Bani: p. 127
C. Boccardi: p. 104
P. Consagra: pp. 82 (in basso / bottom), 154
G. de Giorgi: p. 134
P. de Martiis: p. 22
Archivio Luciano Fabro: p. 25
A. Frequin: p. 118
M. Giacomelli: p. 152
A. Guerra: p. 8
M. Jodice: p. 90
T. Le Moli Ayala: p. 91
Studio Eliseo Mattiacci: p. 27 (destra / right)
U. Mulas/Eredi Ugo Mulas: pp. 45, 46, 63, 82 (in alto / top)
Luca Maria Patella/Studio Eliseo Mattiacci: p. 27 (sinistra / left)
V. Pirozzi: p. 106
N. Sauzane: p. 150
P. Vandrasch: pp. 50, 51, 108, 109, 155
E. Wehrmann: p. 12
A. Zveiger: p. 10 (sinistra / left)